신방수 세무사의
2025
확 바뀐
부동산 세금 완전 분석

신방수 세무사의

2025
확 바뀐
부동산 세금 완전 분석

신방수 지음

매일경제신문사

머리말

2025년 부동산 세금은
어떻게 흘러갈까?

요즈음 부동산 시장을 바라보는 이들의 마음이 편치 않다. 기준금리 변동 등의 파고로 부동산 가격이 등락을 거듭하는 와중에 철옹성 같은 부동산 세금이 버티고 있기 때문이다. 다만, 그동안 다주택자들을 중심으로 아우성쳤던 종합부동산세(종부세)는 대폭 인하되어 문제점이 많이 개선되었지만, 취득세 중과세는 여전히 작동되고 있고, 양도소득세(양도세) 단기세율도 여전히 높아 이에 대한 우려의 목소리가 커지고 있다. 이러한 세율 개선 없이는 부동산 거래 활성화가 요원하기 때문이다. 그래서 2025년에도 우선적으로 이 두 가지 세목에서 다양한 의견이 나올 가능성이 높아 보인다.

그런데 아쉽게도 이러한 문제가 해결되었다고 해도 걱정거리가 끝난 것은 아니다. 그동안 다방면에서 알게 모르게 개정된 것들이 그대로 존속할 가능성이 높기 때문이다. 예를 들어 분양권을 주택 수에 포함하는 것이 대표적이다. 이를 주택 수에 포함하면 다주택자가 되고, 이로 인해 취득세와 양도세가 중과세될 가능성이 높아진다. 이 외에 그동안 우대를 받았던 주택임대등록제도에 자동말소 같은 제도가 도입되면서 세제의 복잡성이 점증하고 있다. 더 나아가 1인 부동산 법인은 아예 명맥을 유지하지 못할 정도의 세제개편이 있었다.

이 책은 이러한 배경 아래 실수요자와 투자자들이 세금문제로 고통받는 것을 해결하기 위해 집필되었다. 이 책의 특징들을 요약하면 다음과 같다.

첫째, 전 정부부터 현 정부의 세제정책을 모두 다루었다.

현행의 부동산 세제는 2020년 7·10대책에서 선보인 내용들을 기반으로 몇 가지 제도들이 완화되는 식으로 운영되고 있다. 정부는 바뀌었지만 국회의 동의를 얻어야 하는 부분도 있고, 현행 세제를 그대로 가져가는 부분도 있기 때문이다. 저자는 이러한 환경 변화에 초점을 맞추어 독자들이 짧은 시간에 많은 정보를 습득할 수 있도록 심혈을 기울였다. 이 책의 주요 내용을 살펴보면 다음과 같다.

- **제1장** 확 바뀐 부동산 세제의 틀
- **제2장** 확 바뀐 부동산 세금의 이해에 필요한 기초지식들
- **제3장** 취득세 완전 분석
- **제4장** 보유세 완전 분석
- **제5장** 양도세 완전 분석
- **제6장** 분양권의 세제 완전 분석
- **제7장** 임대주택의 세제 완전 분석
- **제8장** 증여세 완전 분석
- **제9장** 법인의 세제 완전 분석

둘째, 개편된 세제의 핵심적인 내용을 다루었다.

최근의 세제개편은 취득세, 보유세, 양도세, 증여세, 법인세까지 모든 세목에 걸쳐서 단행되었거나 단행될 예정이다. 그런데 기존의 틀에다 조금씩 개정된 내용들이 뒤범벅되다 보니 부동산 세제가 한층 더 복잡해지고 있다. 예를 들어 취득세와 종부세에서도 1세대와 주택 수, 일시적 2주택 개념 등이 도입되어 많은 쟁점들을 파생시키고 있다. 이러한 내용을 챙기지 못하면 당연히 손해가 발생할 수밖에 없다. 이에 저자는 전 정부와 현 정부까지 개편된 세제 중 핵심적인 내용만을 선별해 이를 심층적으로 분석했다. 이와 함께 향후에 재추진 가능성이 있는 2022년 12월 21일 정부의 부동산 세제 완화안과 2024년 1월 10일의 주택 공급 확대 방안 중 세제 정책을 같이 살펴보았다. 이 중 후자의 정책은 2024년 초부터 적용되고 있어 이를 최대한 분석했다.

셋째, 각 상황에 맞는 맞춤별 대책을 다루었다.

현재와 같은 부동산 세제의 기조는 당분간 이어질 가능성이 높다. 현 정부에서는 부동산 세제의 정상화를 기치로 세제개편을 지속적으로 시도할 가능성이 높기 때문이다. 대표적으로 2022년 5월 10일에 단행된 일시적 2주택의 처분기한을 1년에서 2년으로 연장, 최종 1주택에 대한 보유기간 재기산제도의 폐지 등이 그렇다. 또한 2023년 1월 12일에 모든 세목에 대한 일시적 2주택 처분기한을 3년으로 통일하기도 했다. 이에 더 나아가 최근에는 종합부동산세를 2020년 수준으로 대폭 인하, 취득세 및 양도세 중과세제도 폐지 등도 추진 중에 있다. 따라서 독자들은 이러한 추세에 맞추어 자신에게 맞는 절세전략을 정교하게 수행할 수 있어야 한다. 이 책은 이러한 관점에서 다양한 방법을 제시하고 있다.

이 책은 종전에 많은 사랑을 받았던《확 바뀐 부동산 세금 완전 분석》을 현 정부의 세제정책에 맞게 재집필한 책에 해당한다. 세제라는 것이 정부가 바뀌었다고 한순간에 뒤엎을 수 없는 노릇이고, 개정되더라도 종전의 것과 비교해야 하므로 이를 잘 전달하는 것이 무엇보다도 중요할 것이다. 이 책은 이러한 원리를 충실히 따라 초보자들도 부동산 세금을 쉽게 정리할 수 있을 것으로 기대한다. 또한 부동산업에 종사하는 분들이나 세무업계, 그리고 유관 부서에서 세제를 다루는 분들한테도 안성맞춤의 책이 되지 않을까 싶다.

만약 책을 읽다가 궁금한 사항이 있으면 언제든지 저자가 운영하고 있는 네이버 카페 '신방수세무아카데미'를 찾기 바란다. 여기에서는 실시간 세무상담은 물론이고, 수많은 정보들을 제공받을 수 있다. 이 외에도 취득세, 보유세, 양도세, 증여세 등을 바로 계산할 수 있는 자동계산기(엑셀)도 이용할 수 있다.

이 책은 많은 분들의 도움을 받아 출간되었다. 우선 책의 전반적인 내용을 점검해준 권진수 회계사님과 늘 저자를 응원해주는 카페 회원분들께도 감사의 말씀을 드린다. 또한 항상 가족의 안녕을 위해 기도하는 아내 배순자와 젊은 날에 자신의 포부를 키워나가고 있는 두 딸 하영이와 주영이에게 감사의 뜻을 전한다. 아무쪼록 이 책 한 권이 독자들의 부동산 세금에 대한 이해에 조그마한 도움이라도 되었으면 한다.

역삼동 사무실에서
세무사 신방수

목차

제3장 취득세 완전 분석

제4장 보유세 완전 분석

제5장 양도세 완전 분석

제6장 분양권의 세제 완전 분석

제7장 임대주택의 세제 완전 분석

◆ 일러두기 ◆

이 책을 읽을 때는 다음 사항에 주의하시기 바랍니다.

1. 개정세법의 확인

이 책은 2024년 12월 중순에 적용되고 있는 세법을 기준으로 집필되었습니다. 실무에 적용 시에는 그 당시에 적용되는 세법을 확인하는 것이 좋습니다. 세법 개정이 수시로 일어나기 때문입니다. 전문 세무사의 도움을 받기 바랍니다.

2. 용어의 사용

이 책은 다음과 같이 용어를 사용하고 있습니다.

- 종 합 부 동 산 세 → 종부세
- 양 도 소 득 세 → 양도세
- 농 어 촌 특 별 세 → 농특세
- 조세특례제한법 → 조특법

3. 조정대상지역 등에 대한 정보

- 조정대상지역(조정지역), 투기과열지구 등에 대한 지정 및 해제정보는 '대한민국 전자관보' 홈페이지에서 확인할 수 있습니다.
- 정부의 부동산 대책에 대한 정보는 '국토교통부', 세제정책은 '기획재정부'와 '행정안전부'의 홈페이지에서 알 수 있습니다.
- 세법(시행령 포함) 개정안은 '국민참여입법센터' 그리고 확정된 세법이나 기타 법률은 '법제처'의 홈페이지에서 검색할 수 있습니다.
- 2024년 1·10대책은 34페이지, 2022년 12월 21일에 정부에서 발표한 부동산 세제완화 추진안은 327페이지 등을 참조하시기 바랍니다.

4. 책에 대한 문의 및 세무상담 등 안내

책 표지 안 날개 하단을 참조하시기 바랍니다.

제1장

확 바뀐
부동산
세제의 틀

부동산 세제는
어떻게 작동하고 있는가?

　현행의 주택 관련 부동산 세제는 대단히 복잡한 양상을 띠고 있다. 취득부터 보유, 그리고 양도까지 전 거래단계에서 세제개편이 알게 모르게 진행되다 보니 이를 한꺼번에 정리하기 힘든 한계가 있기 때문이다. 그 결과 전문가도 자신 있게 부동산 세제를 다루는 것이 점점 벅차지고 있는 것이 현실이다. 그렇다면 2024년 12월 중순 현재 시점에서 부동산 세제는 어떻게 작동되고 있는지를 간략히 정리해보자.

　첫째, 인상된 부동산 세금이 하나씩 인하되고 있다.

　부동산은 '취득 → 보유 → 양도'의 과정을 거쳐 거래가 완성된다. 그런데 부동산 세제는 2020년 7·10대책에 의해 모든 거래단계에서 세금인상이 있었고, 이러한 기조는 현재까지도 이어지고 있다. 하지만 2024년 12월 중순 시점에서 보면, 그 이전에 적용되는 제도들이 하나둘씩 개정되어 현재에 이르고 있다. 물론 강화된 세제들이 완화되고 있는 식이다. 이러한 흐름은 2025년 중에도 일어날 것으로 보인다. 주요 내용을 살펴보자.

구분	현행(2024년 12월 중순 기준)	비고
취득세	· 1주택자 : 1~3% · 2주택 이상자[1) : 8~12%	2020년 8월 12일부터 적용
종부세	· 1주택자 : 0.6~3.0%→2주택 이하자 : 0.5~2.7% · 2주택 이상자 : 1.2~6.0%→3주택 이상자 : 0.5~5.0%	2021년 6월 1일부터 적용
양도세	· 1주택자 : 비과세 · 2주택 이상자 : 중과세율(기본세율 +20~30%p 가산) · 단기양도세율 : 70%, 60%, 6~45% 등	2021년 6월 1일부터 적용

이처럼 취득세와 종부세 그리고 양도세를 동시에 인상함으로써 다주택자를 중심으로 수익률 하락을 가져왔다. 다만, 이 중 종부세는 세율 등이 인하되어 세부담이 상당히 약해졌다.

둘째, 주택 수 산정방법이 복잡해지고 있다.

현행의 세제가 복잡해진 이유 중 하나는 바로 분양권(입주권, 주거용 오피스텔 포함)이 주택 수에 포함된 것이 아닌가 싶다. 이를 주택 수에 포함하면 다른 주택에 대한 취득세 중과세와 양도세 비과세 또는 중과세 판단에 지대한 영향을 미치기 때문이다. 그런데 최근 소형주택과 인구감소지역 주택 등도 한시적으로 주택 수에서 제외되고 있어 세제가 한층 더 복잡해지고 있다. 따라서 앞으로 주택 등을 취득하거나 양도할 때 주택수를 산정하는 방법을 제대로 알고 있어야 낭패를 당하지 않을 것으로 보인다.

셋째, 주택임대등록제도가 사실상 폐지되었다.

그동안 말도 많고 탈도 많았던 주택임대등록제도가 2020년 8월 18

---

1) 일시적 2주택자는 1주택자에 준해 세법을 적용한다. 종부세와 양도세도 마찬가지다.

일[2]부터 사실상 폐지되었다. 아파트의 경우 등록제도가 폐지되었기 때문이다. 다만, 아파트를 제외한 다세대주택이나 다가구주택, 빌라, 오피스텔 등은 10년 장기로의 등록은 여전히 가능하다. 이러한 제도의 변화에 따라 다양한 세무상 쟁점들이 발생하고 있다.

주택 구분		유형별 폐지 · 유지 여부	
		매입임대	건설임대
단기임대	단기민간임대주택(4년)	폐지	폐지
장기임대	장기일반민간임대주택(8년)	유지(아파트*는 폐지)	유지(아파트 포함)
	공공지원민간임대주택(8년)	유지	유지

* 도시형 생활주택은 제외

㋑ 2024년 12월 중순 현재 건설임대를 제외한 매입임대는 실익이 거의 없어졌다. 아파트 외 다세대주택 등 정도만 10년 이상 장기로 등록해야 겨우 종부세 합산배제를 받을 수 있기 때문이다. 또한 매입임대주택을 10년 이상 임대하더라도 장기보유특별공제 70%를 받을 수 없다. 매입임대는 2020년 12월 31일부로 종료되었기 때문이다(단, 거주주택 비과세는 적용 가능). 따라서 신규로 임대등록을 하기 전에 반드시 실익 분석부터 하는 것이 좋을 것으로 보인다. 참고로 최근 정부는 소형주택(아파트 제외)에 대한 공급을 늘리기 위해 2024년부터 2025년까지 이를 취득해 6년 단기로 임대등록하면 세제 산정 시 주택 수에서 제외하는 혜택을 부여하기로 했다(34페이지 참조).

이 외에도 법인에 대한 규제가 상당히 강화되는 등 이전과 사뭇 다른 양상으로 전개되고 있다.

---

2) 개정 등록제도는 2020년 8월 18일부터 시행되고 있으나 개정세법은 2020년 7월 11일부터 적용되고 있다.

2025년 부동산 세제의 틀은
어떻게 바뀔까?

최근 부동산 시장의 분위기가 좋지 못하다. 가계부채 등의 증가에 따른 수요 위축으로 거래가 단절되는 현상마저 보이고 있기 때문이다. 이에 정부는 거래의 활성화를 위해 전 정부에서 선보인 세제 등을 완화하고자 노력하고 있다. 그렇다면 앞으로 정부의 세제정책은 어떻게 변할까? 다음에서 현행의 세제를 살펴보고 2025년 세제의 내용을 정리해보자.

첫째, 부동산 세금은 큰 변화가 없을 것으로 예상된다.

현행의 부동산 세제는 '취득→보유→양도'의 전 단계에서 최근 완화된 종부세를 제외하고 중과세로 점철되어 있다. 이에 현 정부에서는 나머지 세제도 모두 완화할 것으로 보인다. 이러한 움직임은 2022년 12월 21일에 발표한 부동산 세제완화 추진안에서 엿볼 수 있다. 이 안에 따르면 현행의 취득세 중과세율을 50% 인하하고, 양도세 단기양도에 따른 세율을 1년 미만 보유 시만 45%로 한다(세제 완화안은 327페이지 참조). 그런데 앞의 세율 개정은 국회의 동의를 얻어야 하는데 이게 쉽지 않다. 그 결과 2025년 부동산 세제는 2024년과 유사하게 흘러갈 가능성이 커지고 있다.

구분	현행	2025년 예상
취득세	· 1주택[3] : 1~3% · 2주택 이상 : 8~12%	· 1주택 : 1~3% · 2주택 이상 : 좌동
보유세 (종부세)	· 기본공제 : 9억 원(1주택 : 12억 원) · 세율 : 0.5~5.0%	· 기본공제 : 좌동 · 세율 : 좌동
양도세	· 1주택(일시적 2주택) : 비과세 · 2주택 이상 : 중과세 · 단기양도세율 : 70%, 60%	· 1주택(일시적 2주택) : 좌동 · 2주택 이상 : 중과세 한시적 폐지 연장 · 단기양도세율 : 좌동

둘째, 조정대상지역은 대폭 해제되었다.

조정대상지역(조정지역)[4]은 부동산 가격이 급등한 지역을 말하는데, 이 지역으로 지정되면 대출부터 세제까지 다양한 규제를 적용받는다. 이에 정부는 조정지역을 대폭 해제시켜 다양한 효과를 낼 가능성이 높다. 조정지역이 해제되면 세제는 다음과 같이 변화한다.

현행	변화
· 취득세 : 일시적 2주택 3년 내에 처분 · 양도세 비과세 : 거주요건 적용 · 양도세 중과세 : 중과 적용 · 임대주택 : 종부세 과세, 중과세 적용	· 취득세 : 일시적 2주택 3년 내에 처분불요 · 양도세 비과세 : 거주요건 적용제외 · 양도세 중과세 : 중과 적용배제 · 임대주택 : 종부세 합산배제, 중과 적용배제

2024년 12월 15일 현재 조정지역은 서울 강남·서초·송파·용산구 등 4곳만 지정되어 있다(2025년에도 이러한 흐름을 유지할 것으로 보인다).

셋째, 현행의 세제 중 개선이 되지 않는 것들도 있을 전망이다.

대표적인 것을 몇 가지만 열거하면 다음과 같다.

---

3) 일시적 2주택을 포함한다.
4) '대한민국 전자관보' 홈페이지 검색을 통해 해제현황 등을 조회할 수 있다.

- 분양권 주택 수 포함
- 부동산 증여 시 취득세 과세표준 인상
- 법인에 대한 추가법인세 적용 등

이상과 같이 2025년의 부동산 세제는 2024년과 유사하게 전개될 가능성이 크지만, 세제의 복잡성은 전보다 더 커질 가능성이 높다. 현행 세제의 틀이 유지된 상태에서 선별적으로 제도개선이 뒤따를 가능성이 높기 때문이다. 따라서 독자들은 수시로 전개되는 정부의 세제개편안에 촉각을 세우고 그 영향을 분석할 수 있어야 한다. 그렇지 않으면 제대로 된 의사결정을 할 수 없다. 예를 들어 최근에 정부에서 개정한 일시적 2주택, 상속주택, 지방 저가주택은 종부세 1세대 1주택 특례 적용 시 주택 수에서 제외되는데, 이러한 내용을 취득세와 양도세 등과 비교해야 혼란이 줄어든다. 이 외에도 2024년 1월 10일에 정부에서 발표한 주택공급 확대 방안도 눈여겨볼 필요가 있다. 소형주택에 대한 공급방안이 많이 담겨 있기 때문이다(34페이지 참조).

결국 독자들이 실수요자에 해당하든, 투자 수요자에 해당하든 부동산 세제를 정교하게 다루어야 손해 보지 않는 2025년이 될 것으로 보인다.

> ### Tip ─ 2025년 주요 부동산 세제 이슈
>
> 1. 취득세 : 취득세 중과세율이 50% 인하될까?
> 2. 종부세 : 없음.
> 3. 양도세 : 단기세율이 45%로 인하될까? 그리고 중과세는 영구적으로 폐지될까?
> 4. 임대주택 : 아파트에 대한 등록이 허용될까? 자동말소제도가 없어질까?
> 5. 부동산 법인 : 취득세와 종부세, 추가법인세가 완화될까?

양도세는
뭐가 바뀔까?

양도세는 세후 수익률을 결정하는 중요한 세목에 해당한다. 따라서 실수요자들은 비과세 혜택을 최대한 누릴 수 있어야 하고, 투자 수요자는 세후 수익을 극대화하는 것을 늘 염두에 둬야 한다. 그렇다면 2025년에 양도세는 어떤 모습을 하게 될지 알아보자.

1. 실수요자 관련

1세대 1주택이나 일시적 2주택자의 경우에는 현행의 규정이 그대로 적용될 것으로 보인다. 그동안 문제점으로 지적되었던 것들은 2022년 5월 10일 이후에 대부분 개정되었기 때문이다. 이에 더해 2023년 1월 12일과 26일에는 모든 세목에 걸쳐 일시적 2주택 처분기한을 2~3년에서 '3년'으로 통일해 세제를 단순화시키는 한편, 실수요자들의 부담을 대폭 줄여주었다. 한편 최근 혼인 비과세 특례기한이 5년에서 10년으로 연장되었고, 상생임대주택에 대한 비과세 특례기한이 2024년 말에서 2026년 말로 연장되는 등 미세한 조정이 있을 것으로 보인다.

구분	현행	2025년 예상
1세대 1주택	· 조정지역 : 2년 보유 및 거주 · 비조정지역 : 2년 보유	· 좌동 · 좌동
일시적 2주택	· 취득세 : 신규 주택이 조정지역에 소재 시만 3년 내 처분 · 양도세 : 지역과 관계없이 무조건 3년 내 처분	· 좌동 · 좌동(상생 비과세 연장 등)
고가주택 비과세 혜택	· 고가주택 기준 : 실거래가 12억 원 · 장기보유특별공제율 : 최대 80% 적용	· 좌동 · 좌동

참고로 다주택자가 주택 수를 줄여 앞과 같이 1주택이나 일시적 2주택을 만든 상태에서 비과세 대상 주택을 양도하면 바로 비과세를 받을 수 있다. 2022년 5월 10일 이후부터 최종 1주택에 대한 보유기간 재기산(리셋)제도가 폐지되었기 때문이다.

2. 투자 수요자 관련

투자 수요자들에게는 양도세 과세방향이 매우 중요할 것으로 보인다. 높은 양도세율이나 중과세제도가 어떤 식으로 개편될지 등은 수익률에 매우 중요한 영향을 미치기 때문이다.

1) 단기양도세율의 향방
현행의 단기양도세율은 2021년 6월 1일 이후의 양도분부터 적용되는 것으로 다음과 같이 되어 있다.

구분		주택 외 부동산	주택·입주권	주택분양권
보유기간	1년 미만	50%	70%	70%
	2년 미만	40%	60%	60%
	2년 이상	6~45%	6~45%	

현행 단기 양도세율은 매우 높아, 사실상 중과세제도의 역할을 하고 있다. 이에 따라 세율 완화의 필요성이 제기되고 있다. 다만, 세율이 개정되려면 국회를 통과해야 한다.

2) 다주택자 중과세율의 향방

2018년 4월 1일에 도입된 양도세 중과세율은 2021년 6월 1일부터 재강화되어왔다. 다만, 부동산 시장의 침체가 지속될 경우에는 이 제도를 영구적으로 폐지하는 안을 추진할 가능성도 있다.

구분	현행	2025년 예상
원칙	· 중과세율 : 6~45%+20~30%p · 장기보유특별공제 : 적용배제	
예외	2년 이상 보유한 주택 한시적 중과배제 (2022년 5월 10일~2025년 5월 9일)	중과배제 기간 추가 연장 (2025년 5월 9일에서 2026년 5월 9일 등)

참고로 중과세 대상에 조합원입주권은 제외되며, 아파트 같은 주택만 해당한다. 조합원입주권은 조정지역 내의 것이라고 해도 중과세를 적용하지 않기 때문이다. 한편 분양권은 무조건 과세가 되는데 이때 주택에 대한 중과세율이 아닌 분양권에 대한 단일세율(70%, 60%)을 적용한다.

3. 조정지역의 해제

현 정부는 2022년 9월 26일부터 서울과 수도권의 대부분, 세종시 외의 조정지역을 모두 해제했다. 또한 같은 해 11월 14일 서울과 과천, 성남(분당, 수정), 하남, 광명을 제외한 전 지역을 조정지역에서 해제했다. 이러한 해제에 따라 양도세 세제에도 많은 변화가 일어날 수 있는데, 대략적인 것을 정리하면 다음과 같다. 자세한 것은 제2장에서 정리한다.

구분	현행	2025년 예상
조정지역의 범위	서울 강남·서초·송파·용산구(2023년 1월 5일 기준)	추가 지정은 없을 가능성이 높음.
조정지역 해제의 효과	· 비과세 거주요건 미적용 · 중과세 미적용 등	좌동

　이러한 조정지역 해제는 국회 동의 없이 처리가 가능하므로 시장 상황을 보아가면서 해제의 범위를 넓힐 수 있다. 이에 따라 2023년 1월 5일 서울 강남구와 서초구, 송파구, 용산구 등 4개구를 제외한 전 지역이 조정지역에서 해제되었다.

> **`Tip`**　　**2022년 5월 10일 이후 양도세 개정내용**
>
> 부동산 거래의 활성화를 위해 2022년 5월 10일 이후에 양도하는 주택부터 다음과 같은 제도들이 적용되고 있다.
>
> • 조정지역 내 일시적 2주택에 대한 처분기한이 1년에서 2년으로 연장되고 신규 주택으로의 전입의무 폐지
> • 2년 보유요건 판정 시 최종 1주택을 보유한 날로부터 기산하는 제도 폐지
> • 2년 이상 보유한 주택의 한시적 중과배제(2022. 5. 10~2025. 5. 9, 1년 추가 연장됨)
>
> ㉠ 2023년 1월 12일과 1월 26일에 아래와 같은 내용이 추가되었다. 아래 두 가지 내용 모두 2023년 1월 12일 이후 종전 주택을 양도한 것부터 소급해 적용한다.
>
> • 1월 12일 : 조정지역 내 양도세 비과세를 위한 일시적 2주택 처분기한 2년이 3년으로 연장됨(취득세, 종부세도 2년에서 3년으로 연장됨).
> • 1월 26일 : 주택+분양권(또는 입주권) 보유 후 완공주택으로 전입해 실거주 시 취득일(완공일 등)로부터 2년 내 처분 시 비과세하던 것을 3년으로 연장함.
>
> 이러한 개정으로 인해 앞으로 일시적 2주택(양도세 비과세 특례 포함)의 처분기한이 '3년'으로 단일화되었다(세제의 단순화).

앞으로 세제의 핵심도
취득세가 될까?

　이상의 내용을 검토해보면 2025년의 경우에도 종부세와 양도세는 큰 변수가 되지 않으며, 그 대신 취득세가 변수가 될 가능성이 높다. 다주택자(법인 포함)를 대상으로 취득세의 부담이 여전할 가능성이 높기 때문이다. 그런데 얼마 전까지만 해도 종부세가 상당히 문제가 되었는데 지금은 그렇지 않다. 그래서 먼저 종부세부터 살펴보고 이후 취득세를 살펴보자.

1. 종부세

　다주택자를 중심으로 종부세가 중과세되고 있는데, 이에 대한 세율이 대폭 인하되어 앞으로는 더 이상 종부세가 핵심 세제가 될 수 없을 것으로 보인다. 세부담이 미미하기 때문이다. 구체적으로 종부세는 개인별로 주택 수가 3채 이상이면서 과세표준이 12억 원이 넘는 경우에 2% 이상의 중과세율이 적용되는데, 여기서 과세표준이 12억 원이 넘는 경우를 기준시가로 환산하면 대략 29억 원 정도가 된다. 따라서 이에 해당하는 층들이 많지 않아 대다수는 더 이상 종부세를 걱정하지 않을 것으로 보인다. 아래 사례를 통해 알아보자.

자료

· K씨는 2주택, 그의 배우자는 1주택을 보유하고 있다.
· K씨의 2주택 기준시가의 합은 20억 원, 배우자는 5억 원이다.

Q K씨와 그의 배우자는 종부세를 부담하는가?

종부세는 개인별로 기준시가가 9억 원을 넘어가면 과세된다. 따라서 이 경우 K씨만 종부세 과세대상이 된다.

Q K씨는 종부세 중과세율을 적용받는가?

과세표준이 12억 원이 넘어야 2~5%의 중과세율이 적용된다. 여기서 12억 원은 아래와 같이 계산한다. 단, 공정시장가액비율은 60%로 적용해보자.

· (기준시가-9억 원)×60%=12억 원
∴ 기준시가=29억 원

사례의 K씨 기준시가는 29억 원에 미달하므로 종부세 중과세가 적용되지 않는다.

Q K씨의 경우 종부세 산출세액은 얼마나 예상될까? 단, 과세표준은 6억 6,000만 원이고 세율은 '360만 원+6억 원 초과금액의 1%'가 적용된다고 하자.

과세표준에 세율을 적용하면 420만 원이 예상된다. 참고로 종부세는 다양한 변수에 의해 계산되므로 이 세금은 정확한 것이 아니다.

Q K씨는 종부세를 줄이기 위해 어떤 식으로 의사결정을 할까?

현행의 종부세는 K씨에게 그다지 위력적이지 않아 이를 무시하고 보유할 가능성이 커 보인다.

※ 현 정부의 종부세 로드맵

현 정부의 보유세 중 종부세 로드맵을 요약하면 아래와 같다.

구분	2021년	2022년	2024년 이후
기준시가	시가의 70% 선	전년도 수준	2020년 수준
기본공제	6억 원	6억 원 (1주택은 11억 원)	9억 원 (1주택은 12억 원)
공정시장가액비율	95%	60%	60~100%[5]
세율	· 일반 : 0.6~1.2% · 중과 : 1.2~6.0%	· 좌동 · 좌동	· 일반 : 0.5~2.7% · 중과 : 2.0~5.0% (3주택 이상 중 과표 12억 원 초과 시)
세부담 상한율	· 일반 : 150% · 중과 : 300%	· 좌동 · 좌동	150%

🔼 이러한 감세조치로 인해 2024년의 종부세 대상이 50만 명 수준으로 떨어지고, 세부담의 수준도 2020년과 유사해진 것으로 보인다.

---

5) 종부세의 공정시장가액비율은 60~100% 사이에서 결정되나, 현 정부에서는 60% 수준을 유지하고 있다(종부세법 제2조의 4).

2. 취득세

2025년에도 취득세가 세제의 핵심이 될 수 있다. 현재 다주택자와 법인을 대상으로 취득세 중과세가 최고 12%까지 적용되고 있는데, 이의 완화 없이는 부동산 거래의 활성화를 기대하기 힘들기 때문이다. 다만, 취득세는 양도세 계산 시 필요경비에 해당되어 일정부분 절세효과가 발생하므로, 이 부분을 고려해서 취득의사결정을 할 수 있어야 할 것이다. 예를 들어보자.

> **자료**
> · 취득가액 5억 원, 취득세 6,000만 원
> · 양도가액 6억 6,000만 원

Q 이 주택의 보유기간이 1년 미만이라면 양도세는 얼마인가? 기본공제 등은 무시한다.

양도차익 1억 원에 70%의 세율을 적용하면 7,000만 원이 된다(이 외 지방소득세가 700만 원 추가된다). 따라서 보유기간이 짧은 경우에는 사실상 중과세의 효과가 발생함에 유의해야 한다.

Q 앞의 물음에서 취득세가 필요경비로 처리됨으로써 얼마만큼의 세금이 절약되었는가?

6,000만 원의 70%인 4,200만 원의 절세효과가 발생한다. 따라서 사례의 순취득세는 1,800만 원(6,000만 원-4,200만 원)이 된다.

Q 다주택자나 법인에게 적용되는 취득세 중과세가 풀리기 위해서는 어떻게 해야 하는가?

지방세법 제13조의 2 제1항에서 정하고 있는 내용이 개정되어야 한다. 이는 국회의 입법사항이므로 국회의 동의를 얻어야 한다(정부는 2022년 12월 21일 부동산 세제 완화안에서 2주택 중과세를 폐지하고, 3주택 이상과 법인에 대한 8~12%를 4~6%로 하는 안을 발표했다. 이 안이 통과되면 취득세 부담이 상당히 줄어들 전망이다. 하지만 세율 개정은 국회의 동의가 필요한 사항으로 이 안이 통과될 가능성은 희박해 보인다. 이에 따라 이 책은 현행의 세제를 가지고 관련 내용을 분석하고 있다).

Q 정부는 2024년 1월 10일에 소형주택과 지방 준공 후 미분양 주택 등을 취득하면 주택 수에서 제외한다고 발표했다. 이러한 조치는 종부세와 취득세 그리고 양도세에 어떤 영향을 미칠까?

보통 주택 수는 이들 세목의 세율과 1주택의 특례(양도세 비과세, 종부세는 1주택 특례)에 영향을 미친다. 따라서 요건을 갖춘 주택을 취득하면 이를 주택 수에서 빼고 세율을 적용하거나 1주택 특례를 적용하면 된다. 하지만 1주택 특례는 조금 주의해야 한다. 기존 소형주택을 취득해 임대등록하거나 지방 미분양 주택 그리고 인구감소지역 주택을 취득하면 1주택 특례를 적용하지만, 신축 소형주택(오피스텔 등 포함)을 취득하면 이를 적용하지 않기 때문이다. 예를 들어 1주택자가 서울 강남구에서 소형주택 2채를 취득한 상태에서 종전 주택을 양도하면 비과세가 성립하지 않는다. 1세대 3주택이 되기 때문이다. 다만, 이때 중과세는 적용되지 않는다. 세율을 결정할 때에는 주택 수에서 제외되기 때문이다. 독자들은 이러한 점에 유의해 2024년 1월 10일 정부의 대책을 이해하는 것이 좋을 것으로 보인다. 34페이지 등을 참조하기 바란다.

분양권이 주택 수에 포함되면
어떤 일이 생길까?

　　최근의 부동산 세금이 복잡하게 변한 것 중의 하나가 바로 분양권 등을 주택 수에 산입한 것이라고 했다. 분양권 등은 주택에 해당하지 않지만, 이를 '주택 수'에 산입시켜 다른 주택을 취득하거나 양도할 때 취득세와 양도세에 영향을 주고 있기 때문이다. 따라서 부동산 세제를 이해하기 위해서는 기본적으로 이와 관련된 내용들을 꿰차고 있어야 한다. 이에 대해 정리해보자.

1. 취득세

1) 분양권 등과 주택 수 산입

　　그동안 취득세율 결정 시 분양권은 주택 수에 포함되지 않았지만 2020년 8월 12일 이후 취득한 분양권과 조합원입주권 그리고 주거용 오피스텔 및 신탁주택도 주택 수에 포함해 취득세 중과세율을 적용한다.

2) 적용 사례

> **자료**
> · A씨는 주택 1채를 취득하고자 함.
> · A씨는 현재 분양권을 1개 보유하고 있음.

Q A씨는 현재 지방세법상 주택을 몇 채 소유하고 있는가?

분양권이 2020년 8월 12일 이후에 취득된 것이라면 1주택을 보유하고 있는 것으로 취급된다. 하지만 이날 전에 취득(계약)한 경우라면 무주택자에 해당한다.

Q 만일 2주택자로 판정되는 경우 어떤 불이익이 주어질까?

일시적 2주택[6]에 해당하면 1주택을 법에서 정한 기간(분양주택의 취득일로부터 3년, 2023년 1월 12일 기준) 내 처분하는 조건으로 일반세율(1~3%)을 적용한다. 만일 이러한 조건을 충족하지 못하면 취득세 중과세가 적용될 수 있다(분양받은 주택이 조정지역에 소재한 경우에 중과세가 적용될 수 있음에 유의해야 한다). 자세한 내용은 뒤에서 살펴보자.

Q 조합원입주권과 주거용 오피스텔도 취득세 중과세 적용을 위한 주택 수에 포함되는가?

그렇다. 이 외에도 신탁회사에 위탁한 주택도 취득세 중과세 적용을 위한 주택 수에 포함된다. 참고로 조합원입주권과 주거용 오피스텔은 양도세 과세 시에서도 주택 수에 포함되고 있다.

---

6) 1주택자가 이사를 가면서 새로운 주택을 취득해 일시적으로 2주택 상태가 되는 것을 말한다. 다만, 신규 주택이 비조정지역에 소재하면 무조건 1~3%의 세율이 적용되므로 3년 내에 처분할 필요가 없다.

2. 양도세

1) 분양권 등과 주택 수 산입

양도세 비과세와 중과세를 판단할 때 분양권은 주택 수에 포함되지 않았지만, 2021년 1월 1일 이후에 취득한 분양권은 주택 수에 포함된다.

2) 적용 사례

> **자료**
> · A씨는 주택 1채를 취득하고자 함.
> · A씨는 현재 분양권을 1개 보유하고 있음.

Q A씨는 현재 소득세법상 주택을 몇 채 소유하고 있는가?

분양권이 2021년 1월 1일 이후에 취득된 것이라면 1주택을 보유하고 있는 것으로 취급된다. 하지만 이날 전에 취득(계약)한 경우에 해당하면 무주택자에 해당한다.

Q 만일 2주택자로 판정되는 경우 어떤 불이익이 주어질까?

일시적 2주택에 해당하면 종전 주택을 비과세 처분기간(3년, 2023년 1월 12일 기준) 내에 처분하는 조건으로 양도세 비과세를 받을 수 있다. 다만, 종전 주택을 3년 후에 양도해 비과세를 받고 싶다면 분양받은 주택이 완공된 후 그곳으로 3년 내에 이사하고 그곳에서 1년 이상 거주하면 된다. 이렇게 하면 종전 주택을 완공일로부터 3년 내에 양도하면 비과세를 받을 수 있다. 따라서 두 가지 유형으로 비과세가 가능해진다(입주권도 같은 원리가 적용됨). 만일 이러한 조건을 충족하지 못하면 양도세가 과세될 수 있다.

심층분석 ## 2025년 현 정부의 부동산 세제정책 예상

현 정부는 2024년에 적용된 부동산 세제를 2025년에도 유사하게 적용할 가능성이 높다. 핵심적인 내용만 정리하면 다음과 같다.

구분	현행	예상(대부분 확정)
1. 취득세	· 일반 : 1~3% · 중과 : 8~12%	· 일반 : 좌동(인구감소지역 주택 50% 감면) · 중과 : 좌동
2. 종부세	· 기본공제 : 9억 원(1주택 12억 원) · 공정시장비율 : 60% · 일반 : 0.5~2.7% · 중과 : 0.5~5.0% · 세부담 상한율 : 150%	· 기본공제 : 좌동 · 공정시장비율 : 좌동 · 일반 : 좌동 · 중과 : 좌동 · 상한율 : 좌동
3. 임대 소득세	· 1주택 비과세 : 기준시가 12억 원 · 2,000만 원 이하 : 분리과세 · 2,000만 원 초과 : 종합과세	· 좌동 · 좌동 · 좌동
4. 양도세 비과세*	· 1세대 1주택 : 2년 보유·거주 · 일시적 2주택 : 3년 내 처분 · 고가주택 : 12억 원, 장특공제 80%	· 좌동 · 좌동(상생임대주택 비과세 기한 연장) · 좌동
5. 양도세 중과세	· 주택 : +20~30%p · 토지 : +10%p	· 좌동(단, 한시적 중과배제 연장) · 좌동
6. 주임사 제도	아파트 등록불허	6년 단기임대제도 도입(2025년 6월 예정, 세제 지원 내용은 245페이지 참조)
7. 부동산 법인	· 취득세 : 12% · 종부세 : 2.7~5.0% · 법인세 : 추가법인세 20%	· 취득세 : 좌동 · 종부세 : 좌동 · 법인세 : 좌동
8. 부동산 매매업	· 중과주택, 분양권 : 비교과세 · 중과토지 : 비교과세	· 주택중과 폐지 시 : 일반과세 · 분양권, 중과토지 : 비교과세

* 2024년 1·10대책에 따라 취득한 신축 소형주택, 기축 소형주택(임대등록용), 지방의 준공 후 미분양 주택, 인구감소지역 주택에 대해서는 주택 수에서 제외한다. 다음 페이지의 내용을 참조하기 바란다.

`Tip` **주택공급 확대방안 중 세제정책 분석**

2024년 1월 10일 정부는 소형주택 및 지방 미분양 주택에 대한 공급을 늘리기 위해 다양한 정책을 발표했다. 이 중 세제정책만을 별도로 선별해서 분석해보자. 참고로 다음의 내용들은 대부분 그대로 확정되었다. 자세한 것은 관련 규정을 참조하기 바란다.

1. 신축 소형주택 주택 수 제외

2024년 1월부터 2027(개정됨)년 12월까지 준공된 신축 소형주택을 취득하면, 취득세와 종부세 그리고 양도세 과세 시 주택 수에서 제외한다.

구분	내용
대상 주택	2024년 1월~2027년 12월 준공된 전용 60㎡ 이하, 수도권 6억 원·지방 3억 원* 이하 다가구주택, 공동주택(아파트 제외), 도시형 생활주택, 주거용 오피스텔을 2027년 12월까지 최초 구매 시 * (취득세) 취득가격 (양도세·종부세) 공시가격
주택 수 제외 효과	신규 취득하는 해당 주택부터 세제 산정 시 취득·보유·양도세 과세 시 주택 수에서 제외해 기존 보유 주택 수에 해당하는 세율 적용
	1세대 1주택자가 추가 구매 시 1세대 1주택 특례(양도세·종부세)는 적용하지 않음(주의!).

위는 취득세와 종부세 그리고 양도세에서 중과세율 결정 시에 주택 수에서 제외되며, 과세는 정상적으로 진행됨에 유의해야 한다. 예를 들어 2주택자가 수도권 내에서 10채를 취득하면 앞의 세목 모두 중과세가 적용될 수 있으나, 앞의 요건을 충족하면 일반과세가 적용될 수 있다.

구분	추가 취득 시	
	현 규정 적용 시	앞의 추진안 적용 시
취득세 과세	8~12%	1~3%
종부세 과세	2.0~5.0%	0.5~2.7%
양도세 과세	일반과세(비조정지역)	좌동
	중과세(조정지역)	일반과세

그런데 여기서 주의할 것은 1세대 1주택자가 위의 주택을 추가 구매 시에는 1세대 1

주택 양도세 비과세*와 종부세 1주택자 특례는 적용되지 않는다는 것이다.

* 1세대 1주택자가 신축 소형주택을 취득 후 비과세를 받기 위해서는 소형주택을 먼저 양도 하거나 아니면 소형주택을 임대 등록해야 할 것으로 보인다.

2. 기축 소형주택 매입임대등록 시 주택 수 제외

2024년 1월~2025년 12월 사이에 기존의 소형주택을 구입해 임대 등록하면 앞 신축 소형주택처럼 주택 수에서 제외하는 한편, 기존의 임대사업자처럼 세제 혜택을 부여할 예정이다.**

** 여기서 소형주택은 앞의 신축 소형주택의 주택요건과 같다(60㎡·6억 원·3억 원 이하 등). 한 편 임대등록을 실효성 있게 하려고 2025년 6월 중에 6년 단기임대등록제도가 도입될 예 정이다.

3. 지방 준공 후 미분양 주택 구입자에 대한 세 부담경감

수도권 외의 지방에서 준공은 되었지만 미분양된 주택을 2024년 1월 10일부터 2025년 12월 말까지 최초 취득하면 주택 수에서 제외한다. 이때 주택요건은 아파트를 포함하며, 85㎡·6억 원 이하로 되어 앞의 소형주택과 차이가 난다.

구분	내용
대상 주택	· 전용면적 85㎡ 이하, 취득가격 6억 원 이하*의 준공 후 미분양 주택으로, 2024년 1월 10일~2025년 12월 31일까지 최초로 구입한 경우 * (취득세) 취득가격, (양도세·종부세) 공시가격
주택 수 제외 효과	· 신규 취득하는 해당 주택부터 세제 산정 시 주택 수에서 제외해 기존 보유 주택 수에 해당하는 세율 적용(단, 취득세는 3년 동안 제외하고, 추후 연장 검토) · 기존 1주택자 1세대 1주택 특례는 유지** ** 법 개정 후 1년 내 미분양을 최초 구입하는 경우 적용(시행령 확인하기 바람)

여기서 특이한 것은 지방 미분양 주택을 몇 채 취득하더라도 기존 1세대 1주택 특례 (양도세, 종부세)는 계속 적용받을 수 있다는 것이다.***

*** 이는 앞 1과는 달리 이 규정에서는 1세대 1주택 특례를 적용한다. 따라서 지방 미분양 주택을 10채를 취득하더라도 1세대 1주택 비과세 등은 계속 받을 수 있을 것으로 보인다.

4. 기존 1주택자가 인구감소지역 주택 1채 취득 시 1세대 1주택 특례 적용

1세대 1주택자****가 인구감소지역 내의 1주택(취득 주택 수 제한이 있음)을 취득해

2주택이 된 경우 1세대 1주택 특례(양도세, 종부세)를 적용한다.

**** 앞의 1~3은 다주택자에게도 적용하나 4는 1주택자에만 적용하는 차이가 있다. 다만, 앞의 3에서 미분양 주택취득자가 1세대 1주택 비과세를 받기 위해서는 1주택 상태에서 미분양 주택을 취득해야 한다. 참고로 인구감소지역은 인구감소로 인한 지역 소멸이 우려되는 시 (특별시는 제외하고 광역시, 특별자치시 및 제주특별법에 따른 행정시는 포함)·군·구를 대상으로 출생률, 65세 이상 고령 인구 등을 고려하여 대통령령으로 정하는 지역을 말한다(지방분권균형발전법 제2조 제12호).

※ 2024년 1·10 세제정책 요약

구분	감면 내용	감면 요건
1. 신축 소형 주택 취득	· 주택 수 제외 · 1세대 1주택 특례 적용 불가	· 아파트 제외 · 2024. 1~2027. 12 준공 · 60㎡ 이하 · 수도권 6억 원, 지방 3억 원 이하
2. 기축 소형 주택 취득 후 임대등록*	· 주택 수 제외 · 기타 세제 혜택 부여	· 아파트 제외 · 2024. 1~2025. 12 구입 & 등록 · 60㎡ 이하 · 수도권 6억 원, 지방 3억 원 이하
3. 지방 준공 후 미분양 주택 취득	· 주택 수 제외 · 1세대 1주택 특례 적용 (기존 1주택자에 한함)	· 아파트 포함 · 2024. 1. 10~2025. 12 최초 구입 · 85㎡ 이하 · 6억 원 이하
4. 인구감소지역 1주택 취득	· 주택 수 제외 · 1세대 1주택 특례 적용 (기존 1주택자에 한함) · 취득세 25~50% 감면 가능	· 1주택(입주권, 분양권 포함) 자가 1주택 취득에 한함. · 아파트 포함 · 2024. 1. 4~2026. 12 최초 구입 · 공시가격 4억 원(취득세 감면은 취득가액 3억 원) 이하 · 기타 요건 등은 시행령에 위임(2025년 2월 중 발표)

* 2025년 6월 중에 6년 단기임대등록제도가 신설될 예정이다. 앞의 대책에 따른 맞춤별 전략은 66페이지를 참조하자.

제2장

확 바뀐 부동산 세금의
이해에 필요한
기초지식들

국세와 지방세의
차이는?

앞 장에서 살펴본 것과 같이 앞으로 우리가 만나게 될 부동산 세제는 이전에 본 것들과는 차원을 달리한다. 종전의 규정이 살아 있는 상태에서 전 세목에 걸쳐 개정세법 내용이 추가되면서 이를 따라잡기가 매우 힘든 상황으로 귀착되고 있기 때문이다. 물론 2025년에도 이러한 현상은 계속될 것으로 보인다. 현재의 부동산 시장 분위기가 그리 좋지 않은 탓에 수시로 세제정책을 발표할 가능성도 있어 보이기 때문이다. 이로 인해 세제의 변동성과 복잡성이 종전보다 더 큰 한 해가 될 것으로 보인다. 따라서 이럴 때일수록 기본적인 지식을 쌓아둘 필요가 있다. 부동산 세제의 종류부터 파악해보자.

1. 우리나라의 세금

우리나라의 세금은 크게 국세와 지방세로 분류된다.

구분		세목
국세	내국세	소득세(종합소득세·양도세 포함), 법인세, 상속·증여세, 종부세, 부가가치세, 개별소비세, 주세, 인지세, 증권거래세, 교통세, 농어촌특별세(이하 '농특세') 등
	관세	화물이 국경을 통과하면 발생하는 세금
지방세		취득세, 재산세(도시분 포함), 지방소득세, 자동차세, 면허세, 담배소비세, 레저세, 도축세, 농업소득세, 주행세, 지역자원시설세, 사업소세, 지방교육세 등

국세는 중앙정부에서 다루는 세금이며 주로 국가의 예산으로 사용된다. 반면 지방세는 지방정부가 다루는 세금이며 주로 지방자치단체(이하 지자체)의 예산으로 사용된다. 국세는 기획재정부에서, 지방세는 행정안전부에서 총괄한다. 실무적으로 국세법과 지방세법은 완전히 분리되어 각자의 논리에 따라 과세를 하는데, 이러한 이원화된 집행으로 인해 다양한 문제점들이 파생하고 있다. 예를 들어 주택에 대해 국세는 양도세를 지방세는 취득세를 과세하는데, 이때 주택을 보는 관점이 다르다. 다음을 참조해보자.

구분	국세	지방세
개념	공부상 용도구분에 관계없이 '사실상 상시 주거용으로 사용하는 건물'(2024년부터 소득세법에서도 주택개념이 도입되었으나, 법 적용은 현행과 차이가 없을 것으로 보임)	건축법상의 단독주택과 공동주택을 주택으로 정의하고 있음. · 단독주택 : 단독주택, 다중주택, 다가구주택, 공관 · 공동주택 : 아파트, 연립주택, 다세대주택, 기숙사
영향	실질과세원칙을 적용함. 따라서 주거용 오피스텔은 주택으로 취급함.	앞의 정의에 따라 취득세 등을 부과함. 따라서 주거용 오피스텔은 지방세법상의 주택이 아니므로 취득세율 4%(주택은 1~3%, 8~12%)가 적용됨.

2. 우리나라의 부동산 세금

우리나라의 부동산 세금을 국세와 지방세로 구분해보자. 앞으로 부동산 세금을 다루기 위해서는 거래단계별로 모든 세금을 섭렵할 수 있어야 한다.

구분	국세	지방세 등	
		지방세	관련 부가세
취득단계	상속세	취득세	농특세(국세)
	증여세		지방교육세
보유단계	종부세 (일정 기준금액 초과 시) 농특세 (종부세 관련 부가세)	재산세	지방교육세 지역자원시설세 재산세과세특례
임대단계	종합소득세	지방소득세(소득세할)	
처분단계	양도세	지방소득세(소득세할)	해당 없음.

부동산 세금은 거래단계별로 파악하면 윤곽을 잡을 수 있다. 이러한 세금을 거래세와 보유세로 나누어 이야기를 하는 경우가 있는데 이때 거래세는 통상 취득세 정도를 이야기하나, 시장에서는 양도세와 묶어 이야기하는 경우가 많다. 보유세는 재산세와 종부세 정도를 말한다. 보유세는 소득과 관계없이 보유사실에 대해 과세를 하므로 세금납부능력이 떨어지는 층에서 볼멘소리가 많이 나온다. 하지만 양도세 같은 세금은 벌어들인 소득의 일부에서 내는 만큼 이러한 문제가 없다.

실무에서 보면 가장 복잡한 세목은 바로 양도세에 해당한다. 하지만 최근에는 모든 세목이 복잡하게 변했음에 유의해야 한다. 자세한 부동산 세무처리법은 저자의 신간 《부동산 세무 가이드북 실전 편》 등을 참조하기 바란다.

1세대의 개념은
어떻게 정의되어 있을까?

앞의 부동산 세금을 좀 더 쉽게 이해하기 위해 먼저 기본적으로 알아야 할 내용들이 있다. 이에는 1세대의 개념, 주택에 대한 정의, 주택 수 산정방법, 조정지역 적용 여부, 보유기간 및 거주기간 채택 여부 등이다. 물론 이러한 내용은 각 세목별로 살펴볼 수 있지만 이를 한꺼번에 모아 정리하는 것도 나쁘지 않을 것 같아 다음에서 종합적으로 검토를 해보고자 한다. 먼저 1세대의 개념에 대해 알아보자.

1. 소득세법상 1세대에 대한 정의

원래 부동산 세금에서 '1세대'란 개념은 소득세법에서 양도세를 과세하기 위해 사용했다. 이후 종부세법에서도 1세대에 대한 개념을 사용했고, 최근에는 지방세법에서도 이에 대한 개념을 도입했다. 먼저 소득세법 제88조 제6호에서 정의하고 있는 '1세대'에 대해 알아보자.

6. "1세대"란 거주자 및 그 배우자(법률상 이혼을 하였으나 생계를 같이 하는 등 사실상 이혼한 것으로 보기 어려운 관계에 있는 사람을 포함한다)가 그들과 같은 주소 또는 거소에서 생계를 같이 하는 자[거주자 및 그 배우자의 직계존비속(그 배우자를 포함한다) 및 형제자매를 말하며, 취학, 질병의 요양, 근무상 또는 사업상의 형편으로 본래의 주소 또는 거소에서 일시 퇴거한 사람을 포함한다]와 함께 구성하는 가족단위를 말한다. 다만, 대통령령으로 정하는 경우에는 배우자가 없어도 1세대로 본다.

한편 위의 제6호 단서에서 대통령령으로 정하는 경우는 소득세법 시행령 제152조의 3(1세대의 범위)을 말한다. 다음을 참조하기 바란다.

법 제88조 제6호 단서에서 "대통령령으로 정하는 경우"란 다음 각 호의 어느 하나에 해당하는 경우를 말한다.
1. 해당 거주자의 나이가 30세 이상인 경우*
2. 배우자가 사망하거나 이혼한 경우
3. 법 제4조에 따른 소득 중 기획재정부령으로 정하는 소득이 국민기초생활 보장법 제2조 제11호에 따른 기준 중위소득을 12개월로 환산한 금액의 100분의 40 수준 이상으로서 소유하고 있는 주택 또는 토지를 관리·유지하면서 독립된 생계를 유지할 수 있는 경우. 다만, 미성년자의 경우를 제외하되, 미성년자의 결혼, 가족의 사망 그 밖에 기획재정부령이 정하는 사유로 1세대의 구성이 불가피한 경우에는 그러하지 아니하다.

* 자녀와 부모가 1주택씩 보유한 상태에서 세대분리를 하면 각각 1세대 1주택 양도세 비과세를 받을 수 있다.

2. 지방세법상 1세대에 대한 정의

1) 지방세법상 1세대에 대한 정의
취득세에서 1세대 개념이 필요한 이유는 다주택자에 대한 취득세 중과세를 적용하기 위해서다. 따라서 취득세에도 1세대의 개념이 상당히 중요하게 되었다. 지방세법상 1세대의 개념에 대해서는 지방세법 시행령 제28조의 3(1세대의 범위 등)에서 다음과 같이 정하고 있다.

법 제13조의 2 제1항 및 제2항에 따른 "1세대"란 주택을 취득하는 자와 주민등록법 제7조에 따른 세대별 주민등록표 또는 출입국관리법 제34조 제1항에 따른 등록외국인기록표 및 외국인등록표에 함께 기재되어 있는 가족(동거인은 제외한다)으로 구성된 세대를 말하며 주택을 취득하는 자의 배우자(사실혼은 제외하며, 법률상 이혼을 하였으나 생계를 같이 하는 등 사실상 이혼한 것으로 보기 어려운 관계에 있는 사람을 포함한다), 취득일 현재 미혼인 30세 미만의 자녀 또는 부모(주택을 취득하는 자가 미혼이고 30세 미만인 경우로 한정한다)는 주택을 취득하는 자와 같은 세대별 주민등록표 또는 등록외국인기록표등에 기재되어 있지 않더라도 1세대에 속한 것으로 본다. 다만, 다음 각 호의 어느 하나에 해당하는 경우에는 각각 별도의 세대로 본다.

1. 부모와 같은 세대별 주민등록표에 기재되어 있지 않은 30세 미만의 자녀로서 주택 취득일이 속하는 달의 직전 12개월 동안 발생한 소득으로서 행정안전부장관이 정하는 소득이 국민기초생활 보장법에 따른 기준 중위소득[7]을 12개월로 환산한 금액의 100분의 40 이상이고, 소유하고 있는 주택을 관리·유지하면서 독립된 생계를 유지할 수 있는 경우. 다만, 미성년자인 경우는 제외한다.
2. 취득일 현재 65세 이상의 직계존속(배우자의 직계존속을 포함하며, 직계존속 중 어느 한 사람이 65세 미만인 경우를 포함한다)를 동거봉양(同居奉養)하기 위하여 30세 이상의 자녀, 혼인한 자녀 및 제1호에 따른 소득요건을 충족하는 성년인 자녀가 합가(合家)한 경우

2) 소득세법상의 세대개념과 차이

지방세법상의 세대개념은 소득세법상의 세대개념과 큰 차이가 없다.

---

7) 모든 가구를 소득순으로 순위를 매겼을 때, 가운데를 차지한 가구의 소득을 의미한다. 2025년 기준 1인가구는 239만 원이 이에 해당한다.

다만, 자녀가 60세 이상의 부모를 모시기 위해 세대를 합가한 경우 소득세법은 1세대로 보나, 지방세법은 자녀가 65세 이상의 직계존속(배우자의 직계존속을 포함)을 동거봉양하기 위해 세대를 합친 경우, 65세 이상 직계존속과 자녀의 세대를 각각의 독립된 세대로 간주한다. 참고로 앞의 자녀는 지방세법상 30세 이상의 자녀, 혼인한 자녀, 30세 미만의 자녀로서 소득이 국민기초생활 보장법 제2조 제11호에 따른 기준 중위소득의 40% 이상인 경우에 해당하는 자를 말한다.

3) 적용 사례

Q 지방세법상 1세대의 범위는?

주민등록법 제7조에 따른 세대별 주민등록표에 함께 기재된 가족을 말한다(지방세법은 주민등록표에 기재된 사실이 중요하다). 단, 배우자와 미혼인 30세 미만의 자녀는 세대를 분리해 거주하더라도 원칙적으로 1세대로 간주한다.

Q 미혼인 30세 미만의 자녀가 취업해서 소득이 있는 경우라도 부모의 세대원에 포함되는가?

해당 자녀의 소득[8]이 국민기초생활 보장법 제2조 제11호에 따른 기준 중위소득의 40%(1인 가구의 경우 대략 96만 원 선) 이상으로서 분가하는 경우 부모와 구분해 별도의 세대로 판단한다. 단, 미성년자(만 18세 이하)인 경우에는 소득요건이 충족하더라도 부모의 세대원에 포함한다.

Q 부모님을 부양하기 위해 세대를 합가한 경우에 다주택자가 되는가?

자녀가 65세 이상의 직계존속(배우자의 직계존속을 포함)을 동거봉양하기 위해 세대를 합친 경우, 65세 이상 직계존속과 자녀의 세대를 각각의

---

8) 소득세법 제4조에 따른 소득 : 종합소득, 퇴직소득, 양도소득 등을 말한다.

독립된 세대로 간주한다. 따라서 부모가 2주택을 보유한 상태에서 자녀가 1채를 추가로 취득한 경우 해당 주택에 대해서는 1~3%가 적용될 수 있다(이때에는 거주지를 옮길 필요가 없다).

Q 혼인으로 세대합가를 하는 경우에도 다주택자가 되는가?

혼인의 경우에는 이를 배려하는 장치가 없다. 다만, 종부세나 양도세에서는 이를 배려하는 장치가 있다. 다음의 팁을 참조하기 바란다.

> **Tip 종부세법상 1세대의 개념**
>
> 종부세법에서는 1세대 1주택 단독명의자에 대한 12억 원 기본공제 및 세액공제를 적용해주기 위해 별도로 1세대에 대해 정하고 있다. 종부세법은 소득세법상의 1세대의 개념과 대부분 일치하나 혼인의 경우 10년(2024년 11월 12일에 5년에서 10년으로 개정됨)간, 동거봉양의 경우 10년간은 각각 1세대로 봐주는 차이가 있다.
>
> | 구분 | 취득세 | 종부세 | 임대소득세 | 양도세 |
> |---|---|---|---|---|
> | 세대개념 | 1세대 다주택자 세율을 정할 때 사용함. | 1세대 1주택 공제를 정할 때 사용함. | 정하고 있지 않음. | 비과세 중과세 등에 다양하게 사용함. |

주택의 개념은
어떻게 정의되어 있을까?

현재 취득세부터 양도세까지 주택에 대해 중과세제도가 적용되고 있다. 물론 1주택자가 아닌 다주택자를 대상으로 하고 있다. 그렇다면 여기서 주택은 구체적으로 무엇을 의미할까? 취득세와 양도세를 중심으로 주택에 대한 개념을 알아보자.

1. 취득세

1) 취득세 과세에서의 주택에 대한 개념

현재 주택에 대한 취득세율은 지방세법 제11조 제1항 제8호 등에서 정하고 있다. 이를 중심으로 살펴보자.

8. 제7호 나목에도 불구하고 유상거래를 원인으로 주택['주택법' 제2조 제1호에 따른 주택으로서 '건축법'에 따른 건축물대장 · 사용승인서 · 임시사용승인서 또는 '부동산등기법'에 따른 등기부에 주택]으로 기재['건축법'(법률 제7696호로 개정되기 전의 것을 말한다)에 따라 건축허가 또는 건축신고 없이 건축이 가능하였던 주택(법률 제7696호 건축법 일부개정법률 부칙 제3조에 따라 건축허가를 받거나 건축신고가 있는 것으로 보는 경우를 포함한다)으로서 건축물대장에 기재되어 있지 아니한 주택의 경우에도 건축물대장에 주택으로 기재된 것으로 본다]된 주거용 건축물과 그 부속 토지를 말한다.

위에서 주택은 '주택법 제2조 제1호에 따른 주택'을 말한다. 이는 세대(世帶)의 구성원이 장기간 독립된 주거생활을 할 수 있는 구조로 된 건축물의 전부 또는 일부 및 그 부속 토지를 말하며, 단독주택과 공동주택으로 구분한다. 단독주택은 다가구주택과 다중주택을 포함하며, 공동주택은 아파트와 다세대주택을 포함한다. 따라서 오피스텔은 주거용임에도 불구하고 이는 주택법상 준주택으로 분류된다.

2) 적용 사례

주택법상의 주택에 대해서만 주택에 대한 세율을 적용한다. 주택에 대한 세율은 크게 두 가지 유형으로 구분된다.

① 일반세율 : 1~3%

부동산에 대한 일반적인 취득세율은 4%이나, 주택은 주택가액에 따라 1~3%를 적용한다. 이때 주택은 주택법상의 주택을 말한다. 참고로 주택을 지분으로 취득한 경우에는 취득 당시의 전체 주택가격에 1~3% 등의 세율을 곱해 지분율에 해당하는 취득세를 내도록 되어 있다. 즉 이는 공동명의 등에 의해 전체 취득세의 합계액이 달라지지 않는다는 것을 의미한다.

② 중과세율 : 8~12%

2020년 8월 12일 이후에 취득한 주택에 대해서는 취득세가 8~12%로 중과세될 수 있다. 그런데 이때 중과세 대상은 주택법상의 주택에 한한다.[9] 한편 신축이나 재건축 등으로 원시취득한 주택은 중과세를 적용하지 않는다.

Q 주거용 오피스텔을 취득하면 취득세율은?

4%를 적용한다. 오피스텔은 주택법상의 주택이 아니기 때문이다. 따라서 이 오피스텔 주거용에 해당하더라도 주택에 대한 일반세율(1~3%) 및 중과세율(8~12%)을 적용하지 않는다.

2. 양도세

1) 양도세에서의 주택에 대한 개념

양도세 과세에 있어 주택은 지방세법과는 달리 '상시 주거용 건물'을 말한다. 이는 공부상의 용도가 아닌 실제 용도에 따라 주택 여부를 판정하고 있음을 의미한다. 소득세법은 용도가 불분명한 경우에는 공부상의 용도를 따르도록 하고 있다. 참고로 2024년부터 소득세법상 주택의 개념이 세대별로 출입문이 설치된 구조 등을 갖춘 사실상 주거용으로 사용하는 건물로 좀 더 명확하게 개정되었으나, 여전히 실질 용도에 따라 주택 여부를 판정할 것으로 보인다.

2) 적용 사례

예를 들어 오피스텔을 주거용으로 사용하면 주택으로 보아 비과세나 과세(중과세 포함)를 적용한다.

---

9) 따라서 조합원입주권이나 분양권, 주거용 오피스텔은 취득세 중과세율을 적용하지 않는다.

주택 수
산정방법은?

　원래 '주택 수'는 양도세에서 비과세를 결정하거나 중과세율을 결정할 때 필요한 요소였다. 그런데 요즘은 취득세와 종부세에서도 아주 중요한 요소로 자리매김을 하고 있다. 이하에서는 취득세, 종부세, 양도세 관점에서 주택 수를 어떤 식으로 산정하고 있는지 알아보자.

1. 취득세

　원래 지방세법상 주택에 대한 취득세는 주택법상 주택에 대해 물건별로 과세가 되기 때문에 주택 수가 중요하지 않다. 하지만 최근 다주택자를 대상으로 취득세율이 조정되면서 주택 수 산정방법이 중요하게 되었다. 자세한 내용은 뒤에서 살펴보고 여기에서는 개략적인 내용만 살펴보자. 2020년 8월 12일 이후부터 취득세 중과세를 위한 주택 수에는 주택법상 주택 외에 조합원입주권, 분양권, 주거용 오피스텔, 신탁주택도 모두 포함한다. 다만, 시가표준액 1억 원 이하의 주택, 농어촌주택 등이 주택 수에 포함되면 불이익이 예상되는 주택들은 주택 수를 산정할 때 제외된다.[10] 이러한 내용을 요약하면 다음과 같다.

총주택 수	취득세 중과세 적용 시 제외되는 주택 등	취득세 중과세 적용에 필요한 주택 수
· 모든 주택 · 오피스텔(주거용) · 조합원입주권 · 분양권 · 신탁주택	· 공시가격 1억 원 이하 주택(재개발 구역 등 제외) · 농어촌주택 · 소형주택, 지방 미분양 주택(2024년 추가) 등	최소 2주택 이상(1세대)

(표 중간에 - 기호와 = 기호가 표시됨)

참고로 앞에서 '주택'이란 주택법상 주택으로서, 실제 주거용으로 사용되어야 할 뿐만 아니라 건축물대장에 주택으로 기재되어야 한다. 따라서 이 중 하나라도 충족하지 못하면 지방세법상의 주택에 해당하지 아니한다(조심 2018지986, 2018. 8. 24, 같은 뜻임).

2. 종부세

종부세에서 주택 수는 1세대 1주택 특례(12억 원 기본공제, 80% 세액공제)와 중과세율(2.0~5.0%)을 적용할 때 필요하다.

1) 1세대 1주택 특례

종부세에서 1세대 1주택 특례 적용 시 주택 수 판단은 다음과 같이 한다. 참고로 종부세는 개인별로 과세되므로 공동명의 주택은 원칙적으로 각각 1주택으로 본다. 또한 1주택 특례 적용 시 상속주택과 지방 저가주택, 주택 부수 토지는 1주택 소유자가 이를 함께 소유할 때만 주택 수에서 제외됨에 유의해야 한다.

---

10) 이러한 주택들은 주택 수에서 제외되는 한편 본인의 취득세율은 1~3%가 적용된다. 이에 대한 자세한 내용은 제3장에서 살펴본다.

총주택 수	1세대 1주택 판단 때 제외되는 주택	1세대 1주택 특례를 위해 필요한 주택 수
· 모든 주택(지분주택 포함) · 오피스텔(주거용) · 주택 부수 토지	-	· 합산배제주택 · 일시적 2주택 · 상속주택 · 지방 저가주택(1채에 한함) · 주택 부수 토지	=	1주택 원칙(개인)

일시적 2주택은 신규 주택 취득일로부터 3년 내에 양도하는 것을, 지방 저가주택은 주로 지방의 기준시가 3억 원 이하의 1주택을 말한다. 참고로 2024년 이후에 취득한 지방 미분양 주택 등도 종부세 특례 적용 시 주택 수에서 제외된다(34페이지).

2) 종부세 중과세율 적용

한 개인이 전국에 걸쳐 3주택 이상 보유(단, 과세표준 12억 원 이하는 일반세율을 적용) 시 종부세 중과세율이 적용된다. 이때 주택 수는 다음과 같이 계산한다(종부세법 시행령 제4조의 3 제3항 제3호 참조).

총주택 수	종부세 중과세 적용 시 제외되는 주택 등	종부세 중과세 적용에 필요한 주택 수
· 모든 주택(지분주택 포함) · 오피스텔(주거용) · 주택 부수 토지	-	· 합산배제주택 · 일시적 2주택(신규 주택) · 상속주택 · 지방 저가주택(1채에 한함) · 무허가주택의 부수 토지 · 2024년 1·10대책에 따른 주택	=	전국 3주택 이상(개인)

3. 양도세

양도세에서는 1세대가 보유한 주택 수별로 비과세와 과세의 판단을 하고 있다. 만일 1세대가 보유한 주택 수가 1채(일시적 2주택 포함)이면 비과세,

그렇지 않으면 과세가 되며 이때 중과세제도가 적용될 가능성도 있다.

1) 양도세 비과세

양도세 비과세를 받기 위해서는 기본적으로 1주택 또는 일시적 2주택 등 주택 수가 2채 정도 있어야 한다. 물론 3주택 이상인 경우에도 비과세를 받을 수는 있으나 극히 예외적인 상황에서만 가능하다. 그런데 이때 주의할 것은 주택 수에 주택뿐 아니라 주거용 오피스텔, 조합원입주권, 분양권을 포함한다는 것이다. 그런데 양도세 감면주택이나 장기임대주택 등은 비과세를 판단하기 위한 주택 수에서 제외된다. 따라서 비과세를 판단할 때에는 '주택 수' 요건을 제대로 판단할 수 있어야 한다.

총주택 수		비과세 판단 때 제외되는 주택		양도세 비과세를 위해 필요한 주택 수
· 모든 주택 · 오피스텔(주거용) · 조합원입주권 · 분양권(2021.1.1 이후 취득분)	−	· 양도세 감면주택 · 장기임대주택 · 기축 소형주택(임대등록, 2025) · 지방 미분양 주택 · 인구감소지역 1주택 등	=	1주택 원칙(1세대)

2) 양도세 중과세

양도세 중과세는 1세대가 다주택을 보유한 경우로서 비과세가 성립하지 않을 때 검토해야 한다. 이때 중과세 적용을 위한 주택 수 산정은 앞에서 본 비과세와 차이가 있다. 조합원입주권과 분양권(2021. 1. 1 이후 취득분)은 주택 수에 포함되나, 수도권 읍·면지역 등에 소재한 주택 등은 기준시가(권리가액, 분양가액)가 3억 원 이하하면 주택 수 산정에서 제외된다. 이를 요약하면 다음과 같다. 이 외에도 2024년 1·10대책에 따른 신축 소형주택, 기축 소형주택, 지방 준공 후 미분양 주택, 인구감소지역 주택도 중과세 판단 시 주택 수에서 제외한다.

총주택 수		양도세 판단 때 제외되는 주택		양도세 중과세를 위해 필요한 주택 수
· 모든 주택 · 오피스텔(주거용) · 조합원입주권 · 분양권	−	기준시가 등 3억 원 이하의 주택과 조합원입주권, 분양권(수도권·광역시·세종시 읍·면지역, 도지역에 한함), 소형주택 등	=	2주택 이상

※ 양도세 비과세와 중과세 판단 시 주택 수 산정방법의 차이

구분	비과세	중과세
상시 주거용 건물	포함	포함
지분으로 보유한 주택	포함	포함
조합원입주권	포함	포함
양도세 감면주택	제외(일부는 포함 가능)	포함
주택신축판매사업자 및 부동산 매매사업자의 재고주택	제외	제외 (단, 매매사업용 주택은 포함)
주택임대사업자의 임대주택	제외	포함(주의!)
분양권	포함(2021년 이후)	포함(2021년 이후)
2024년 1·10대책상의 주택	제외(단, 신축 소형주택은 포함)	제외

Tip **2024년 1·10 세제정책과 주택 수 제외**

아래 1~4는 모두 주택 수에서 제외된다. 이 경우 어떤 효과가 있을까?

구분	세율 결정	1주택 특례(양도세, 종부세)
1. 신축 소형주택 취득	좌 외의 주택 수로 중과세율 결정	x*
2. 기축 소형주택 매입·등록		임대사업자 세제 지원에 따름.
3. 지방 준공 후 미분양 주택 취득		○(단, 기존 1주택자가 취득 시)
4. 1주택자의 인구감소지역 1주택 취득	−	○(단, 기존 1주택자가 취득 시)

* 1주택자가 1채를 취득하면 일시적 2주택으로 처리 시 문제가 없지만, 2채 이상 취득하면 1주택 특례를 받지 못함에 유의해야 한다.

세목별
일시적 2주택 차이는?

부동산 세제에서 세무상 쟁점이 가장 많이 발생하는 대목 중 하나가 바로 '일시적 2주택'의 판단과 관련된 것이다. '일시적 2주택'은 이사 등의 이유로 신규 주택을 취득하면서 일시적으로 2채를 보유한 경우를 말하는데, 세목별로 이에 대한 요건이 차이가 나기 때문이다. 최근에는 종부세에서도 이 개념이 도입되어 세목별로 이를 비교해볼 필요가 있다.

1. 취득세

다주택자에 대한 중과세가 적용되는 상황에서 일시적 2주택으로 양도하면 취득세를 1~3%로 과세한다. 이 경우 종전 주택의 처분기한은 '신규 주택'이 조정지역에 소재하는 경우에만 3년(신규 주택이 비조정지역 내 소재 시는 처분하지 않아도 됨)이 적용된다. 참고로 언제든지 2주택자에 대한 취득세 중과세제도가 폐지되면 기한 내에 처분하지 않아도 취득세 중과세가 적용되지 않는다.

구분	종전 주택의 처분기한	기타의 요건
조정→조정	3년	양도세에서의 종전 주택과 신규 주택의 보유기간이 1년 이상일 것의 요건은 적용하지 않음.
조정→비조정	없음.	
비조정→조정	3년	
비조정→비조정	없음.	

2. 종부세

2022년에 신설된 종부세에서의 일시적 2주택은 1주택 특례 적용 시 주택 수에서 차감되는데, 이때 일시적 2주택은 '신규 주택을 취득한 날로부터 3년이 경과하지 않는 경우'를 말한다. 따라서 종부세에서는 종전 주택을 처분하지 않고 신규 주택을 3년 내에 처분하더라도 1세대 1주택 특례 등을 받을 수 있는 것으로 해석된다(유권해석 확인).

구분	처분기한	기타의 요건
조정→조정	3년 (2023년 1월 12일 기준)	양도세에서의 종전 주택과 신규 주택의 보유기간이 1년 이상일 것의 요건은 적용하지 않음.
조정→비조정		
비조정→조정		
비조정→비조정		

3. 양도세

양도세에서 일시적 2주택은 실수요자로서의 성격이 강하므로 신규 주택 취득일로부터 3년 내에 종전 주택을 양도하면 비과세를 적용한다. 이때 투자용으로 이 제도를 활용하는 것을 방지하기 위해 신규 주택은 종전 취득일로부터 1년 이후에 취득해야 한다.

구분	종전 주택의 처분기한	기타의 요건
조정→조정		종전 주택과 신규 주택의 보유기간이 1년 이상일 것(기타 전입의무는 삭제되었음. 2022. 5. 10)
조정→비조정	3년	
비조정→조정		
비조정→비조정		

Tip 세목별 일시적 2주택 비교

구분		취득세	종부세	양도세
세제혜택		일반세율(1~3%) 적용	1주택 특례 : 12억 원 기본공제, 80% 세액공제, 일반세율 적용 (단, 과세표준은 합산)	비과세 적용
주택 수 산정		·원칙 : 주택, 분양권, 입주권, 오피스텔 합산 ·예외 : 상속주택, 1억 원 이하 주택 등 제외	·원칙 : 주택만 합산 ·예외 : 일시적 2주택, 상속주택, 지방 저가주택, 등록임대주택 등	·원칙 : 주택, 분양권, 입주권, 오피스텔 합산 ·예외 : 등록임대주택, 선순위상속주택 등
주택 수 산정기준		1세대	·원칙 : 개인 ·예외 : 1세대(1주택 특례 적용 시)	1세대
처분기한	조정→조정	3년	3년	3년*
	조정→비조정			
	비조정→조정			
	비조정→비조정			

* 재건축 또는 재개발과 관련된 양도세 비과세 요건도 모두 3년으로 통일되었다. 제5장에서 살펴본다.

세목별 상속주택과
지방 저가주택에 대한 차이는?

최근 종부세에서 상속주택과 지방 저가주택을 주택 수에서 제외하는 식의 입법이 있었다. 상속주택과 지방의 저가주택을 배려하는 차원에서 그렇다. 그런데 이러한 상속주택이나 저가주택 등을 취득세와 양도세에서도 규정하고 있다 보니 이들을 서로 비교해볼 필요가 있다. 이에 대해 살펴보자.

1. 상속주택

주택을 상속받으면 주택 수가 증가하므로 이에 대한 특칙을 마련할 필요가 있다. 세목별로 알아보자.

1) 취득세

지방세법 시행령 제28조의 4 제5항 제3호의 상속주택은 다음과 같이 지방세법상 주택 수에서 제외된다. 즉, 상속받은 지 5년이 경과하지 않은 상속주택은 지방세법상 주택 수에서 제외된다.

3. 상속을 원인으로 취득한 주택, 조합원입주권, 주택분양권 또는 오피스텔로서 상
속개시일부터 5년이 지나지 않은 주택, 조합원입주권, 주택분양권 또는 오피스텔
(2020. 8. 12 신설)

지분으로 상속받은 경우 지분율이 큰 자(같으면 거주자>연장자순)가 소유
한 것으로 보아 앞의 규정을 적용한다.

2) 종부세

종부세에서 상속주택은 1세대 1주택 특례(12억 원 기본공제 등)와 세율 적용
시 주택 수에서 제외된다. 다만, 상속받은 지 5년이 경과하면 주택 수에 포
함되나, 이때 소수지분(40% 이하 등)에 해당하면 주택 수에서 제외된다.[11]

※ 종부세법 시행령 제4조의 2
② 법 제8조 제4항 제3호에서 "대통령령으로 정하는 주택"이란 상속을 원인으로 취
득한 주택(소득세법 제88조 제9호에 따른 조합원입주권 또는 같은 조 제10호에 따른 분양권
을 상속받아 사업시행 완료 후 취득한 신축주택을 포함한다)으로서 다음 각 호의 어느 하나
에 해당하는 주택을 말한다(2022. 9. 23 신설).
1. 과세기준일 현재 상속개시일부터 5년이 경과하지 않은 주택
2. 지분율이 100분의 40 이하인 주택
3. 지분율에 상당하는 공시가격이 6억 원(수도권 밖의 지역에 소재하는 주택의 경우에는 3
억 원) 이하인 주택

---

11) 2022년 2월 14일 이전에 상속받은 주택으로서 소유 지분율이 20% 이하이고, 소유 지분율
에 상당하는 공시가격이 3억 원 이하인 경우 종전의 규정이 그대로 적용된다(별도로 신청할
필요 없음). 단, 세율 적용 시 주택 수 계산과 별개로 올해부터 도입되는 상속주택에 대한 1세
대 1주택자 특례를 적용받기 위해서는 법정 요건*을 갖추어 별도로 특례를 신청해야 한다.
*상속을 원인으로 취득한 주택이 다음 세 가지 요건 중 하나를 충족할 경우 특례 적용
① 상속개시일로부터 5년 이내, ② 지분율 100분의 40 이하, ③ 지분율에 상당하는 공시가
격이 6억 원(비수도권의 경우 3억 원) 이하

3) 양도세

양도세에서는 비과세와 중과세 적용 시 주택 수 판단이 중요하다. 비과세의 경우 상속주택은 주택 수에서 차감되지만 상속주택이 여러 채가 있는 경우 1채를 지정(선순위 상속주택)해 이 주택을 보유한 자에게만 다른 주택에 대한 비과세를 허용하고 있기 때문이다.

※ 세목별 상속주택 세제혜택 비교

구분		취득세	종부세	양도세	
				비과세	중과세
상속주택에 대한 세제혜택		다른 주택 세율 결정 시 : 주택 수에서 제외	다른 주택 1세대 1주택 판정 및 세율 적용 시 : 주택 수에서 제외*	양도세 비과세 판정 시 주택 수에서 제외	당해 주택 5년 내 처분 시 중과세 제외
상속개시일로부터 5년 내		주택 수에서 제외	주택 수에서 제외	선순위 상속주택에 한해 주택 수에서 제외	중과세 제외
5년 경과 후	다수지분에 해당하는 경우	주택 수에 포함	다음 상속주택만 주택 수에서 제외 · 지분율이 40% 이하인 주택 · 지분율에 해당하는 기준시가가 6억 원(수도권 밖 3억 원) 이하인 주택	선순위 지분주택에 한해 주택 수에서 제외(2이상 지분주택은 주택 수에 포함)	5년 경과 후 다수지분주택 양도 시 중과세 적용
	소수지분에 해당하는 경우	주택 수에서 제외			중과세 적용하지 않음(소수지분 수와 관계없음).

* 1주택 소유자가 상속주택을 동시에 보유해야 1주택 특례(12억 원 공제와 80% 세액공제 등)가 적용된다. 만일 부부가 상속주택을 포함해 각각 1채씩 보유하고 있는 경우에는 1주택 특례를 받을 수 없다. 이때에는 각각 1주택씩 보유한 것으로 보아 각각 기본공제 9억 원을 적용하게 된다.

2. 지방 저가주택

지방 저가주택은 비교적 간단히 정리할 수 있다. 다음 표를 참조하자.

구분	취득세	종부세	양도세
저가주택에 대한 세제혜택	· 저가주택 : 일반 세율 적용 · 다른 주택 세율 결정 시 : 주택 수 제외	다른 주택 1세대 1주택 판정 시 : 주택 수에서 제외*	양도세 중과세 판정 시 주택 수에서 제외
가격기준	기준시가 1억 원 이하(단, 정비구역 소재 주택은 제외)	기준시가 3억 원 이하	기준시가 3억 원 이하
적용지역	전국	· 수도권 : 해당사항 없음. · 수도권 밖 : 광역시·자치시의 군·읍·면지역과 기타 모든 지역	· 서울시·수도권·광역시·자치시 : 군·읍·면지역 · 이 외 : 모든 지역
주택 수 제한	제한 없음.	1채만 소유한 경우만 특례 적용 (2채 이상 보유 시는 적용 불가)	제한 없음.

* 부부가 각각 1채씩 보유한 경우에는 1주택 종부세 특례가 적용되지 않는다(법규재산-4037, 2022. 11. 2). 이 외 지방 저가주택이 2채 이상인 경우에도 1주택 특례를 적용받을 수 없다. 주의하기 바란다.

※ 지방 저가주택에 대한 범위가 종부세와 양도세에서 차이가 있음을 확인하기 바란다. 특히 1세대 1주택 양도세 비과세 적용 시에는 지방 저가주택은 주택 수에서 제외되지 않는다는 점에 주의해야 한다. 참고로 2024년 1·10대책으로 선보인 신축 소형주택, 기축 소형주택(매입임대용), 지방 미분양 주택, 인구감소지역 내의 1주택은 앞에서 본 내용과는 무관하게 중과세율 등을 결정할 때 주택 수에서 제외하면 된다. 이에 대한 자세한 내용은 34페이지 등에서 살펴보았다.

조정대상지역이
세제에 미치는 영향은?

최근 조정대상지역(조정지역)이라는 지역변수도 세제의 핵심으로 등장하고 있다. 이 지역은 투기과열지구와 함께 정부에서 정하고 있는 대표적인 규제지역을 말하는데, 이 지역으로 지정되면 세제와 대출 그리고 각종 행정규제를 받게 된다. 다음에서는 주로 세제에 대한 것만 살펴보자.

1. 취득세

취득세는 지방세로 그동안 조정지역 여부와 관계없이 전국적으로 단일의 세율이 적용되었다. 하지만 최근 7·10대책의 여파로 지방세에도 조정지역의 개념이 등장하게 되었다. 이로 인해 다주택자가 이 지역 내에서 주택을 취득하면 고율의 취득세를 부과한다. 단, 취득세 중과세는 현재 보유한 주택 수별로 신규 주택이 어느 지역에 소재하느냐에 따라 8% 또는 12%가 적용되므로 이 부분을 정확히 이해하는 것이 중요하다. 예를 들어 2주택자가 비조정지역의 주택을 취득하면 8%, 조정지역의 주택을 취득하면 12%가 적용된다.

구분	총주택 수	신규 주택의 소재지역	
		조정지역	비조정지역
무주택자의 취득	1채	1~3%	1~3%
1주택자의 취득	2채	· 일시적 2주택 : 1~3% (조정→조정 : 2년 내 처분, 그 외 3년)[12] · 이 외 : 8%	1~3%
2주택자의 취득	3채	12%	8%
3주택자의 취득	4채	12%	12%

2. 종부세

　종부세는 국세에 해당하며 조정지역 내의 개인별로 2주택을 보유하면 종부세를 중과세했다. 하지만 2023년부터 3주택 이상자에 한해 중과세가 적용되므로 2주택자에 대해서는 무조건 일반세율이 적용된다. 세부담 상한율은 150%가 적용된다.

구분	세율	세부담 상한율
조정지역 2주택	일반세율	150%
조정지역 일시적 2주택	일반세율	150%

---

12) 2023년 1월 12일 이후에 종전 주택을 처분하면 2년이 아닌 3년을 적용한다. 양도세와 종부세도 3년을 적용한다. 실수요자들을 위한 조치에 해당한다.

3. 양도세

조정지역은 양도세와 아주 밀접한 관련을 맺고 있다. 주요 내용만 간략하게 열거하면 다음과 같다.

- 양도세 비과세 거주기간 적용
- 일시적 2주택 비과세 처분기한 단축(단, 2023년 1월 12일 이후는 관련 없음)
- 양도세 중과세 적용 등

> **Tip**　　　　　　　　　**조정지역 해제의 효과**
>
> 2022년 9월 26일 서울과 수도권 대부분, 세종시를 제외한 지방의 전 지역이 조정지역에서 해제되었다. 또한 11월 14일에 서울과 성남(분당과 수정), 과천, 하남, 광명을 제외한 전 지역이, 2023년 1월 5일에 서울 강남구, 서초구, 송파구, 용산구를 제외한 전 지역이 조정지역에서 해제되었다. 이 경우 세제가 어떤 식으로 변화될지 전체적으로 요약해보면 다음과 같다.

구분	현행	변경	적용 시기
취득세 일시적 2주택	① 조정→조정 : 3년* ② 비조정→조정 : 3년* ㉠ 2주택 중과 폐지 시 무조건 처분불요	① 조정→비조정 : 처분불요 ② 비조정→비조정 : 처분불요 ㉠ 양도세는 3년 내 처분요	2022. 9. 26(또는 11. 14, 2023. 1.12, 이하 동일) 이후 취득분(잔금기준, 조정에서 계약한 경우 포함)
종부세 중과	① 조정 2주택 : 일반세율 ② 전국 3주택 : 중과율	① 좌동 ② 비조정 포함 3주택 : 현행	2024. 6. 1
양도세 1주택 거주 요건	2년 거주**	삭제	2022. 9. 26 이후 취득분(잔금기준, 조정에서 계약한 경우 포함)
양도세 일시적 2주택 비과세	① 조정→조정 : 3년 ② 비조정→조정 : 3년	① 조정→비조정 : 3년 ② 비조정→비조정 : 3년 ㉠ 취득세와 차이 남에 유의	2022. 9. 26 이후 양도분(잔금기준)

구분	현행	변경	적용 시기
양도세 중과세	① 2주택 중과 적용 ② 3주택 중과 적용	① 2주택 중과해제 ② 3주택 중과해제 또는 완화 ㉮ 2년 이상 보유한 주택은 한시적 중과배제 중	2022. 9. 26 이후 양도분(잔금기준)
증여 취득세	조정소재 주택+3억 원 초과 시 : 12%	비조정소재 주택 기준시가 불문 : 3.5%	2022. 9. 26 이후 증여분
부동산 매매업	중과대상 주택 : 비교과세	중과배제 주택 : 6~45% ㉮ 기타는 개인의 세제를 준용함.	2022. 9. 26 이후 양도분(잔금기준, 조정에서 계약한 경우 포함)
주택 임대 사업자	조정 : 종부세 합산배제 불가, 양도세 중과 (2018. 9. 14 이후)	비조정 : 종부세 합산배제 가능, 양도세 중과배제	· 종부세 : 2024. 6. 1 (단, 별도 확인) · 양도세 : 2022. 9. 26 등록분
법인 세제	① 취득세 : 12% ② 종부세 –조정 2주택 : 2.7% ③ 추가법인세 : +20% ④ 법인주임사 : 조정 지역은 종부세 과세, 추가법인세 과세	① 취득세 : 현행 ② 종부세 –비조정 포함 2주택 : 2.7% ③ 추가법인세 : 현행 ④ 법인주임사 : 비조정 종부세 합산배제 및 추가법인세 과세 제외	· 종부세 : 2024. 6. 1 · 법인임대 : 2022. 9. 26 이후 등록분
자금 조달 계획서 제출	조정 : 거래가 불문 무조건 제출	비조정 : 거래가 6억 원 초과 시 제출	2022. 9. 26 이후 계약분(확인 필요)

* 취득 당시 신규 주택이 조정지역 내에 소재하면 그 이후 조정지역에서 해제되더라도 3년 내에 처분해야 취득세 일반과세가 적용된다.

** 취득 당시 조정지역이면 그 이후 조정지역에서 해제되더라도 2년 거주요건이 적용된다.

※ 조정지역지정 현황

이에 대해서는 '대한민국 전자관보'를 통해 확인하기 바란다.

2024년 1월 10일에 발표된 세제정책에 따른 맞춤별 전략을 알아보자.

1. 일반 개인

일반 개인은 현재 보유 주택 수별로 전략을 마련한다.

- 1세대 1주택인 경우 → 1주택 특례(종부세 12억 원 공제, 1세대 1주택 양도세 비과세 등을 말함)를 받을 수 있도록 추가 취득을 최소화한다. 특히 신축 소형주택을 투자 목적으로 취득하면 기존 1주택에 대한 비과세 받기가 힘들어진다. 다만, 기존 1주택자가 지방 미분양 주택을 몇 채 취득해도 주택 수와 무관하게 1주택 특례를 받을 수 있으나, 다른 요소(종부세, 시세 차익 등)를 고려해 취득 의사결정을 해야 한다. 이 외 1주택자가 인구감소지역 내에서 1주택을 취득해도 1주택 특례를 받을 수 있다.
- 1세대 2주택 이상인 경우 → 1주택 특례를 받기를 포기한 경우에는 종부세 등을 고려해 추가 취득을 한다. 실익이 없으면 추가 취득을 하지 않는다.

多주택 상태에서 소형주택, 미분양 주택 등을 취득하면 1주택 특례는 받을 수 없다. 물론 취득세, 종부세, 양도세 일반과세를 받을 수 있지만, 이 중 종부세의 부담이 클 수 있다. 따라서 이때에는 실익이 크지 않고 오히려 손해를 볼 수 있다.

2. 임대사업자

소형주택을 6년 이상 임대등록하면 취득세 일반과세, 종부세 합산과세, 양도세 중과배제, 거주주택 비과세를 받을 수 있다. 다만, 장기보유특별공제 50% 같은 제도는 적용되지 않는다.

🔗 임대등록을 하면 임대료 5% 상한률, 의무임대 기간 등을 지켜야 하므로 부담감이 있을 수 있다. 따라서 기축 소형주택의 경우 반드시 실익분석을 먼저 할 필요가 있다.

3. 매매사업자

이번 대책은 매매사업자에게도 영향을 주게 되는데, 특히 신축 소형주택과 지방 미분양 주택에 대해서는 효과가 있을 전망이다. 취득세는 일반과세로, 소득세는 6~45%로 적용할 수 있기 때문이다.

4. 법인

이번 조치는 법인과 무관하다. 따라서 이들은 취득세 12%, 종부세 2.7~5.0%, 법인세 추가 과세 20%가 그대로 적용된다. 따라서 추가 취득의 필요성이 거의 없다(단, 최종 확정된 세법을 통해 확인하기 바란다).

5. 적용 사례

앞에서 본 신축 소형주택 등은 1세대 1주택 양도세 비과세를 받을 수 있는지가 중요하다. 이와 관련된 사례 몇 가지를 살펴보자.

Q 1세대 1주택자가 신축 소형주택을 취득하면 양도세 비과세를 받을 수 있는 길은?

신축 소형주택을 먼저 양도한 후 1세대 1주택으로 양도하거나 일시적 2주택으로 기존 주택을 3년 이내에 양도해야 한다.

↗ 양도세 비과세를 판단할 때 신축 소형주택은 일반주택처럼 취급한다. 다만, 중과세율을 적용할 때에는 주택 수에서 제외하는 혜택만 부여한다.*

* 조정지역이 대폭 해제된 상황에서는 이러한 혜택은 무의미하다.

Q 1세대 2주택자가 기축 소형주택을 취득해 임대 등록했다고 하자. 이때 기존 주택 1채를 양도하면 비과세가 가능한가?

기존 주택은 주택임대사업자로서 거주주택으로 양도하면 비과세가 가능하다. 거주주택 비과세는 생애 1회만 적용된다.

Q 무주택자가 지방 준공 후 미분양 주택을 2채 취득한 경우 취득세와 양도세는 어떻게 적용되는가?

취득세는 일반세율이 적용되며, 양도세는 1세대 2주택이므로 비과세가 적용되지 않는다. 비과세를 받기 위해서는 1주택을 먼저 과세로 처분해야 한다.

Q 1세대 2주택자가 전원생활을 하기 위해 인구감소지역 내에서 1주택을 취득한다고 하자. 이때 기존 주택에 대한 양도세 비과세를 받기 위해서는 어떻게 해야 하는가?

법 규정에 따르면 기존 1주택자가 이 지역 내에서 1주택을 취득한 경우 인구감소지역 내의 주택은 없는 것으로 봐주고 있다. 따라서 이 경우 이 요건을 충족하지 못한 것으로 보아 비과세를 받을 수 없을 것으로 보인다.**

** 단, 위 2주택이 일시적 2주택 상태라면 2주택임에도 불구하고 이 규정에 따른 비과세의 적용이 가능하지 않을까 싶다(이에 대해서는 유권해석을 통해 확인할 것).

제3장

취득세
완전
분석

취득세
개편내용은?

취득세는 부동산을 취득할 때 내는 세금으로 지방자치단체에서 과세하는 세금에 해당한다. 정부와 국회는 최근 2020년 7·10대책을 통해 이 세금을 크게 올리는 식의 입법조치를 단행했다. 취득세 개편내용부터 분석해보자.[13]

1. 주택의 유상취득

2020년 8월 12일 이후부터 다주택자와 법인 등에 대한 취득세가 다음과 같이 적용되고 있다. 참고로 2024년 1·10대책에 따른 신축 및 기축 소형주택(아파트 제외)과 지방 미분양 주택(아파트 포함) 그리고 인구감소지역 주택(아파트 포함)은 주택 수에서 차감되므로 이 부분을 감안해서 살펴보기 바란다.

---

13) 2022년 12월 21일에 발표된 취득세 중과세 완화안은 법률 개정 사항으로 2025년 중에 시행 여부가 불투명하다. 이 책은 현행의 세율로 세제를 분석하고 있다.

구분	1주택	2주택	3주택	법인·4주택~
조정지역	1~3%	8%	12%	12%
비조정지역	1~3%	1~3%	8%	12%

예를 들어 2주택자가 5억 원짜리 주택을 추가로 취득해 3주택자가 된 경우 12%인 6,000만 원을 내야 한다. 다만, 이 주택이 비조정지역 내의 주택인 경우에는 12%를 적용하지 않고 그보다 낮은 8%를 적용한다. 이는 지방의 주택 시장을 배려하는 취지가 있다.

한편 1주택자가 조정지역 내의 주택을 취득해 2주택자가 된 경우 세율이 8%까지 올라갈 수 있으나 일시적 2주택자는 종전의 규정대로 1~3%가 적용된다.

Q 조정지역에 1주택을 소유하고 있는 상황에서 비조정지역에 3억 원 아파트를 추가로 취득하는 경우 세율은?

기존 소유 주택의 소재지와 관계없이 비조정지역에서 2번째 주택을 추가로 취득하는 경우 주택 가액에 따라 1~3%의 세율을 적용한다. 따라서 3억 원 주택의 경우 1% 세율이 적용된다. 만약 비조정지역에 1주택을 소유하고 있는 자가 조정지역에서 주택을 추가로 취득 시에는 8%를 적용한다(단, 2주택 중과 폐지 시는 1~3%).

Q 2024년 1월 10일에 발표된 세제 정책에서 주택 수에 제외되는 주택을 취득하면 취득세율은 어떻게 적용되는가?

이 경우 기존에 보유한 주택 수와는 무관하게 1~3%의 세율이 적용된다. 이에는 신축 소형주택(최초 계약자에 한하며, 아파트는 제외), 기축 소형주택(매입임대용으로 아파트는 제외), 지방 준공 후 미분양 주택(아파트 포함) 등이 해당한다.

2. 주택의 증여취득

2020년 8월 12일 이후부터 개인이나 법인 등이 증여를 받으면 취득세가 다음과 같이 인상되었다.

종전	현행
3.5%	· 조정지역 3억 원 이상 : 12% · 이 외 : 3.5%(1세대 1주택자가 소유주택을 배우자·직계존비속에게 증여한 경우 포함)

조정지역 내에서 주택을 증여하면 12%까지 취득세가 적용된다. 다만, 무조건 이를 적용하는 것이 아니라 다음과 같은 요건을 모두 충족해야 한다.

- 증여자는 1세대 2주택을 보유할 것(이때 주택은 모든 주택을 말함. 주의!)
- 증여대상 주택이 조정지역에 소재할 것
- 기준시가가 3억 원 이상에 해당할 것

따라서 이러한 요건 중 하나라도 충족하지 않으면 3.5%의 세율이 적용된다. 이에 대한 자세한 내용은 제8장에서 별도로 살펴본다.

Tip | **2024년 이후 취득세 관련 주의해야 할 내용들**

1. 유상취득 과세표준 개정
실제 취득가액이 시가표준액(기준시가) 보다 낮은 경우 시가표준액을 과세표준으로 하는 제도는 폐지된다(단, 특수관계인 간의 부당 거래 시는 이 제도를 적용함).

2. 증여취득 과세표준 인상

시가표준액에서 시가 상당액으로 취득세 과세표준이 인상된다.

3. 취득세율 결정 시 주택 산정방법

취득세 중과세율은 모든 주택(분양권 등 포함) 수에서 요건을 충족한 상속주택, 지방 저가주택, 2024년 1·10대책에 따른 4가지 유형의 주택(신축 소형주택, 기축 소형주택, 지방 준공 후 미분양 주택, 인구감소지역 주택) 등을 차감한 주택 수로 결정한다.

Tip | 총취득세율(조정지역)

구분		취득세	농특세		지방교육세	계
			85㎡ 이하	85㎡ 초과		
개인	1주택	주택 가액에 따라 1~3%	0%	0.2%	취득세×1/2 ×20%	1.1~3.5%
	2주택	8%		0.6%*		8.4~9.0%
	3주택		0%		0.4%	
	4주택 이상	12%		1.0%*		12.4~13.4%
법인						

* 농특세에 대해서도 중과세가 적용되려면 농특세법에 별도로 규정이 되어야 하는데 그렇지 못하다. 입법적인 개선이 필요해 보인다.

※ 지방교육세 세율 개정내용

구분	종전	현행
1주택	0.1 ~ 0.3 %	0.1 ~ 0.3 %
2주택		0.4 %
3주택		
4주택 이상	0.4 %	

취득세를 잘 다루기 위해
기본적으로 알아야 할 것들은?

최근 개편된 취득세는 주로 다주택자 및 법인을 겨냥한 조치에 해당한다. 따라서 이에 대한 대비를 하지 않으면 12% 이상의 취득세를 낼 가능성이 높다. 이렇게 취득세가 과도해지면 부동산을 취득할 가능성이 떨어지는 것은 당연하다. 지금부터는 개정된 취득세에 대한 내용을 따라잡기 위해 기본적으로 알아야 할 것들을 살펴보자.

1. 납세의무자

취득세는 부동산 등을 취득한 자에게 부과한다. 여기서 취득한 자는 개인과 법인 등(외국법인, 비영리법인 및 법인으로 보는 단체 포함)을 말한다. 따라서 취득세는 대물과세에 해당하므로, 개인이든 법인이든 누가 취득하든지 간에 같은 세율을 적용하는 것이 원칙이다.

2. 1세대 범위

원래 취득세는 개인별로 과세가 되나, 최근 다주택자들을 대상으로 중과세제도가 도입되면서 1세대의 개념을 사용하기 시작했다. 따라서 지방세법에서 정하고 있는 1세대의 개념을 이해할 필요가 있다(43페이지 참조).

Q 30세 미만인 자녀가 독립했다. 그는 미혼이지만 직장 생활을 하고 있다. 별도 세대로 인정이 되는가?

30세 미만자의 경우에도 소득이 있으면 원칙적으로 독립세대로 인정이 된다.

3. 주택의 범위

현재 주택에 대한 취득세율은 지방세법 제11조 제1항 제8호 등에서 정하고 있는 주택법상의 주택에 대해서 적용된다.[14] 이에는 단독주택과 공동주택으로 구분되고, 단독주택에는 다가구주택과 다중주택을 포함한다. 그리고 공동주택에는 아파트와 다세대주택을 포함한다. 따라서 주택법상의 주택이 아닌 조합원입주권, 분양권, 주거용 오피스텔은 주택에 대한 취득세율(8~12% 등)이 적용되지 않고 별도의 세율(4%)이 적용된다.

---

14) 주택법상 주택으로 기재되는 한편 실제 용도가 주거용으로 사용되어야 주택 수에 포함되는 주택으로 본다.

※ 주택, 입주권, 분양권, 주거용 오피스텔과 취득세제의 적용

구분	주택 수에 포함 여부	해당 물건 취득 시 적용 세율
주택	포함	1~12%
입주권	포함	4%(대지)→완공 시 2.8%(원시취득)
분양권	포함	완공 시 1~12%(승계취득)
오피스텔	포함	4%(주택법상 주택 아님)

4. 주택 수 산정방법

주택에 대한 취득세 부과 시 주택 수도 상당히 중요한 역할을 한다.

1) 일반세율 적용 시

1세대 1주택이나 일시적 2주택자의 경우 일반세율인 1~3%가 적용된다. 이때 주택은 주택법상 주택에 한한다. 지방세법 제11조 제1항 제8호에서는 주택법 제2조 제1호에 따른 주택에 대해서만 1~3%를 적용한다. 따라서 이에 해당하지 않는 오피스텔은 4%를 적용한다.

> 8. 제7호 나목에도 불구하고 유상거래를 원인으로 주택[주택법 제2조 제1호에 따른 주택으로서~(이하 생략)

2) 중과세율 적용 시

취득세에서도 8%와 12% 같은 중과세율 제도가 도입되었다. 이 경우 주택 수가 최소한 2주택 이상이 되어야 하는데, 이때 주택 수는 다음과 같이 판정한다.

첫째, 중과세 적용을 위한 주택 수는 1세대별로 합산한다.

둘째, 지분소유 주택도 1주택으로 본다. 다만, 동일세대원은 1주택으로 본다.

셋째, 조합원입주권, 분양권, 주거용 오피스텔, 신탁주택도 모두 주택 수에 포함한다. 다만, 이러한 규정은 이 법 시행 이후 취득하는 분(2020년 8월 12일 이후)부터 적용한다. 한편 시가표준액 1억 원 이하의 주택, 사원용 주택, 가정어린이집 등은 주택 수에 포함되지 않는다. 다음의 내용을 참조하기 바란다.

> **Tip** 주택 수 합산 및 중과배제 주택
>
> 다음에 해당하는 주택들은 두 가지의 혜택이 주어진다. 이를 취득하면 일반세율(1~3%)이 적용되는 한편 다른 주택의 취득세율 결정 시에 주택 수에 포함되지 않는다.

연번	구분	중과배제 이유
1	가정어린이집	육아시설 공급 장려
2	노인복지주택	복지시설 운영에 필요
3	재개발사업 부지 확보를 위해 멸실 목적으로 취득하는 주택	주택 공급사업에 필요
4	주택시공자가 공사대금으로 받은 미분양 주택	주택 공급사업 과정에서 발생
5	저당권 실행으로 취득한 주택	정상적 금융업 활동으로 취득
6	국가등록문화재주택	개발이 제한되어 투기 대상으로 보기 어려움.
7	농어촌주택	투기 대상으로 보기 어려움.
8	공시가격 1억 원 이하 주택 (재개발 구역 등 제외)	투기 대상으로 보기 어려움. 주택 시장 침체지역 등 배려 필요
9	공공주택사업자(지방공사, LH 등)의 공공임대주택	공공임대주택 공급 지원
10	주택도시기금 리츠가 환매 조건부로 취득하는 주택 (Sale & Lease Back)	정상적 금융업 활동으로 취득

연번	구분	중과배제 이유
11	사원용 주택(60㎡ 이하)	기업활동에 필요
12	주택건설사업자가 신축한 미분양된 주택	주택 공급사업 과정에서 발생 ※ 신축은 2.8% 적용(중과대상 아님)
13	상속주택(상속개시일로부터 5년 이내)	투기 목적과 무관하게 보유 ※ 상속은 2.8% 적용(중과대상 아님)
14	공시가격 1억 원 이하인 부속 토지 만을 소유한 경우 해당 부속 토지	투기 대상으로 보기 어려움.
15	혼인 전 소유한 주택분양권으로 주택을 취득하는 경우 다른 배우자가 혼인 전부터 소유하고 있는 주택	혼인에 대한 배려

※ 주택 수 제외 추가

아래의 주택도 주택 수에서 제외된다.

- 2024~2027년 중 취득한 신축 소형주택(아파트 제외)
- 위 기간 중 취득 후 임대등록한 기축 소형주택(아파트 제외)
- 2024년 1월 10일~2025년 중 취득한 지방 준공 후 미분양 주택(아파트 포함)
- 2024년 1월 4일~2026년 중 취득한 인구감소지역 주택(아파트 포함)

※ 취득세 주택 수 및 중과배제 판단 시 '1억 원 이하' 적용 여부

구분	적용 여부	비고
주택	O	정비구역 지정된 지역 등은 제외
입주권	X	무조건 주택 수에 산입
분양권	X	무조건 주택 수에 산입
오피스텔	O	주택분 과세분에 한함.
부속 토지	O	주택 부속 토지만 소유한 경우에 한함.

취득세 중과세 적용 시
주택 수 산정은 어떻게 하는가?

앞으로 개인이 부담해야 할 취득세는 철저히 주택 수에 따라 그 크기가 달라질 것으로 예상된다. 따라서 주택 수 산정방법에 대해 미리 점검을 해두는 것이 필요할 것으로 보인다. 사례를 통해 이 부분을 확인해보자.

ⓠ 주거용 오피스텔은 주택 수에 포함되는가?

그렇다. 다만, 재산세 과세대장에 주택으로 기재되어 주택분 재산세가 과세되고 있는 주거용 오피스텔에 한해 주택 수에 포함된다(2020년 8월 12일 이후). 다만, 2024년 1·10 대책에 따라 취득한 신축 또는 기축 소형 오피스텔은 주택 수에서 제외된다(이하 동일).

구분	주택분 재산세	일반건물분 재산세
주거용 오피스텔 주택 수 산입 여부	O	X

ⓠ 주택분양권과 조합원입주권, 신탁한 주택도 주택 수에 포함되는가?

그렇다. 취득세 중과세를 적용할 때 주택분양권 등도 주택 수에 포함하는 것으로 입법이 되었다(2020년 8월 12일 이후 취득분에 한함).

Q 오피스텔 분양권도 주택 수에 포함되는가?

오피스텔 취득 후 실제 사용하기 전까지는 해당 오피스텔이 주거용인지, 상업용인지 확정되지 않으므로 오피스텔 분양권은 주택 수에 포함되지 않는다.

구분	주택분양권	오피스텔 분양권
분양권 주택 수 포함 여부	O	X

참고로 취득세에서 주택 수에 포함되는 주택분양권은 지방세법 제13조의 3 제3호에서 규정하고 있는 정의에 부합해야 한다. 따라서 입주권이 아닌 것을 모두 분양권으로 보는 오류는 범하지 않아야 한다(저자의 《재건축·재개발 세무 가이드북》을 참조하기 바란다).

3. 부동산 거래신고 등에 관한 법률 제3조 제1항 제2호에 따른 "부동산에 대한 공급계약"을 통하여 주택을 공급받는 자로 선정된 지위(해당 지위를 매매 또는 증여 등의 방법으로 취득한 것을 포함한다. 이하 이 조에서 "주택분양권"이라 한다)는 해당 주택분양권을 소유한 자의 주택 수에 가산한다(2020. 8. 12 신설).

Q 부부와 공동으로 보유한 주택은 각각 주택 수에 포함되는가?

공동으로 보유한 주택은 각각 1주택이 되는 것이 원칙이다. 다만, 동일세대원이 보유한 주택은 1주택으로 본다.

Q 상속으로 받은 주택은 주택 수에 포함되는가?

취득세율 결정 시 취득원인을 불문하고 주택 수를 산정한다. 다만, 상속의 경우에는 취득의 불가피성이 있으므로 취득 후 5년까지는 주택 수에서 제외해준다. 따라서 상속개시일로부터 5년까지는 상속주택을 소유하고 있더라도, 추가 취득한 주택은 1주택 세율(1~3%)이 적용된다. 만일 5년이 지나 상속주택을 계속 소유하는 경우에는 주택 수에 포함된다. 한편 상속주택을 여러 명의 상속인들이 공동으로 소유한 경우에는 상속지분이 가장 큰 상속인의 소유주택으로 판단한다. 다만, 상속지분이 가장 큰 상속인이 2명 이상일 경우에는 '당해 주택에 거주하는 사람'과 '최연장자' 순으로 판단한다.[15]

Q 임대주택으로 등록한 주택이 5채가 있다. 이 경우 주택 수는 몇 채인가?

5채가 된다. 따라서 주택임대사업자가 주택을 추가로 취득한 경우에는 12%의 세율이 적용되는 것이 원칙이다(지방세법에서는 주택 수에 관한한 임대주택에 대한 배려가 없다. 단, 2024년 1·10 대책에 따라 취득한 소형주택 등은 주택 수에서 제외된다).

Q 현재 3주택인 상태에서 1주택의 매도계약을 체결했다. 그런 후 1주택을 매수하면 몇 채가 되는가?

3주택 상태에서 1주택을 매도했으므로 2주택이 되고, 이후 1채를 추가 취득하면 3주택자가 된다. 다만, 이때 주의할 것은 잔금지급일을 매수하는 주택보다 늦게 잡으면 주택 수가 늘어날 수 있음에 유의해야 한다.

Q 법인은 주택 수를 어떻게 산정하는가?

법인은 주택 수 산정의 의미가 없다. 법인이 취득하면 무조건 12%의 세율을 적용하기 때문이다. 다만, 시가표준액 1억 원 이하의 주택, 사원용 주택 등에 대해서는 12%를 적용하지 않고 1~3%를 적용한다.

Q 개인이 경매를 통해 획득한 주택도 주택 수에 포함되는가?

당연하다.

---

15) 상속주택의 경우 5년이 경과하면 지방세법에서는 주택 수에 포함됨에 유의해야 한다.

Q 부동산 매매사업자가 취득한 주택도 주택 수에 포함되는가?

그렇다. 부동산 매매사업자가 보유한 사업용 주택도 취득세율 결정 시 개인의 주택 수에 포함된다. 다만, 개인의 거주용 주택에 대한 비과세 판단 시 사업용 주택은 주택 수에서 제외되나, 양도세 중과세 판단 시에는 이에 포함된다.

취득세	양도세 비과세	양도세 중과세
주택 수에 포함	주택 수에 포함하지 않음.	주택 수에 포함.

Q 건설사업자가 취득한 주택도 주택 수에 포함되는가?

개인건설사업자가 주택을 취득해 이를 멸실하고 신축하고자 하는 경우, 멸실 전의 주택은 주택 수에 제외를 해준다. 신축의 경우에는 배려할 필요가 있기 때문이다. 다만, 지방세법 시행령 제28조의 2 제8호에서 정하고 있는 요건을 충족해야 한다(다음 참조). 참고로 건설사업자에 대한 취득세와 종부세는 생각보다 쟁점이 많으므로 반드시 세무전문가로부터 확인을 받아 업무처리를 하는 것이 좋을 것으로 보인다(저자의 카페 문의 가능).

---

8. 다음 각 목의 어느 하나에 해당하는 주택으로서 멸실시킬 목적으로 취득하는 주택. 다만, 나목6)의 경우에는 정당한 사유 없이 그 취득일부터 1년이 경과할 때까지 해당 주택을 멸실시키지 않거나 그 취득일부터 3년이 경과할 때까지 주택을 신축하여 판매하지 않은 경우는 제외한다(2025년 이후부터 3년 내 신축, 5년 내 판매하는 경우로 개정이 될 것으로 보인다. 시장 상황을 고려하는 조치에 해당한다. 기타의 유형은 해당 규정을 참조하기 바란다).

가. 공익사업을 위하여 취득하는 주택(2020. 8. 12 신설)
나. 다음 중 어느 하나에 해당하는 자가 주택건설사업을 위하여 취득하는 주택. 다

만, 해당 주택건설사업이 주택과 주택이 아닌 건축물을 한꺼번에 신축하는 사업인 경우에는 신축하는 주택의 건축면적 등을 고려하여 행정안전부령으로 정하는 바에 따라 산정한 부분으로 한정한다(2021. 4. 27 개정).

4) 주택법 제4조에 따라 등록한 주택건설사업자
6) 주택신축판매업[한국표준산업분류에 따른 주거용 건물 개발 및 공급업과 주거용 건물 건설업(자영건설업으로 한정한다)을 말한다]을 영위할 목적으로 부가가치세법 제8조 제1항에 따라 사업자등록을 한 자

Q 시가표준액 1억 원 이하가 되면 모든 부동산이 주택 수에서 제외되고 중과세가 적용되지 않는가?

그렇지 않다. 정비구역으로 지정·고시된 지역(도정법상) 또는 사업시행구역에 소재하는 주택(소규모주택법상) 등은 주택 수에 포함되며 중과세가 적용된다. 이 외에도 수도권 과밀억제권역 내 설립 후 5년 이내 된 법인이 취득한 것도 12%의 중과세가 적용된다(법인에 대한 불이익을 주기 위한 조치에 해당한다).

Tip | **분양권의 주택 수 산정방법과 세율 적용법**

주택 분양권을 당첨받았거나 전매를 통해 취득한 경우 분양권 계약일(전매는 잔금청산일) 현재의 주택 등의 수를 합산해 주택 수를 계산하고, 이에 따라 세율의 유형을 결정한다. 예를 들어 분양권 계약일 현재 2주택을 보유하고 있다면 향후 완성주택에 대한 취득세율은 8~12%가 적용된다. 한편 1주택을 보유 중에 분양계약을 한 경우라면 2주택이 되는 것이고, 분양주택이 조정지역에 소재한 경우에 한해 일시적 2주택이 되므로 이때에만 완공일로부터 3년 내에 두 주택 중 한 채를 양도하면 분양주택에 대한 취득세를 1~3%로 낼 수 있다.

일시적 2주택자도
취득세가 중과세되는가?

1주택자는 주로 주거를 목적으로 주택을 보유한 세대를 말한다. 따라서 이들에 대해서는 취득세를 중과세하면 안 된다. 그렇다면 조정지역에서 신규 주택을 취득한 일시적 2주택자는 어떻게 해야 할까? 2주택자가되어 취득세 중과세가 적용될 수 있기 때문이다. 하지만 이들은 이사를가는 과정에서 부득이하게 2주택이 되는 경우가 일반적이므로 취득세 중과세를 적용하지 않아야 한다(2주택자에 대한 취득세 중과세가 폐지되면 일시적 2주택에 대한 판단을 할 필요가 없어진다. 이하는 현행의 세법을 기준으로 분석한다).

1. 일시적 2주택에 대한 취득세

직장, 취학 등의 사유로 거주지를 이전하기 위해 1주택자가 조정지역내에서 새로운 주택을 취득하는 경우에는 당연히 1주택으로 취득세를과세하는 것이 원칙이다. 이에 지방세법 시행령 제28조의 5(일시적 2주택)에서 다음과 같이 규정하고 있다(단, 신규 주택이 비조정지역 내에 소재하면 처분과관계없이 1~3%가 적용됨).

① 법 제13조의 2 제1항 제2호에서 규정하는 "대통령령으로 정하는 일시적 2주택"이란 국내에 주택(조합원입주권 등과 법 제13조의 3 제4호에 따른 오피스텔을 포함한다)을 1개 소유한 1세대가 그 주택(이하 이 조에서 "종전 주택"이라 한다)을 소유한 상태에서 이사·학업·취업·직장이전 등 이와 유사한 사유로 다른 1주택(이하 이 조에서 "신규 주택"이라 한다)을 추가로 취득한 후 3년(이하 이 조에서 "일시적 2주택 기간"이라 한다) 이내 종전 주택을 처분하거나 멸실시키는 경우 해당 신규 주택을 말한다(2023. 2. 28 개정).

② 제1항을 적용할 때 조합원입주권 또는 주택분양권을 1개 소유한 1세대가 그 조합원입주권 또는 주택분양권을 소유한 상태에서 신규 주택을 취득한 경우에는 해당 조합원입주권 또는 주택분양권에 의한 주택을 취득한 날부터 일시적 2주택 기간을 기산한다.

③ 제1항을 적용할 때 종전 주택등이 도시 및 주거환경정비법 제74조 제1항에 따른 관리처분계획의 인가 또는 빈집 및 소규모주택 정비에 관한 특례법 제29조 제1항에 따른 사업시행계획인가를 받은 주택인 경우로서 관리처분계획인가 또는 사업시행계획인가 당시 해당 사업구역에 거주하는 세대가 신규 주택을 취득하여 그 신규 주택으로 이주한 경우에는 그 이주한 날에 종전 주택등을 처분한 것으로 본다(2020. 12. 31 신설).

앞의 내용 중 몇 가지만 정리해보자.

첫째, 일시적 2주택은 주택, 조합원입주권, 분양권, 주거용 오피스텔 중 1개 보유자가 이사 등의 이유로 조정지역 내에서 신규 주택을 구입하고 3년 이내 종전 주택을 처분하거나 멸실시키는 경우 해당 신규 주택을 말한다.

둘째, 일시적 2주택 기간은 신규 주택을 취득한 날로부터 3년(2023년

1월 12일 이후 기준)[16]을 말한다.

㉮ 따라서 신규 주택을 취득한 날로부터 3년 내에 종전 주택을 양도해야 신규 주택에 대한 취득세를 1~3%로 받을 수 있다. 참고로 신규 주택을 먼저 양도하면 중과세를 적용받는 것이 원칙이다.

셋째, 조합원입주권 또는 분양권과 주택을 보유해서 일시적 2주택이 된 경우에는 조합원입주권 등에 대한 주택이 완공된 날로부터 일시적 2주택 기간을 기산한다. 이 경우 신규 주택(완공 주택)을 먼저 처분하더라도 일시적 2주택으로 본다.

이는 주택 수에 포함되는 조합원입주권이나 분양권과 다른 주택을 보유한 상태에서 이들에 대한 주택이 완공되면 완공된 날을 신규 주택의 취득시기로 보고 이날부터 3년 내에 종전 주택을 처분하면 1~3%를 적용한다는 것을 의미한다. 이때 종전 주택에는 입주권 등에 의해 완공된 주택(신규 주택)도 포함한다.

㉮ 입주권 또는 분양권과 주택을 보유한 상태에서 취득세 중과세가 적용되는 경우 완공일로부터 3년 내에 기존 주택이나 완공 주택 중 1주택을 처분하면 중과세에서 벗어날 수 있다. 입주권 등은 실제 주택이 아니므로 제1항과 다르게 법을 적용함을 알 수 있다.[17]

---

16) 신규 주택이 비조정지역 내에 소재하면 일시적 2주택이 아니므로 3년 내에 처분할 필요가 없다.

17) 참고로 주택을 먼저 취득한 후 입주권을 취득하고 그 주택이 완공되면 취득세율은 2.8%로 고정된다. 따라서 이 경우 중과세율이 적용되지 않으므로 취득세 중과세 회피를 위해서 종전 주택을 처분할 필요가 없다. 다만, 양도세의 경우에는 다른 규정이 적용되므로 이에 대해서는 별도로 검토해야 한다.

2. 일시적 2주택 취득세 신고 및 납부

일시적 2주택에 해당하는 경우에는 우선 1주택으로 신고·납부 후 추후 2주택 계속 소유 여부 등을 확인한 후 종전 주택을 처분기한 내에 매각하지 않고 계속 2주택을 유지할 경우 2주택자 세율(8%)과의 차액을 추징한다.

※ 일시적 2주택자의 취득세 중과세를 피하기 위한 처분기한

구분	처분기한	비고
조정지역→조정지역	3년	위반 시 8% 적용
조정지역→비조정지역	없음.	1~3% 적용
비조정지역→조정지역	3년	위반 시 8% 적용
비조정지역→비조정지역	없음.	1~3% 적용

한편 앞과 같이 처분기간을 넘긴 경우 신고불성실가산세와 납부지연가산세가 부과된다. 다만, 이에 대해 최근 다음과 같이 개정되었으니 참조하기 바란다.

종전	현행
☐ 일시적 2주택자 처분기간 경과 시 ① 중과세율 적용 ② 과소신고가산세부담 ③ 취득시점 기준 납부지연가산세부담	☐ 처분기간 경과 시 경과일로부터 60일 이내 중과세율로 재신고 시 과소신고가산세 면제 ※ 납부지연가산세는 처분기간 경과 후 60일 이후부터 기산

- 2023. 1. 1 이후 납세의무가 성립하는 때부터 적용
- 다만, 2023. 1. 1 현재 종전 주택 처분기간*이 경과하지 않은 경우에도 적용
  * 종전 주택이 비조정지역 소재 시 3년, 조정지역 소재 시 3년

일시적 2주택 취득세 관련 Q&A

Q 다주택자가 이사를 가기 위해 취득하는 주택도 일시적 2주택 소유로 보아 과세되는가?

2주택 이상을 보유한 다주택자는 이사 등의 사유로 신규 주택을 취득하더라도 '일시적 2주택'에 해당하지 않는다. 따라서 신규 주택에 대한 취득은 중과세율이 적용된다.

Q 일시적 2주택의 경우 어떤 식으로 해야 중과세를 적용받지 않는가?

신규 주택을 취득한 날로부터 다음과 같이 종전 주택을 처분해야 한다.

조정지역→조정지역	조정지역→비조정지역	비조정지역→조정지역	비조정지역→비조정지역
3년	처분불요	3년	처분불요

Q 1주택을 보유하다가 아파트 분양권을 취득했는데, 이 경우에 일시적 2주택에 해당하기 위해서는 아파트 분양권 취득일로부터 3년 내에 종전 주택을 처분해야 하는가?

그렇지 않다. 분양권이나 조합원입주권이 주택 수에는 포함되지만, 분양권이나 조합원입주권 자체는 거주할 수 있는 주택의 실체가 없으므로, 아파트 준공 후 주택의 취득일을 기준으로 3년 내에 종전 주택(완공 주택 포함)을 처분하면 된다.

Q 만일 앞의 일시적 2주택에 대한 취득세 일반과세를 위해서는 어떤 주택을 종전 주택으로 해서 먼저 처분해야 하는가?

완공된 주택과 기존의 주택 중에서 선택해서 처분하면 된다.

Q 재건축사업으로 거주하던 주택(A)에서 퇴거하면서 거주용으로 신규 주택(B)을 취득했다가 재건축된 주택에 입주하면서 신규 주택(B)을 처분하는 경우에도 일시적 2주택으로 볼 수 있는가?

사업시행계획인가를 받은 주택인 경우로서 관리처분계획인가 당시 해당 사업구역에 거주하는 세대가 신규 주택을 취득해 그 신규 주택으로 이주한 경우에는 그 이주한 날에 종전 주택 등을 처분한 것으로 본다(지방세법 시행령 제28조의 5 제3항). 따라서 이 경우 처분을 하지 않아도 신규 주택에 대해서는 중과세를 하지 않는다.[18]

---

18) 참고로 양도세의 경우 대체 주택은 완공일로부터 3년 내에 양도해야 비과세를 적용한다(기타 실거주요건 등이 있음).

1주택자에 대한 취득세

1. 일반적인 취득세율

무주택자가 1주택을 취득한 경우에는 취득가액에 따라 1~3%의 세율로 과세한다.

2. 생애 첫 구입자의 취득세 감면

생애최초 주택에 대해서는 취득세를 감면한다. 출산·양육을 위한 취득세 감면과 같이 살펴보면 다음과 같다(2025년 기준).

구분	감면 요건	감면 한도
생애 첫 주택의 구입	· 다세대주택, 도시형 생활주택 등에 한함 (아파트 제외). · 60㎡ 이하 · 6억 원(지방 3억 원) 이하	300만 원 (12억 원 이하는 200만 원)
출산·양육을 위한 주택의 취득	· 출산일 전 1년~출산 후 5년 내 취득 · 취득가액이 12억 원 이하	500만 원

개정된 세법에 의한
취득세는 얼마나 증가될까?

　이제 앞에서 공부한 내용들을 토대로 취득세가 얼마나 인상되는지 알아보자. 취득세는 개인의 경우 주택 수에 따라 세율이 달라지는데, 이때 사업용 주택 수가 포함되는지의 여부에도 관심을 둘 필요가 있다.

> **자료**
>
> A주택(아파트) 구입가격 : 5억 원

　Q 만일 A주택을 무주택자가 취득하면 취득세는 얼마나 되는가?

　취득가액이 6억 원 이하에 해당하면 1%가 적용된다. 따라서 500만 원이 취득세가 된다. 물론 이 외에 농특세나 지방교육세가 부과된다(생애 첫 구입자는 감면이 적용됨).

구분	종전	개정
무주택자의 취득	500만 원	500만 원(감면 규정 별도 검토)

Q 만일 A주택을 1주택자가 취득하면 취득세는 얼마나 되는가?

1세대 1주택 상태에서 2주택자가 된 경우에는 원칙적으로 8%(비조정지역은 1~3%)인 4,000만 원을 내야 한다. 하지만 직장이나 질병 등의 사유로 거주지를 이전하기 위해 새로운 주택을 취득한 경우는 당연히 1주택으로 과세하는 것이 원칙이다. 다만, 이를 빙자해 저렴하게 취득세를 내는 것을 방지하기 위해 우선 1주택으로 신고·납부 후 추후 2주택 계속 소유 여부 등을 확인한 후 종전 주택을 처분기간(3년, 2023년 1월 12일 이후 기준) 내에 매각하지 않고 계속 2주택을 유지할 경우 2주택자 세율(8%)과의 차액을 추징한다.

구분		종전	개정
1주택자의 취득	조정지역	500만 원	500만 원 (단, 조건 위배 시 4,000만 원)
	비조정지역	500만 원	500만 원

Q 만일 A주택을 2주택자가 취득하면 취득세는 얼마나 되는가? 단, 해당 주택은 조정지역 내에 소재한다.

이 경우에는 1세대 3주택자가 된다. 따라서 이 경우에는 개정된 세율 12%를 적용받아 6,000만 원이 된다. 참고로 2주택자가 비조정지역 내의 주택을 구입한 경우에는 8%를 적용한다. 한편 4주택 이상이 된 경우에는 지역에 관계없이 12%를 적용한다.

구분		종전	개정
2주택자의 취득	조정지역	500만 원	6,000만 원
	비조정지역	500만 원	4,000만 원

Q 만일 A주택을 3주택자가 취득하면 취득세는 얼마나 되는가?

이 경우 1세대 4주택이 되므로 이러한 상황에서는 조정지역과 무관하게 12%의 세율이 적용된다.

구분	종전	개정
3주택자의 취득	500만 원	6,000만 원

Q 만일 A주택을 3주택자가 취득하면 취득세는 얼마나 되는가? 단, 취득세율은 농특세 등을 합해 1.3%, 12.4%가 된다고 하자.

이 경우 다음과 같이 세금이 도출된다.

구분	종전	개정
3주택자의 취득	650만 원	6,200만 원

Q 만일 A주택을 주택매매사업자가 취득하면 취득세는 얼마나 되는가? 이 사업자는 현재 3채를 보유하고 있다.

이 경우에는 개인이 취득한 것으로 보아 12%를 적용한다.

구분	종전	개정
사업자의 취득	500만 원	6,000만 원

Q 만일 A주택을 주택신축판매사업자가 취득하면 취득세는 얼마나 되는가? 이 사업자는 현재 3채를 보유하고 있다.

이 경우에는 개인이 취득한 것으로 보아 12%를 적용한다. 다만, 이렇게 취득세가 많으면 주택신축이 힘들어질 수 있으므로 이에 대한 보

완조치가 있다. 통상 3년간 유예를 해준다.[19]

구분	종전	개정
사업자의 취득	500만 원	500만 원

Q 만일 A주택을 법인이 취득하면 취득세는 얼마나 되는가?

법인은 12%를 적용하는 것이 원칙이다. 다만, 법인이 이를 취득해 신축하고자 하는 경우에는 일반적으로 일반세율을 적용한다.

구분	종전	개정
법인의 취득	500만 원	6,000만 원

Q 분양권 및 조합원입주권도 취득세가 중과되는가?

분양권 및 조합원입주권 자체는 취득세 과세 대상이 아니며, 추후 분양권 및 조합원입주권을 통해 실제 주택을 취득하는 시점에 해당 주택에 대한 취득세가 부과된다. 승계조합원의 경우 조합원입주권 취득 시 해당 토지 지분에 대한 취득세가 부과되고 있다. 다만, 여기서 주의할 것은 주택이 준공되기 전이라도 분양권 및 조합원입주권은 주택을 취득하는 것이 예정되어 있으므로 소유 주택 수에는 포함된다는 것이다. 2020년 8월 12일 이후 신규 취득분부터 적용된다.

🔼 증여에 따른 취득세율도 최고 12%까지 나올 수 있다. 이에 대한 자세한 내용은 제8장에서 다룬다.

---

19) 이에 대해서는 83페이지에서 살펴보았다.

Q 만일 2024년 1·10대책에 따른 신축 소형주택을 조정지역에서 취득하면 해당 주택은 일시적 2주택에 해당하는가?

조건을 충족한 소형주택은 주택 수에서 제외하는 한편, 해당 주택을 취득한 경우 취득세율은 무조건 1~3%(오피스텔은 4%)가 적용된다. 참고로 주택 수에서 제외되는 신축 소형주택은 사업자와 최초로 계약한 주택에 한한다.

Tip 주택 등에 대한 취득세율 체계도

구분	취득 원인	일반 취득세	중과 취득세
주택	유상승계취득 (분양주택 포함)	1~3%	8~12%
	원시취득	2.8%	적용하지 않음.
	증여	3.5%	12%
	상속	2.8%	적용하지 않음.
주거용 오피스텔	유상승계취득	4%	적용하지 않음.
	증여	3.5%	적용하지 않음.

※ 저자 주

최근 취득세 중과세 적용과 관련해 세무상 위험이 급증하고 있다. 분양권과 입주권, 오피스텔 등이 주택 수에 포함되면서 더더욱 이러한 현상이 배가되고 있다. 따라서 독자들은 취득 전에 주택 수 판단을 제대로 할 수 있어야 한다. 참고로 2024년 1·10 대책에 따라 2024년 이후에 취득한 아래의 주택에 대해서는 주택 수에서 제외하고 이에 대해서는 1~3%의 취득세율을 적용한다.

• 신축 소형주택(아파트 제외)
• 기축 소형주택(아파트 제외, 임대등록)
• 지방 준공 후 미분양 주택(아파트 포함)
• 인구감소지역 주택(아파트 포함)

심층분석 취득세 인상과 양도세·법인세 절세효과

다주택자나 법인이 주택을 취득하면 8~12%의 취득세율이 적용될 수 있다. 그렇다면 이러한 취득세 인상은 수익성을 어떻게 악화시키는지 분석해보자.

1. 개인 다주택자의 경우

개인이 5억 원짜리 주택을 취득한 경우 취득세를 종전에는 500만 원, 개정된 세법에 의해 6,000만 원을 낸다고 하자. 그리고 이러한 취득세는 향후 양도세 필요경비로 처리된다고 하자.

1) 현금유출

취득세 인상으로 종전보다 5,500만 원의 현금유출이 추가로 발생한다.

2) 현금유입

해당 취득세 인상분은 향후 양도세의 필요경비로 처리된다. 따라서 이에 대해서는 절세효과인 현금유입의 효과가 발생한다.

· 적용되는 세율이 60%인 경우 : 5,500만 원×60%=3,300만 원

3) 분석결과

양도세율이 높은 경우 이로 인해 절감되는 세금효과가 상당하다. 따라서 현금유출 5,500만 원에서 현금유입 3,300만 원을 차감하면 2,200만 원의 순현금유출 효과가 발생한다.

이는 취득세율로 환산을 하면 4.4%가 된다. 향후 취득세 중과세율과 양도세 단기세율이 완화되면 이러한 효과는 더욱 더 크게 발생할 것으

로 보인다.

<추가분석>

앞의 주택을 5억 원에 구입한 후에 향후 2년 후에 7억 원에 양도해 2억 원의 양도차익이 기대된다고 하자. 이 같은 상황에서 취득세가 인상되면 어떤 효과가 발생하는지 현금흐름으로 분석해보자. 단, 양도세율은 60%를 적용하며 기타 사항은 무시한다.

취득세 인상 전	취득세 인상 후
양도가액 : 7억 원	양도가액 : 7억 원
−취득가액 : 5억 원	−취득가액 : 5억 5,500만 원
=양도차익 : 2억 원	=양도차익 : 1억 4,500만 원
×세율 : 60%	×세율 : 60%
=산출세액 : 1억 2,000만 원	=산출세액 : 8,700만 원
세후 순현금흐름 : 8,000만 원	세후 현금흐름 : 5,800만 원
수익률* : 16%	수익률 : 10.45%

* 취득가액 대비 수익률을 말한다.

2. 법인의 경우

법인이 5억 원의 주택을 취득한 경우 취득세를 종전에는 500만 원, 개정된 세법에 의해 6,000만 원을 낸다고 하자. 그리고 이러한 취득세는 향후 법인세 계산 시 필요경비로 처리된다고 하자. 참고로 주택에 대한 법인세는 일반법인세(9~24%)와 추가법인세(10%→20%)가 동시에 적용되는데, 다음에서는 이 둘을 합해 편의상 30%가 적용된다고 하자.

1) 현금유출

취득세 인상으로 종전보다 5,500만 원의 현금유출이 추가로 발생한다.

2) 현금유입

해당 취득세 인상분은 향후 법인세의 필요경비로 처리된다. 따라서 이에 대해서는 절세효과인 현금유입의 효과가 발생한다.

- 적용되는 세율이 30%인 경우 : 5,500만 원×30%=1,650만 원

3) 분석결과

법인세율이 양도세율보다 낮아 3,850만 원의 순현금유출효과가 발생한다. 앞의 경우에 비해 순현금유출효과가 그렇게 높게 발생하지 않는다. 이는 취득세율로 환산을 하면 7.7%의 적용효과가 발생한다. 따라서 이러한 내용으로 보면 취득세 부담은 상대적으로 다소 작아 보인다 (향후 취득세 중과세율이 완화되면 이러한 효과는 더 커질 전망이다).

<추가분석>

앞의 주택을 5억 원에 구입한 후에 향후 2년 후에 7억 원에 양도해 2억 원의 양도차익이 기대된다고 하자. 이 같은 상황에서 취득세가 인상되면 어떤 효과가 발생하는지 현금흐름으로 분석해보자. 단, 세율은 30%를 적용하며 기타 사항은 무시한다.

취득세 인상 전	취득세 인상 후
양도가액 : 7억 원	양도가액 : 7억 원
-취득가액 : 5억 원	-취득가액 : 5억 5,500만 원
=양도차익 : 2억 원	=양도차익 : 1억 4,500만 원
×세율 : 30%	×세율 : 30%
=산출세액 : 6,000만 원	=산출세액 : 4,350만 원
세후 순현금흐름 : 1억 4,000만 원	세후 현금흐름 : 1억 150만 원
수익률 : 28%	수익률 : 18.45%

제4장

보유세
완전
분석

보유세는 어떻게
개편되었는가?

　보유세는 부동산을 보유하면서 내는 세금에 해당한다. 이에는 지방자치단체에서 부과하는 재산세와 중앙정부에서 부과하는 종부세가 있다. 이 중 종부세가 화두의 중심이 되고 있다. 전 정부에서 강화된 종부세를 현 정부에서 완화하는 식으로 대응하고 있기 때문이다. 이러한 관점에서 종부세에 대한 내용을 파악해보자.

1. 재산세의 개편

　재산세는 재산세 과세표준에 재산세율을 곱해 물건별로 과세하는 지방세에 해당한다. 재산세에 대해서는 세제개편이 거의 없는 상태로 과세되고 있다. 부동산을 소유하고 있는 전 국민을 대상으로 부과되기 때문에 세제의 안정성이 중요하기 때문이다.[20]

----

20) 1세대 1주택자로서 시가표준액 9억 원 이하의 주택에 대해서는 재산세를 경감하고 있다.

2. 종부세의 개편

종부세는 종부세 과세표준에 종부세율을 곱해 개인별로 과세하는 국세에 해당한다. 종부세는 정부의 부동산 대책 일환으로 세법개정이 자주 있는 세목에 해당한다. 특히 2020년 7·10대책에서 종부세가 크게 강화되었는데, 다음에서는 이를 중심으로 개정된 내용을 정리하고 이후 이에 대한 세제개편이 어떤 식으로 될 것인지 정리해보자.

1) 주택분 종부세율 인상 및 법인에 대한 단일세율 신설(종부세법 §9)

2021년 6월 1일부터 다주택자와 법인에 대한 종부세율이 크게 인상되었다. 그런데 개인의 경우 과세표준의 크기에 따라 세율이 달라지는 누진세율이 적용되나 법인은 단일세율이 적용된다.

2020년 7·10대책 전(2020년 이전 적용)		2020년 7·10대책 후(2021~2022년 적용)	
□ 종부세율		□ 일반세율	
• 2주택 이하(조정지역 내 2주택 제외)		• 2주택 이하(조정지역 내 2주택 제외)	

과세표준	세율(%)	과세표준	세율(%)
3억 원 이하	0.5	3억 원 이하	0.6
3~6억 원 이하	0.7	3~6억 원 이하	0.8
6~12억 원 이하	1.0	6~12억 원 이하	1.2
12~50억 원 이하	1.4	12~50억 원 이하	1.6
50~94억 원 이하	2.0	50~94억 원 이하	2.2
94억 원 초과	2.7	94억 원 초과	3.0

• 3주택 이상·조정지역 2주택		• 3주택 이상·조정지역 2주택	
과세표준	세율(%)	과세표준	세율(%)
3억 원 이하	0.6	3억 원 이하	1.2
3~6억 원 이하	0.9	3~6억 원 이하	1.6
6~12억 원 이하	1.3	6~12억 원 이하	2.2
12~50억 원 이하	1.8	12~50억 원 이하	3.6
50~94억 원 이하	2.5	50~94억 원 이하	5.0
94억 원 초과	3.2	94억 원 초과	6.0

〈신설〉	□ 법인*에 대한 중과세율 * 종부세를 부과하는 목적을 고려해 시행령으로 정하는 법인은 제외 • 2주택 이하 법인 : 3.0%(조정지역 내 2주택 제외) • 3주택 이상 및 조정지역 2주택 : 6.0%

🔑 2023년 이후에 3주택 이상 자 중 과세표준 12억 원 이하에 대해서는 중과세를 적용하지 않는다. 즉 개인별로 3주택 이상 보유한 상태에서 과세표준이 12억 원 초과 시만 2~5%의 중과세율이 적용된다.

2) 1세대 1주택자 고령자 공제율 상향 및 합산 공제한도 확대(종부세법 §9)

1세대 1주택을 단독명의로 보유한 경우에 적용되는 세액공제가 다음과 같이 적용되고 있다.

구분	종전	현행
고령자 세액공제	· 60~65세 : 10% · 65~70세 : 20 · 70세 이상 : 30%	· 60~65세 : 20% · 65~70세 : 30% · 70세 이상 : 40%
장기보유 세액공제	· 5~10년 미만 : 20% · 10~15년 이상 : 40% · 15년 이상 : 50%	좌동
종합한도	70%	80%

3) 주택분 세부담 상한율 개정 및 법인 적용제외(종부세법 §10)

주택분에 대한 종부세 계산 시 세부담 증가폭을 제한하는 상한율이 개정되었다. 그런데 법인의 경우에는 이 상한율을 적용하지 않는다.

구분	2022년	2023년 이후
2주택 이하	150%	
조정지역 2주택	300%	150%
3주택 이상	300%	
법인	0%	좌동

4) 법인에 대한 종부세 과세 시 기본공제 폐지(종부세법 §8)

법인에 대한 종부세 과세 시 6억 원(2023년 이후는 9억 원)만큼 공제되던 것이 폐지되었다. 다만, 일반 누진세율이 적용되는 법인은 이 제도가 적용된다.

구분	일반 누진세율이 적용되는 법인	이 외 법인
기본공제액	9억 원	0원
해당 법인	주택사업자, 공익법인, 사회적 기업, 종중 등(종부세법 시행령 제4조의 4 참조)	일반법인(1인 부동산 법인 등)

5) 신탁재산에 대한 종부세 납세의무자 개정

신탁재산에 대한 종부세 납세의무자가 수탁자에서 위탁자로 개정되었다. 따라서 앞으로 신탁재산도 개인의 주택 수에 합산되어 종부세를 내야 한다.

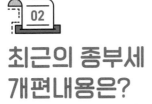

최근의 종부세
개편내용은?

2022년 5월 10일 들어선 새 정부에서 부동산 세제 중 우선 급한 대로 양도세와 종부세 중 일부의 항목을 손질했다. 이 중 종부세부터 정리해보자.

1. 실수요자 관련 종부세 개정

급등한 종부세를 줄이기 위해 2022년 중에 공정시장가액비율을 인하하는 한편 실수요자들을 대상으로 다양한 제도를 도입했다. 이를 정리하면 다음과 같다.

1) 공정시장가액비율 인하
공정시장가액비율은 일종의 과세표준 현실화율로 개인의 기준시가 합계액에서 공제액을 적용한 금액에 이율을 곱해 과세표준을 계산한다. 이율이 높으면 당연히 과세표준도 커지고 그에 따라 세부담이 증가한다. 현 정부는 다음과 같은 식으로 이를 정하고 있다.

구분	2021년	2022년	2023년 이후
주택종부세	95%	60%	60%
주택재산세	60%	60%(1주택 43~45%)	60%(1주택 43~45%)

2) 실수요자 관련 종부세 개정

실수자와 관련해서는 다음과 같이 많은 개정사항이 있었다.

첫째, 추가공제 금액을 상향조정했다.

종부세는 무조건 과세하는 것이 아니라 기준시가의 합계에서 6억 원을 공제해준다. 그런데 1세대 1주택자에 대해서는 2022년 중에 종전 3억 원에서 5억 원으로 추가공제를 인상했다. 한편 2023년 중에 1세대 1주택자는 12억 원, 그 외는 9억 원을 기본공제액으로 개정했다. 이를 정리하면 다음과 같다.

구분	종전	개정	
		2022년	2023년 이후
기본공제액	6억 원	6억 원	9억 원
추가공제액	3억 원	5억 원	3억 원
계	9억 원	11억 원	12억 원*

* 1주택자는 12억 원, 그 외는 9억 원이 기본공제액이 된다.

둘째, 공동명의 주택은 1세대 1주택 특례를 선택할 수 있게 되었다.

1세대가 1주택을 공동으로 소유한 경우 원칙적으로 각자 1주택을 보유한 것으로 보아 종부세를 과세하나, 본인의 선택에 의해 1주택 특례(12억 원 공제와 80% 세액공제 등)를 선택할 수 있다. 이 중 어떤 방식이 유리한지의 여부는 뒤에서 알아본다.

구분	지분율이 같은 경우	지분율이 다른 경우
납세의무자	선택	지분율이 큰 자
연령 및 보유기간 세액공제율 적용	선택된 납세의무자의 연령 등을 적용	지분율이 큰 자의 연령 등을 적용

셋째, 일시적 2주택 등은 1주택 특례와 세율 적용 시 주택 수에서 제외된다.

1세대 1주택 특례(기본공제 12억 원과 세액공제 적용)를 받거나 종부세율 적용 시 다음과 같은 주택들은 주택 수에서 제외한다(2024년 1·10 대책에 따라 취득 후 임대등록한 소형주택, 지방 미분양 주택, 인구감소지역 내의 1주택은 1주택 특례 적용 시 주택 수에서 제외됨. 다만, 신축 소형주택은 이러한 특례가 적용되지 않음. 34페이지 등 참조).

구분	1세대 1주택 특례 적용 시	종부세율 적용 시
일시적 2주택	제외	제외
상속주택	제외	제외
지방 저가주택(1채에 한함)	제외	제외

이에 대한 자세한 내용은 뒤에서 살펴본다.

넷째, 1주택자 고령자·장기보유자 종부세 납부유예제도가 도입되었다.

2022년부터 1세대 1주택자가 만 60세 이상 또는 주택 5년 이상 보유 한 상태에서 종부세가 100만 원 초과해서 발생하면 상속·증여·양도 시 점까지 종부세 납부유예를 한다. 다만, 직전 과세기간 총급여 7,000만 원 (종합소득금액 6,000만 원) 이하에 해당되어야 한다.

2. 다주택자 관련 종부세 개정

2022년에는 다주택자 관련 세제개편은 공정시장가액비율 인하 정도에 그치고 세율이나 세부담 상한율 등은 변경되지 않았다. 2023년 이후 조정지역 2주택에 대한 중과세는 폐지되며, 중과세율 일부가 조정되었다.

구분	2022년	2023년 이후	비고
공정시장가액비율	60%	60%	정부 입법사항
중과세율	1.2~6.0%	2.0~5.0%	국회 입법사항
세부담 상한율	300%	150%	

법인에 대한 종부세 내용은 제9장에서 살펴본다.

> **Tip** **2023년 이후 종부세 개정내용 요약**

2022년 7월 21일 정부에서 발표한 2023년 이후의 종부세 개편안을 살펴보면 다음과 같다. 2022년 12월에 아래와 같이 확정되었다.

구분	종전	개정
1. 조정 2주택자 중과 폐지 및 세율완화	1.2~6.0%	2.0~5.0% (3주택 이상 자 중 과세표준 12억 원 이하는 일반세율 적용)
2. 법인 세율완화	3.0%, 6.0%	2.7%, 5.0%
3. 세부담 상한율완화	· 일반 150% · 중과 300%	150% (법인은 상한율 적용하지 않음)
4. 기본공제 상향	· 기본공제 : 6억 원 · 1주택 추가공제 : 5억 원 · 법인 : 0원	· 9억 원 · 3억 원(따라서 1주택자는 12억 원 공제) · 좌동

재산세의
과세방식은?

이제 앞에서 살펴본 내용들을 좀 더 구체적으로 알아보기 위해 재산세와 종부세의 과세방식을 먼저 정리해보자. 먼저 재산세에 대해 알아보고 뒤이어 종부세를 살펴보자. 재산세는 지방자치단체에서 부과하는 지방세를 말한다. 재산세의 경우 개별주택 등에 대해 지방세법에서 정하고 있는 절차에 따라 7월과 9월에 1/2씩 부과된다.

1. 재산세 과세구조

재산세는 개인이나 세대단위로 합산되어 과세되는 세금이 아니라 물건별로 과세된다. 따라서 주택의 경우 공동으로 소유하든, 단독으로 소유하든 내는 세금의 양은 같다. 재산세는 다음과 같은 구조로 과세된다.

구분	주택분	
공시가격	물건별 공시가격	
×	×	
공정시장 가액비율	주택 60%(토지와 건물은 70%) ☞ 1세대 1주택 : 43~45%(2022년 이후)	
=	=	
재산세 과세표준	주택분 재산세 과세표준(2024년부터 과세표준 상한제가 도입됨)	
×	×	
세율(%)	**과세표준**	**세율(%)**
	6,000만 원 이하	1,000분의 1
	6,000만 원 초과 1억 5,000만 원 이하	60,000원+6,000만 원 초과금액의 1,000분의 1.5
	1억 5,000만 원 초과 3억 원 이하	195,000원+1억 5,000만 원 초과금액의 1,000분의 2.5
	3억 원 초과	570,000원+3억 원 초과금액의 1,000분의 4
=	=	
산출세액	주택분 산출세액	
−		
세부담 상한 초과세액	[직전년도 총세액상당액(재산세) × 세부담 상한율]을 초과하는 세액 ㉮ 세부담 상한율 : 105%(3억 원 이하), 110%, 130%(6억 원 초과)	
=		
납부할 세액		

2. 추가되는 세금들

앞 외에도 도시분 재산세 과세특례분(1.4%), 지역자원시설세, 지방교육세(재산세의 20%) 등이 추가된다.

> **※ 지방세법 제112조 [재산세 도시지역분]**
> ① 지방자치단체의 장은 국토의 계획 및 이용에 관한 법률 제6조 제1호에 따른 도시
> 지역 중 해당 지방의회의 의결을 거쳐 고시한 지역(재산세 도시지역분 적용대상 지역) 안
> 에 있는 대통령령으로 정하는 토지, 건축물 또는 주택에 대하여는 조례로 정하는 바
> 에 따라 제1호에 따른 세액에 제2호에 따른 세액을 합산하여 산출한 세액을 재산세
> 액으로 부과할 수 있다.
> 1. 제110조의 과세표준에 제111조의 세율을 적용하여 산출한 세액
> 2. 제110조에 따른 주택 등의 과세표준에 1천분의 1.4를 적용하여 산출한 세액
> ② 지방자치단체의 장은 해당 연도분의 제1항 제2호의 세율을 조례로 정하는 바에
> 따라 1천분의 2.3을 초과하지 아니하는 범위에서 다르게 정할 수 있다.

재산세 도시지역분은 제1항 제2호에 따라 재산세 과세표준에 0.14%
가 부과되고 있다.

3. 재산세 계산 사례

사례를 통해 앞의 내용을 확인해보자.

> **자료**
> · A주택의 기준시가 : 10억 원
> · 세부담 상한율 : 110%
> · 기타의 내용은 무시함.

Q 올해의 재산세는 얼마인가?

재산세는 시가표준액(기준시가)에 공정시장가액비율 60%를 곱한 재산세 과세표준에 재산세 세율을 곱해 계산한다.

- 재산세 과세표준=10억 원×60%=6억 원
- 재산세 산출세액=570,000원+(6억 원-3억 원)×1,000분의 4
                   =1,770,000원

Q 도시분 재산세 등을 포함 총 재산세는 얼마인가? 단, 지역자원시설세는 제외한다.

- 재산세 : 1,770,000원
- 지방교육세 : 재산세의 20%=354,000원
- 도시분 재산세 : 재산세 과세표준×1.4/1,000
                   =6억 원×1.4/1,000=840,000원
- 계 : 2,964,000원

Q 이 주택에 대해서는 종부세가 부과되는가?

그렇다. 1주택자는 12억 원(공동명의는 18억 원)을 넘어가면 부과된다.

Q 만일 종부세가 부과된다면 재산세와 종부세는 이중과세가 되는 것이 아닌가?

그럴 수 있다. 그래서 세법은 재산세가 부과된 부분은 종부세 과세에서 제외하는 방식으로 이중과세를 조정하고 있다.

Q 2024년부터 과세표준 상한제가 도입되었다고 하는데 그 내용은 무엇인가?

재산세의 과세표준은 시가표준액에 공정시장가액비율을 곱해 계산하는데, 다음의 금액을 상한으로 하는 제도를 말한다.

- 과세표준 상한액=직전 연도 해당 주택의 과세표준 상당액+(과세기준일 당시 시가표준액으로 산정한 과세표준×과세표준상한률*)

  * 매년 변동이 가능하며 2024년은 5%로 정해져 있다.

이 규정은 2024년 1월 1일부터 시행되고 있으나, 개정규정 시행 전에 주택 재산세가 과세된 주택에 대해서는 2028년 12월 31일까지는 종전의 규정에 따른다. 따라서 이 경우에는 재산세 상한률(105~130%)을 적용한다.

Tip 총보유세

구분		내용
재산세	재산세 도시지역분 지방교육세 지역자원시설세	본세 도시지역 내 재산세 추가분 재산세의 20% 소방분 지역자원시설세 등
종부세	종부세 농특세	본세 종부세의 20%
	계	

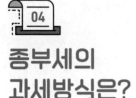

종부세의
과세방식은?

종부세는 개인별로 주택 등의 공시가격을 합산한 금액에 9억 원을 공제한 금액에 대해 과세하는 국세에 해당한다. 정부는 이 제도를 가지고 부동산 시장에 개입하면서 다양한 방식으로 영향을 미치고 있다. 종부세의 과세방식에 대해 알아보자.

1. 종부세 계산구조

종부세 계산구조를 알아보면 다음과 같다. 참고로 종부세는 매년 계산구조상의 공시가격(기준시가), 공제금액, 공정시장가액비율, 세율, 세부담상한율 등 다섯 가지 요소 중 일부나 전부가 개정될 가능성이 높다. 이 책은 2024년 12월 중순에 국회를 통과한 내용을 기준으로 집필된 것이므로 독자들은 최근의 세제개편 내용을 확인해 실무에 적용하기 바란다.

구분	주택분		
Σ 공시가격	개인별 Σ 주택 공시가격(2023년 이후는 2020년 수준으로 책정 예정)		
–			
공제금액	6억 원(1세대 1주택자 11억 원), 2023년 이후 9억 원(1주택자 12억 원)		
×			
공정시장 가액비율	95%(2021년), 60%(2022년), 60%(2023년 이후)		
=			
종부세 과세표준	주택분 종부세 과세표준		
×	× (2023년 이후 조정지역 2주택자 중과제외 등)		
	과세표준	일반세율	3주택 세율
	3억 원 이하	0.5%	0.5%
	6억 원 이하	0.7%	0.7%
	12억 원 이하	1.0%	1.0%
세율(%)	25억 원 이하	1.3%	2.0%
	50억 원 이하	1.5%	3.0%
	94억 원 이하	2.0%	4.0%
	94억 원 초과	2.7%	5.0%
=	**=**		
종합부동산 세액	주택분 종부세액		
–			
공제할 재산세액	재산세로 부과된 세액 중 종부세 과세표준금액에 부과된 재산세 상당액 ㉯ 과세 대상 유형별(주택, 종합합산 토지, 별도합산 토지)로 구분해 계산		
=			
산출세액	주택분 산출세액		
–			
세액공제(%)	〈1세대 1주택〉 보유 : 5년(20), 10년(40), 15년(50), 연령 : 60세(20), 65세(30), 70세(40) ㉯ 중복적용 가능(한도 80%)		
–			
세부담상한 초과세액	[직전년도 총세액상당액(재산세+종부세)×세부담 상한율]을 초과하는 세액 ㉯ 세부담 상한율 : 조정지역 2주택 및 3주택(300%), 그 외(150%), 2023년 이후 150% 통합		
=			
납부할 세액	각 과세유형별 세액의 합계액 [250만 원 초과 시 분납 가능(6개월)]		

앞 외에 농특세가 종부세액의 20%로 부과된다.

2. 1세대의 개념과 주택 수 산정방법

종부세는 개인별로 과세되나, 12억 원 공제금액과 80%의 세액공제는 1세대 1주택 단독명의인 경우에만 적용된다. 따라서 여기서 1세대의 개념과 주택 수 산정방법에 대해서는 미리 알아두는 것이 좋다.

1) 종부세법에서의 세대 단위

현행 종부세법 제2조 제8호에서는 "세대"라 함은 "주택 또는 토지의 소유자 및 그 배우자와 그들과 생계를 같이하는 가족으로서 대통령령이 정하는 것을 말한다"라고 하고 있다. 그리고 대통령령에서 "세대"라 함은 "주택 또는 토지의 소유자 및 그 배우자와 그들과 생계를 같이하는 가족으로서 대통령령이 정하는 것을 말한다"라고 하고 있다. 이러한 세대개념은 소득세법상의 것과 같으나, 다음과 같은 혼인이나 동거봉양의 경우에는 각각 1세대로 보는 특례가 있다(종부세법 시행령 제1조의 2).

> · 혼인함으로써 1세대를 구성하는 경우에는 혼인한 날부터 10년(2024년 11월 12일 개정) 동안은 주택 또는 토지를 소유하는 자와 그 혼인한 자별로 각각 1세대로 본다.
>
> · 동거봉양하기 위해 합가함으로써 과세기준일 현재 60세 이상의 직계존속(직계존속 중 어느 한 사람이 60세 미만인 경우를 포함한다)과 1세대를 구성하는 경우에는 제1항에도 불구하고 합가한 날부터 10년 동안(합가한 날 당시는 60세 미만이었으나, 합가한 후 과세기준일 현재 60세에 도달하는 경우는 합가한 날부터 10년의 기간 중에서 60세 이상인 기간 동안) 주택 또는 토지를 소유하는 자와 그 합가한 자별로 각각 1세대로 본다.

2) 주택 수 산정방법

종부세에서 1세대 1주택의 범위는 종부세법 제8조, 종부세법 시행령 제2조의 3과 제4조의 2 등에서 규정하고 있다. 이를 정리하면 다음과 같다. 참고로 아래 제4항의 상속주택과 지방 저가주택 등은 1주택 소유자가 함께 소유한 경우에만 주택 수에서 제외되어 1주택 특례를 적용받을 수 있다(다른 자가 소유 시에는 적용 불가).

---

① 1세대 1주택자는 세대원 중 1명만이 주택분 재산세 과세 대상인 1주택만을 소유해야 한다(거주자만 적용).

② 다가구주택은 원칙적으로 1채로 본다.

③ 합산배제 임대주택과 사원용 주택 등은 주택 수에서 제외된다. 이 경우 합산배제 임대주택 외 주택에서 직접 거주를 해야 한다.

④ 다음의 주택에 대해서도 주택 수에서 제외된다(2020년 9월 15일 개정).

· 1주택(주택의 부속 토지만을 소유한 경우는 제외한다)과 다른 주택의 부속 토지(주택의 건물과 부속 토지의 소유자가 다른 경우의 그 부속 토지를 말한다)를 함께 소유하고 있는 경우[21]

· 1세대 1주택자가 1주택을 양도하기 전에 다른 주택을 대체취득하여 일시적으로 2주택이 된 경우로서 대통령령으로 정하는 경우[22]

· 1주택과 상속받은 주택으로서 대통령령으로 정하는 주택(이하 "상속주택"이라 한다)을 함께 소유하고 있는 경우[23]

---

21) 1주택과 다른 주택의 부수 토지 소유 시에는 부수 토지는 주택 수에서 제외된다. 하지만 주택의 부수 토지와 다른 주택의 부수 토지를 동시에 소유 시에는 주택 수에서 제외되지 않는다. 1세대 1주택 특례는 "실제 주택"을 보유한 경우에 적용되기 때문이다.

22) "대통령령으로 정하는 경우"란 1세대 1주택자가 보유하고 있는 주택을 양도하기 전에 다른 1주택(이하 이 항에서 "신규 주택"이라 한다)을 취득(자기가 건설해서 취득하는 경우를 포함한다)해 2주택이 된 경우로서 과세기준일 현재 신규 주택을 취득한 날부터 2년(2023년 1월 12일 이후는 3년)이 경과하지 않은 경우를 말한다.

23) "대통령령으로 정하는 주택"이란 상속을 원인으로 취득한 주택(소득세법 제88조 제9호에 따른 조합원입주권 또는 같은 조 제10호에 따른 분양권을 상속받아 사업시행 완료 후 취득한 신축주택을 포함한다)으로서 다음 각 호의 어느 하나에 해당하는 주택을 말한다.
1. 과세기준일 현재 상속개시일부터 5년이 경과하지 않은 주택
2. 지분율이 100분의 40 이하인 주택
3. 지분율에 상당하는 공시가격이 6억 원(수도권 밖의 지역에 소재하는 주택의 경우에는 3억 원) 이하인 주택

· 1주택과 주택 소재 지역, 주택 가액 등을 고려하여 대통령령으로 정하는 지방 저가 주택을 함께 소유하고 있는 경우[24]
· 2024년 1·10대책에 따른 4가지 유형의 주택(신축 소형주택, 기축 소형주택, 지방 준공 후 미분양 주택, 인구감소지역 1주택 등, 34페이지 참조)

3. 적용 사례

Q K씨는 60세 이상인 부모와 같이 동거하고 있다. 부모는 1주택자에 해당하는데 이때 K씨가 주택을 취득하면 1세대 2주택이 되어 1세대 1주택 종부세 특례를 받지 못하는가?

그렇지 않다. 60세 이상의 부모와 세대를 합가한 경우 별도의 세대로 보아 1세대 1주택 특례를 적용한다.

※ 1세대 1주택 특례

구분	신청 시	미신청 시
기본공제	12억 원	9억 원
세액공제	최대 80%	X

Q L씨는 1주택과 다른 주택의 부수 토지를 보유하고 있다. 이 경우에도 1세대 1주택 특례를 받을 수 있는가?

---

24) "대통령령으로 정하는 지방 저가주택"이란 다음 각 호의 요건을 모두 충족하는 1주택을 말한다.
   1. 공시가격이 3억 원 이하일 것
   2. 수도권 밖의 지역으로서 다음 각 목의 어느 하나에 해당하는 지역에 소재하는 주택일 것
      가. 광역시 및 특별자치시가 아닌 지역
      나. 광역시에 소속된 군
      다. 세종특별자치시 설치 등에 관한 특별법 제6조 제3항에 따른 읍·면

그렇다. 이 경우 비록 다른 주택의 부수 토지도 주택으로 재산세가 과세되지만 1주택에서 거주하고 있기 때문에 1주택자 특례를 적용해준다. 이때 부수 토지는 주택 소유자가 소유하고 있어야 특례가 적용된다.

Q 일시적 2주택자의 경우 1세대 1주택자에 준해서 1주택자 특례를 받을 수 있다. 이때 구체적으로 어떤 특례를 받을 수 있는가?

일시적 2주택자의 경우 3년 내에 1채를 정리하면 1세대 1주택으로 보아 12억 원 공제, 80%의 세액공제를 적용한다. 한편 세율은 중과세율이 아닌 일반세율을 적용하나 과세표준은 합산한다. 예를 들어 이 부분을 정리하면 다음과 같다.

예) A주택(기준시가 7억 원)을 보유 중에 B주택(8억 원)을 취득한 경우의 1세대 1주택 특례 적용

구분	내용	비고
과세표준	15억 원	과세표준은 합산함.
기본공제	12억 원	
세율	0.5~2.7%	세율 적용 시 신규 주택은 주택 수에서 제외
세액공제	80%	연령 및 보유기간에 따른 세액공제를 말함.

🔑 일시적 2주택 1주택자 특례는 본인의 선택에 따라 별도 신청을 해야 한다 (이 외 상속주택이나 지방 저가주택도 마찬가지임).

Q 지분으로 보유한 상속주택도 무조건 주택 수에서 제외되는가?

그렇지 않다. 지분율이 40% 이하에 해당하거나 지분율에 상당하는 기준시가가 6억 원 또는 3억 원 이하에 해당되어야 주택 수에서 제외된다.

Q 지방 저가주택을 10채 보유하고 있다. 이 경우 모두 주택 수에서 제외되는가?

그렇지 않다. 딱 1채만 있는 경우에만 특례 적용 시 주택 수에서 제외해준다. 이에 반해 상속주택은 제한이 없다.

`Tip` **1세대 1주택자 판정 시 주택 수 제외**

일시적 2주택, 상속주택, 지방 저가주택은 종부세법상 주택 수 판정 시 제외해서 1세대 1주택자 계산방식을 적용한다. 이 경우 최초 신고 이후 변동사항이 없는 경우 계속 적용한다(국세청 발표 자료).

구분	요건
일시적 2주택	1세대 1주택자가 종전 주택을 양도하기 전에 신규 주택을 대체취득하고 2년(2023년 1월 12일 이후는 3년)이 경과하지 않은 경우
상속주택	상속을 원인으로 취득한 주택으로 다음 중 어느 하나에 해당하는 주택 ① 상속개시일로부터 5년이 경과하지 않은 주택 ② 소수지분주택* 또는 저가주택** * 소유지분 40% 이하, ** 공시가격 수도권 6억 원 이하, 비수도권 3억 원 이하
지방 저가주택	공시가격 3억 원 이하이면서 수도권, 광역시*·특별자치시** 외의 지역에 소재하는 1주택 * 군 제외, ** 읍·면 제외
지방 미분양 주택 등	2024년 1·10 대책에 따라 취득한 지방 미분양 주택, 인구감소지역 1주택, 매입임대용 소형주택(신축 소형주택은 제외)

Q 일시적 2주택 특례를 적용받기 위해서는 이사할 집은 언제 사야 하는가?

일시적 2주택 특례와 관련해 양도세의 경우와 달리 종전 주택 보유기간, 신규 주택 취득시기 등에 대한 제한은 없다.

Q 상속개시일로부터 5년이 경과하지 않은 경우에도 지분율(40%)이나 공시가격 요건(6억 원·3억 원)을 충족해야 하는가?

아니다. 5년이 경과하지 않은 모든 상속주택은 특례 적용이 된다.

Q 상속개시일로부터 5년이 경과하면 어떤 조건하에 주택 수에서 제외되는가?

상속주택의 지분율이 40% 이하이거나, 과세기준일(매년 6월 1일) 현재 소유 지분율에 상당하는 공시가격이 6억 원(수도권 밖 3억 원) 이하에 해당되어야 한다.

Q 상속받은 지 5년이 지난 후에 지분율을 40% 미만으로 줄이면 1세대 1주택자 특례를 적용받을 수 있는가?

6월 1일 전에 줄이면 당연히 가능하다.

Q 피상속인이 일부만 소유하던 주택을 상속받은 경우, 1세대 1주택자 특례 적용 기준인 '지분율 40% 이하'는 상속받은 지분의 40%를 의미하는 것인가, 아니면 전체 주택의 40%를 의미하는 것인가?

'1세대 1주택자 특례'의 적용 기준인 '지분율 40% 이하'의 의미는 상속받은 지분의 40%가 아니라 전체 주택에서 상속받은 지분이 차지하는 비율이 40% 이하인 경우를 말한다.

예) 피상속인이 50%를 소유하던 주택을 상속인 2명이 각각 50%씩 상속받은 경우 상속주택 전체에 대한 소유 지분율이 25%이므로 1세대 1주택자 특례 적용 가능

Q 상속주택 또는 지방 저가주택을 먼저 취득하고 1주택을 나중에 취득한 경우에도 1세대 1주택자 특례를 적용받을 수 있는가?

그렇다. 상속주택과 지방 저가주택에 대한 1세대 1주택자 적용 특례의 경우 주택의 취득 순서와 관계없이 과세기준일(매년 6월 1일) 현재 요건을 충족하는 경우 특례가 적용된다.

Q 상속주택에 대한 1세대 1주택자 특례와 세율 적용 시 주택 수 계산 특례는 어떻게 다른가?

다음과 같은 상속주택에 대한 두 가지 특례는 모두 동일한 법적 요건*을 갖추어야 적용된다.

* 상속을 원인으로 취득한 주택이 다음 세 가지 요건 중 하나를 충족할 경우 특례 적용
① 상속개시일로부터 5년 이내, ② 지분율 100분의 40 이하, ③ 지분율에 상당하는 공시가격이 6억원(비수도권의 경우 3억 원) 이하

첫 번째, 1세대 1주택자가 상속주택을 보유했을 경우 해당 납세자를 1세대 1주택자로 인정해 기본공제(12억 원) 및 연령·보유기간에 따른 세액공제를 적용한다.

두 번째, 상속주택을 세율 적용 시 주택 수에서 제외해 3주택자 이상(조정 2주택자 포함)에게 적용되는 높은 세율(2.0~5.0%) 대신 낮은 세율(0.5~2.7%)을 적용받을 수 있다.

Q 경기도 읍·면지역에 소재하는 3억 원 이하 주택도 지방 저가주택으로서 1세대 1주택자 특례를 적용받을 수 있는가?

수도권에 소재하는 모든 주택은 1세대 1주택자 특례 적용대상인 지방 저가주택에 해당하지 않으며, 수도권에는 수도권정비계획법에 따라 서울특별시와 인천광역시, 경기도가 포함된다.

Q 지방 저가주택을 2채 이상 소유하고 있는 경우 1세대 1주택자 특례를 적용받을 수 있는가?

지방 저가주택을 2채 이상 소유하고 있는 경우 1세대 1주택자 특례를 적용받을 수 없다. 앞의 상속주택은 주택 수에 대한 제한은 없으나, 지방 저가주택은 주택 수 제한이 있다. 참고로 종부세는 개인별로 과세되므로 1주택 특례를 받기 위해서는 한 사람이 1주택과 특례 주택 등을 함께 소유해야 한다. 부부가 1채씩 보유한 경우에는 이러한 특례가 적용되지 않는다. 주의하기 바란다.

Q 일시적 2주택, 상속주택, 지방 저가주택을 모두 보유하고 있는 경우에도 1세대 1주택자 특례를 적용받을 수 있는 것인가?

1세대 1주택자 특례 요건을 갖춘 일시적 2주택, 상속주택, 지방 저가주택을 함께 보유한 경우 1세대 1주택자 특례를 적용받을 수 있다.

Q 1세대 1주택자 특례가 적용되는 일시적 2주택, 상속주택, 지방 저가주택은 과세를 하지 않는 것인가?

그렇지 않다. 1세대 1주택자 특례가 적용되는 일시적 2주택, 상속주택, 지방 저가주택은 과세표준에 합산해 세액계산하므로 종부세가 과세된다. 다만, 특례 대상 주택은 과세표준에 합산한 공시가격에서 12억 원(1세대 1주택자 공제금액)을 공제하며, 해당 주택에 대해서는 세액공제를 적용하지 않는다.

Q 만일 2024년 1·10대책에 따른 신축 소형주택 등은 종부세 중과세율 판정 시 주택 수와 과세표준에서 제외되는가?

중과세율 판정 시 주택 수에서는 제외되나, 종부세 과세표준에는 합산된다.

종부세의 과세표준은
어떻게 형성되는가?

종부세는 과세표준이 크면 클수록 세부담이 기하급수적으로 올라간다. 따라서 앞으로 과세표준을 줄이는 것을 항상 염두에 둘 필요가 있다. 이러한 관점에서 종부세의 과세표준부터 먼저 알아보자. 종부세 과세표준에 대해서는 종부세법 제8조에서 다루고 있다.

1. 종부세 과세표준

종부세법 제8조 제1항에서는 다음과 같이 종부세 과세표준에 대해 규정하고 있다. 참고로 다음 제1항의 주택 공시가격은 기준시가로 이의 크기가 절대적으로 중요하다. 이 금액이 클수록 종부세가 많이 나오기 때문이다. 이에 정부는 2023년 이후에는 2020년의 기준시가 수준으로 낮추어 보유세를 부과할 것임을 발표했다(2022년 11월 23일). 2024년 12월 중순에서 보면 실제 기준시가가 2020년 이전 수준으로 되돌아가 보유세 부담 완화에 일조를 하고 있다.

① 주택에 대한 종합부동산세의 과세표준은 납세의무자별로 주택의 공시가격을 합산한 금액에서 다음 각 호의 금액을 공제한 금액에 부동산 시장의 동향과 재정 여건 등을 고려하여 100분의 60부터 100분의 100까지의 범위에서 대통령령으로 정하는 공정시장가액비율을 곱한 금액으로 한다(2023. 1. 1 시행).
1. 대통령령으로 정하는 1세대 1주택자 : 12억 원
2. 제9조 제2항 각 호의 세율이 적용되는 법인 또는 법인으로 보는 단체 : 0원
3. 제1호 및 제2호에 해당하지 아니하는 자 : 9억 원

앞의 내용을 좀 더 자세히 살펴보자.

첫째, 주택에 대한 종부세의 과세표준은 납세의무자별로 계산한다.

여기서 납세의무자는 개인과 법인을 말한다. 개인이 부담하는 종부세는 1세대가 아닌 개인별로 과세되는 것이 원칙임을 알아두기 바란다.

구분	단독명의	공동명의
주택 수	1주택	2주택
기본공제	12억 원(2022년은 11억 원)	18억 원(2022년은 12억 원)
고령자 세액공제 등	최대 80%	적용하지 않음.

둘째, 주택의 공시가격을 합산한 금액에서 원칙적으로 9억 원(법인은 제외)을 공제한다. 다만, 과세기준일 현재 세대원 중 1인이 해당 주택을 단독으로 소유한 경우로서 1세대 1주택자의 경우에는 3억 원을 추가로 공제한다(따라서 1주택자는 12억 원이 공제됨). 이때 1세대 1주택자 여부를 판단할 때 합산배제 신고를 한 주택 등은 제외한다(종부세법 시행령 제2조의 3 등).

셋째, 주택에 대한 종부세 과세표준은 기준시가의 합계에서 공제금액을 차감한 금액에 다음과 같은 공정시장가액비율을 곱한 금액으로 한다.

2. 적용 사례

사례를 통해 앞의 내용을 확인해보자.

자료

· A주택 기준시가 6억 원
· B주택 기준시가 10억 원
· 기본공제액 9억 원(1주택은 12억 원), 공정시장가액비율 60%

Q 이 주택을 1인이 보유하고 있다면 종부세 과세표준은?

종부세는 개인별로 과세되므로 기준시가의 합은 16억 원이고, 여기에서 9억 원을 공제하면 7억 원이 과세가액이 된다. 이에 60%의 비율을 곱하면 과세표준은 4.2억 원이 된다.

Q 만일 앞의 A와 B주택이 종부세법상 일시적 2주택에 해당한다면 과세방식이 어떤 식으로 바뀌는가?

구분	현행	변경	비고
기준시가의 합계	16억 원	16억 원	기준시가는 합산
−공제금액	9억 원	12억 원	주택 수 제외
=과세가액	7억 원	4억 원	–
×공정시장가액비율	60%	60%	–
=과세표준	4.2억 원	2.4억 원	–
×세율	0.5~5.0%	0.5~2.7%	주택 수 제외
=산출세액			
⋮			
−세액공제	0원	최대 80% 적용	주택 수 제외 (단, 일시적 2주택에 해당하는 산출세액은 공제가 적용되지 않음)

🗝 이러한 과세방식은 요건을 갖춘 상속주택과 지방 저가주택에 대해서도 동일하게 적용된다.

Q 공정시장가액비율은 국회 동의를 얻어 제정하는가?

국회에서 위임한 범위(60~100%) 내에서 정부가 자체적으로 결정할 수 있다.

종부세 과세표준에
포함되지 않는 주택들은?

종부세는 개인별로 과세되는 세목으로 개인이 보유한 주택의 기준시가를 합산해 과세표준을 정한다. 따라서 이 금액이 커질수록 종부세도 증가하게 된다. 이러한 관점에서 과세표준 합산에서 제외되는 주택의 범위를 확인하는 것이 중요하다. 종부세법 제8조 제2항을 위주로 살펴보자.

1. 종부세 과세표준에서 제외되는 주택의 범위

종부세법 제8조 제2항에서는 다음과 같이 종부세 과세표준에서 제외되는 주택의 범위에 대해 정하고 있다. 참고로 과세표준에 합산하지 않는 주택에는 임대주택과 사업용 주택, 미분양 주택 등 정도만 해당한다. 따라서 1세대 1주택 종부세 특례나 종부세 중과세율 적용 시 주택 수에서 제외되는 일시적 2주택이나 상속주택 등이라도 과세표준에 합산함에 유의해야 한다. 139페이지의 표를 통해 이를 확인해보기 바란다.

② 다음 각 호의 어느 하나에 해당하는 주택은 제1항에 따른 과세표준 합산의 대상이 되는 주택의 범위에 포함되지 아니하는 것으로 본다.
1. 민간임대주택에 관한 특별법에 따른 민간임대주택, 공공주택 특별법에 따른 공공임대주택 또는 대통령령으로 정하는 다가구 임대주택으로서 임대기간, 주택의 수, 가격, 규모 등을 고려하여 대통령령으로 정하는 주택
2. 제1호의 주택 외에 종업원의 주거에 제공하기 위한 기숙사 및 사원용 주택, 주택건설사업자가 건축하여 소유하고 있는 미분양 주택, 가정어린이집용 주택, 수도권정비계획법 제2조 제1호에 따른 수도권 외 지역에 소재하는 1주택 등 종부세를 부과하는 목적에 적합하지 아니한 것으로서 대통령령으로 정하는 주택. 이 경우 수도권 외 지역에 소재하는 1주택의 경우에는 2009년 1월 1일부터 2011년 12월 31일까지의 기간 중 납세의무가 성립하는 분에 한정한다.

앞의 내용을 좀 더 자세히 살펴보자.

1) 합산배제되는 임대주택의 범위

앞 제2항 제1호의 종부세 과세표준에 합산배제되는 임대주택은 다음을 말한다.

① 2018년 4월 1일 전에 등록한 경우에는 등록 시 기준시가가 수도권은 6억 원, 비수도권은 3억 원 이하이고 의무임대기간이 5년 이상인 경우

② 2018년 4월 1일 이후에 등록한 경우에는 등록 시 기준시가가 수도권은 6억 원, 비수도권은 3억 원 이하이고 의무임대기간이 8년 (2020년 8월 18일 이후 10년) 이상인 경우

참고로 2018년 9월 14일 이후에 조정지역에서 주택을 취득(유상 및 무상)해 임대등록한 경우에는 종부세 합산배제가 되지 않는다(9·13대책).

2) 합산배제되는 사원용 주택 등

이에 대해서는 종부세법 시행령 제4조에서 자세히 정하고 있다. 주요 내용만 간략히 요약하면 다음과 같다.

① 종업원에게 무상이나 저가로 제공하는 사용자 소유의 주택으로서 국민주택규모 이하이거나 과세기준일 현재 공시가격이 6억 원 이하인 주택. 다만, 다음 각 목의 어느 하나에 해당하는 종업원에게 제공하는 주택을 제외한다.

    가. 사용자가 개인인 경우에는 그 사용자와의 관계에 있어서 국세 기본법 시행령 제1조의 2 제1항 제1호부터 제4호까지의 규정에 해당하는 자

    나. 사용자가 법인인 경우에는 국세기본법 제39조 제2호에 따른 과점주주

② 건축법 시행령 별표 1 제2호 라목의 기숙사

③ 과세기준일 현재 사업자등록을 한 다음 각 목의 어느 하나에 해당하는 자가 건축하여 소유하는 주택으로서 기획재정부령이 정하는 미분양 주택

④ 세대원이 영유아보육법 제13조의 규정에 따라 시장·군수 또는 구청장(자치구의 구청장을 말한다)의 인가를 받고 소득세법 제168조 제5항에 따른 고유번호를 부여받은 후 과세기준일 현재 5년 이상 계속하여 가정어린이집으로 운영하는 주택

⑤ 주택의 시공자가 제3호 가목 또는 나목의 자로부터 해당 주택의 공사대금으로 받은 제3호에 따른 미분양 주택 등

2. 적용 사례

사례를 통해 앞의 내용을 확인해보자.

Q **1세대 1주택 특례를 적용할 때 일시적 2주택 등은 주택 수에서 제외된다. 그렇다면 이 경우 과세표준에서도 합산배제되는가?**

그렇지 않다. 앞의 규정을 보면 과세표준 합산배제는 임대주택과 사원용 주택 등 딱 두 가지 유형만 있다.

Q **2018년 5월에 서울에서 취득한 다세대주택을 임대등록하면 종부세 합산배제를 적용받을 수 있는가?**

개인의 경우 2018년 9월 13일 이전에 취득한 것은 10년 이상 장기로 임대등록이 가능하다. 따라서 이 경우 합산배제를 적용받을 수 있다. 다만, 조정지역에서 해제된 경우에는 취득시기와 무관하게 임대등록하면 합산배제가 가능하다.

Q **4년 단기임대로 등록한 아파트가 등록이 말소되었다. 이 경우 말소 후에도 과세표준 합산배제를 적용받는가?**

그렇지 않다. 더 이상 주택임대사업자가 아니므로 합산배제를 받을 수 없다. 참고로 자동(자진)말소된 경우 합산배제 '제외(과세 대상 포함)' 신고를 하는 것이 안전하다. 이를 하지 않으면 향후 가산세를 포함해 경감된 세액이 추징될 수 있기 때문이다.

Q **4년 단기임대로 등록한 다세대주택이 자동말소되었다. 이를 재등록 할 수 있는가?**

그렇다. 10년 장기로 임대등록을 할 수 있다. 재등록한 경우 '재등록'의 시점을 기준으로 기준시가 등의 요건을 충족해야 할 것으로 보인다(장기보유특별공제 70% 같은 혜택은 주어지지 않을 것으로 보인다. 2020년 말로 끝났기 때문이다).[25]

Q 합산배제 신청은 언제 하는가?

해당 연도 9월 16일부터 9월 30일까지 대통령령으로 정하는 바에 따라 관할세무서장에게 신청해야 한다. 만일 이를 하지 않으면 합산배제를 적용받을 수 없다. 참고로 변동사항이 없는 경우에는 신고할 필요가 없다.

> **Tip** **등록말소에 따른 종부세 합산배제[26]**
>
> 2020년 7월 10일 정부는 7·10대책을 통해 같은 해 8월 18일(개정된 세제는 7월 11일부터 적용)에 다음과 같이 임대등록제도를 개정했다.

구분		내용
신규 등록자	4년 단기임대	폐지됨 (단, 2025년 6월 중에 6년 단기임대가 도입될 예정임).
	8년 장기임대	10년만 가능함. 다만, 매입아파트는 등록불가함.
기등록자	자동말소	·4년 무조건 말소 ·8년 유지, 단 매입아파트 임대는 무조건 말소
	자진말소	·공적의무 충족한 사업자는 자진말소 허용 ·과태료 면제

---

25) 임대주택의 자동말소 및 재등록 등과 관련된 세제의 변화에 대해서는 제7장을 참조하기 바란다.
26) 합산배제란 종부세 과세 대상에서 아예 제외되므로 상당히 파격적인 제도에 해당한다.

종부세 세율과
80% 세액공제의 적용법은?

종부세에 대한 과세표준이 확정되었다면 이제 세액계산을 할 수 있다. 다만, 이를 위해서는 해결해야 할 것들이 몇 가지가 있다. 세율은 어떤 식으로 적용되는지, 그리고 재산세와의 중복분은 어떤 식으로 해결해야 하는지다. 이 외 1세대 1주택의 경우 세액공제가 어떤 식으로 적용되는지도 알아야 한다. 순차적으로 알아보자.

1. 종부세 세율

1) 종부세 세율 구조

종부세 세율 등은 종부세법 제9조 제1항에서 다음과 같이 정하고 있다. 참고로 종부세 세율은 일반세율과 중과세율로 구분된다. 여기서 중과세율은 개인이 3주택 이상 보유한 상태에서 과세표준이 12억 원 초과 시 적용된다. 기준시가로 환산하면 대략 29억 원이 넘어야 한다. 따라서 주택 수가 2주택 이하이고, 기준시가가 100억 원이라도 종부세 중과세는 적용되지 않는다.

① 주택에 대한 종부세는 다음 각 호와 같이 납세의무자가 소유한 주택 수에 따라 과세표준에 해당 세율을 적용하여 계산한 금액을 그 세액(이하 "주택분 종부세액"이라 한다)으로 한다.

1. 납세의무자가 2주택 이하를 소유한 경우

과세표준	2023년 이후 세율
3억 원 이하	1천분의 5
3억 원 초과 6억 원 이하	150만 원+(3억 원을 초과하는 금액의 1천분의 7)
6억 원 초과 12억 원 이하	360만 원+(6억 원을 초과하는 금액의 1천분의 10)
12억 원 초과 25억 원 이하	960만 원+(12억 원을 초과하는 금액의 1천분의 13)
25억 원 초과 50억 원 이하	2,650만 원+(25억 원을 초과하는 금액의 1천분의 15)
50억 원 초과 94억 원 이하	6,400만 원+(50억 원을 초과하는 금액의 1천분의 20)
94억 원 초과	1억 5,200만 원+(94억 원을 초과하는 금액의 1천분의 27)

2. 납세의무자가 3주택 이상을 소유한 경우(단, 과표 12억 원 이하는 일반세율 적용)

과세표준	2023년 이후 세율
3억 원 이하	1천분의 5
3억 원 초과 6억 원 이하	150만 원+(3억 원을 초과하는 금액의 1천분의 7)
6억 원 초과 12억 원 이하	360만 원+(6억 원을 초과하는 금액의 1천분의 10)
12억 원 초과 25억 원 이하	960만 원+(12억 원을 초과하는 금액의 1천분의 20)
25억 원 초과 50억 원 이하	3,560만 원+(25억 원을 초과하는 금액의 1천분의 30)
50억 원 초과 94억 원 이하	1억 1,060만 원+(50억 원을 초과하는 금액의 1천분의 40)
94억 원 초과	2억 8,660만 원+(94억 원을 초과하는 금액의 1천분의 50)

🔑 3주택 이상에 적용되는 중과세율은 과세표준 12억 원 초과분부터 적용된다. 이때 과세표준 12억 원을 기준시가로 환산하면 대략 29억 원선이 될 것으로 보인다. 기준시가에서 9억 원을 뺀 금액에 공정시장가액비율 60%를 적용해 계산한 결과다.

③ 주택분 과세표준 금액에 대하여 해당 과세 대상 주택의 주택분 재산세로 부과된 세액(지방세법 제111조 제3항에 따라 가감조정된 세율이 적용된 경우에는 그 세율이 적용된 세액, 같은 법 제122조에 따라 세부담 상한을 적용받은 경우에는 그 상한을 적용받은 세액을 말한다)은 주택분 종부세액에서 이를 공제한다.

앞의 내용을 좀 더 정리해보자.

첫째, 종부세 세율은 크게 이원화가 되어 있다. 일반 2주택 이하 및 3주택 이상 중 과세표준 합계가 12억 원 이하와 3주택 이상 중 과세표준 12억 원 초과자로 구분된다. 전자에 대해서는 0.5~2.7%, 후자에 대해서는 2.0~5.0%가 적용된다. 이러한 세율개정으로 인해 조정지역 2주택자의 세부담이 크게 감소할 전망이다.

둘째, 주택분 과세표준 금액에 대해 해당 과세 대상 주택의 주택분 재산세로 부과된 세액은 주택분 종부세액에서 이를 공제한다. 이는 이중과세 조정의 취지가 있다. 구체적인 것은 다음의 내용을 참조하기 바란다.

※ 종부세법 시행령 제4조의 2(주택분 종부세에서 공제되는 재산세액의 계산)
① 법 제9조 제1항 및 제2항에 따른 주택분 종부세액에서 같은 조 제3항에 따라 공제하는 주택분 과세표준 금액에 대한 주택분 재산세로 부과된 세액은 다음 계산식에 따라 계산한 금액으로 한다.

$$\text{주택분 재산세로 부과된 세액의 합계액} \times \frac{(\text{법 제8조 제1항에 따른 주택분 종합부동산세의 과세표준} \times \text{지방세법 시행령 제109조 제2호에 따른 공정시장가액비율}) \times \text{지방세법 제111조 제1항 제3호에 따른 표준세율}}{\text{주택을 합산해서 주택분 재산세 표준세율로 계산한 재산세 상당액}}$$

2) 종부세율 적용 시 주택 수 산정 특례

상속주택, 무허가주택의 부속 토지 등을 소유한 경우 종부세율 적용 시 주택 수 산정에서 제외한다. 이 외에도 일시적 2주택, 지방 저가주택도 주택 수에서 제외한다.[27] 또한 2024년 1·10 대책에 따라 취득한 신축 소형주택, 기축 소형주택(임대등록용), 지방 준공 후 미분양 주택도 종부세 세율 결정 시 주택 수에서 제외된다. 물론 이렇게 주택 수에서 제외되더라도 과세표준에는 합산됨에 유의해야 한다.

※ 1세대 1주택 특례(12억 원 공제 등)와 종부세 세율 적용 시 주택 수 제외

구분	1주택 특례	세율 특례
일시적 2주택	제외	좌동
상속주택	제외	좌동
지방 저가주택	제외	좌동
신축 소형주택(1·10대책)	포함(주의!)	제외
기축 소형주택, 지방 준공 후 미분양 주택, 인구감소지역 주택	제외	좌동
주택 부수 토지	제외	좌동(단, 무허가주택의 부속 토지만 해당)

---

27) 종부세법 시행령 제4조의 2

③ 법 제9조 제1항 및 제2항에 따라 주택분 종합부동산세액을 계산할 때 적용해야 하는 주택 수는 다음 각 호에 따라 계산한다(2022. 9. 23 개정).

1. 1주택을 여러 사람이 공동으로 소유한 경우 공동 소유자 각자가 그 주택을 소유한 것으로 본다.
2. 다가구주택은 1주택으로 본다.
3. 다음 각 목의 주택은 주택 수에 포함하지 않는다(2022. 2. 15 개정).

    가. 제3조 제1항 각 호 및 제4조 제1항 각 호에 해당하는 주택

    나. 상속을 원인으로 취득한 주택으로서 다음의 어느 하나에 해당하는 주택

        1) 과세기준일 현재 상속개시일부터 5년이 경과하지 않은 주택

        2) 지분율이 100분의 40 이하인 주택

        3) 지분율에 상당하는 공시가격이 6억 원(수도권 밖 3억 원) 이하인 주택

    다. 토지의 소유권 또는 지상권 등 토지를 사용할 수 있는 권원이 없는 자가 건축법 등 관계 법령에 따른 허가 등을 받지 않거나 신고를 하지 않고 건축하여 사용 중인 주택(주택을 건축한 자와 사용 중인 자가 다른 주택을 포함한다)의 부속 토지

    라. 법 제8조 제4항 제2호에 따라 1세대 1주택자로 보는 자가 소유한 제4조의 2 제1항에 따른 신규 주택

    마. 법 제8조 제4항 제4호에 따라 1세대 1주택자로 보는 자가 소유한 제4조의 2 제3항에 따른 지방 저가주택

2. 세액공제

1세대 1주택자 중 단독명의(1세대 1주택 공동명의는 1주택 특례신청 선택 가능)의 경우에는 종부세 산출세액의 최대 80% 상당액을 세액공제 받을 수 있다.

1) 고령자 세액공제

연령	공제율	비고
60~65세 미만	20%	
65~70세 미만	30%	
만 70세 이상	40%	

2) 장기보유 세액공제

보유기간	공제율	비고
5~10년 미만	20%	상속 시 배우자의 보유기간 합산
10~15년 미만	40%	
15년 이상	50%	

참고로 종부세법 시행령 제4조의 5에서는 다음과 같은 규정을 두어 장기보유 세액공제 적용기간을 적용하고 있다.

- 소실(燒失)·도괴(倒壞)·노후(老朽) 등으로 인하여 멸실되어 재건축 또는 재개발하는 주택에 대하여는 그 멸실된 주택을 취득한 날부터 보유기간을 계산한다.
- 배우자로부터 상속받은 주택에 대하여는 피상속인이 해당 주택을 취득한 날부터 보유기간을 계산한다.

3) 적용방법

① 적용제외

다음의 주택들에서 발생한 산출세액에 대해서는 세액공제를 적용하지 않는다.[28]

- 주택 수에서 제외되는 주택의 부수 토지
- 주택 수에서 제외되는 일시적 2주택 중 1주택을 양도하기 전 대체 취득한 주택분에 해당하는 산출세액
- 주택 수에서 제외되는 상속주택분에 해당하는 산출세액
- 주택 수에서 제외되는 지방 저가주택분에 해당하는 산출세액

② 세액공제 한도

연령 및 보유기간 공제를 합하여 최대 80%를 적용한다.

③ 공동명의 주택으로 1주택 특례를 신청한 경우

납세의무자의 연령 등을 적용하여 공제한다.

---

28) 이러한 주택들은 주택 수에서 제외되어 다른 1세대 1주택의 세액공제를 받을 수 있게 하지만, 정작 자신들의 기준시가의 합산에 따라 발생한 산출세액에 대해서는 세액공제를 받을 수 없다.

주택에 대한 종부세 과세 시 주택 수를 포함하는지의 여부에 따라 과세방식에서 다소 차이가 있다. 이를 표로 요약하면 다음과 같다.

구분	내용	주택 수 포함 여부**				
		합산배제 주택 (임대주택 등)	주택 부수 토지	일시적 2주택(3년)	상속주택 (5년, 40%, 6·3억)	지방 저가 주택(1채)
Σ 공시가격 –	개인별 합계	합산제외	합산	좌동	좌동	좌동
공제금액	12억 원 (1세대 1주택*)	주택 수 제외(단, 주임사는 1주택 거주요)	좌동	좌동	좌동	좌동
	위 외 9억 원					
× 공정시장 가액비율	2022년 60% 2023년 이후 60%					
= 종부세 과세표준	=					
× 세율(%)	일반세율 (0.5~2.7%)	주택 수 제외	주택 수 포함 (단, 무허가주택 부수 토지는 제외)	주택 수 제외 (신규 주택 제외)	좌동	좌동
	중과세율(2~5%)					
= 종부세액	주택분 종부세액					
공제할 재산세액						
= 산출세액	주택분 산출세액					
세액공제(%)	(1세대 1주택*) 보유 및 연령공제	주택 수 제외 (단, 주임사는 1주택 거주요)	좌동	해당 산출세액 공제제외	좌동	좌동
세부담상한 초과세액						
= 납부할 세액						

* 1세대 1주택이 단독명의로 되어 있는 경우를 말함(단, 공동명의는 1주택 특례 신청 가능).

** 2024년 1·10 대책에 따른 신축 소형주택은 1주택 특례 적용 시에는 주택 수에 포함, 세율 결정 시는 주택 수에서 제외된다(34페이지 참조).

종부세의 세부담 상한은
어떻게 산정할까?

    종부세는 기준시가 등에 연동되어 과세되므로 기준시가가 큰 폭으로 올라가면 종부세가 크게 나올 수 있다. 그 결과 세부담 능력이 떨어진 경우에는 주택을 보유할 수 없다는 문제점이 발생한다. 이에 종부세법 제10조에서는 세부담의 상한제도를 두고 있다.

1. 종부세 세부담의 상한

    종부세법 제10조(세부담의 상한)에서 규정하고 있는 내용을 우선 보자. 참고로 현행 세부담 상한율은 일반세율 적용분 150%, 중과세율 적용분 300%로 이원화되어 있으나 현 정부에서는 이를 구분하지 않고 획일적으로 150%로 하는 안을 추진하고 있다. 이에 최근 국회는 이를 150%로 일원화하기로 결정했다. 이에 따라 2023년부터 이 율이 적용되고 있다. 참고로 종부세는 전년도에 낸 보유세의 150%에서 당해 연도 낸 재산세를 차감한 금액을 세부담 상한으로 하고 있다. 뒤의 사례를 통해 확인해보자.

종부세의 납세의무자가 해당 연도에 납부하여야 할 주택분 재산세액상당액과 주택분 종부세액상당액의 합계액으로서 대통령령으로 정하는 바에 따라 계산한 세액이 해당 납세의무자에게 직전년도에 해당 주택에 부과된 주택에 대한 총세액상당액으로서 대통령령으로 정하는 바에 따라 계산한 세액의 100분의 150을 곱하여 계산한 금액을 초과하는 경우에는 그 초과하는 세액에 대하여는 제9조에도 규정에 불구하고 이를 없는 것으로 본다.계산한 세액의 100분의 150을 곱하여 계산한 금액을 초과하는 경우에는 그 초과하는 세액에 대하여는 제9조에도 규정에 불구하고 이를 없는 것으로 본다.

앞의 내용에서 종부세 세부담 상한율은 다음과 같이 적용되고 있다.

1) 개인

구분	2022년	2023년 이후
2주택 이하	150%	
조정지역 2주택	300%	150%
3주택 이상	300%	

2) 법인

구분	2023년 이후	비고
2주택 이하		
조정지역 2주택	적용하지 않음.	단, 종중이나 사회적 기업 등은 9억 원 적용
3주택 이상		

참고로 세부담 상한액은 종부세 과세 대상이 되는 주택에 대한 재산세와 종부세액의 합계액을 기준으로 적용한다. 구체적인 것은 다음 사례를 통해 알아보자.

2. 적용 사례

사례를 통해 앞의 내용을 확인해보자.

> **자료**
> · 전년도 낸 재산세 : 300만 원
> · 전년도 낸 종부세 : 2,000만 원

Q 올해 기준시가 상승 등의 영향으로 재산세가 600만 원으로 계산되었다. 이를 다 내야 하는가?

아니다. 재산세는 다음처럼 세부담 상한율이 정해져 있기 때문이다.

구분	세부담 상한율
시가표준액 3억 원 이하	105%
3~6억 원 이하	110%
6억 원 초과	130%

따라서 사례의 주택 시가표준액이 6억 원을 넘어가면 전년도에 낸 재산세를 기준으로 130% 이내에서만 증가를 허용한다. 따라서 390만 원이 올해 낼 재산세에 해당한다(참고로 2024년 이후의 신규주택은 과세표준 상한율이 적용되고 있다. 121페이지를 참조하기 바란다).

Q 주택이 서울과 부산 등에 산재해 있다. 이 경우 재산세는 개인별로 합산을 하는가? 아니면 개별적으로 계산하는가?

재산세는 종부세와는 달리 해당 물건별로 계산하는 것이 원칙이다.

Q 올해 내야 할 종부세는 얼마나 될까?

종부세 또한 세부담 상한율이 별도로 규정되어 있다. 이때 종부세 세부담 상한은 다음과 같이 계산한다.

> 전년도 내에 납부한 재산세와 종부세의 합계액×세부담 상한율-올해 납부한 재산세액

만일 세부담 상한율이 150%라면 올해 종부세 상한액은 다음과 같다.

> 전년도 내에 납부한 재산세와 종부세의 합계액×세부담 상한율-올해 납부한 재산세액
> =2,300만 원×1.5배-390만 원=3,060만 원

Q 올해 6월 1일 전에 취득한 주택이 있는 경우 전년도에 낸 재산세와 종부세는 없다. 세부담 상한율은 어떻게 계산하는가?

이러한 상황에서는 전년도에 보유한 것으로 보아 재산세와 종부세를 계산해 상한제도를 적용한다.

🔎 이러한 이유로 자동말소된 임대주택 등에 대한 종부세가 급증하게 된다. 예를 들어 2025년 1월 중에 자동말소된 주택이 있는 경우 2025년 6월 1일 기준으로 종부세가 과세되는데, 이때 자동말소된 임대주택을 2024년 6월 1일에 소유한 것으로 보아 세부담 상한의 기초금액으로 삼게 된다. 따라서 이를 기준으로 하면 이 금액이 커지고 되고 결과적으로 세부담 상한액도 증가하는 현상이 발생한다. 이러한 내용은 종부세법 시행령 제5조에 들어 있는데 개선의 여지가 있어 보인다. 2024년 6월 1일 당시에는 종부세 합산배제가 되어 종부세가 과세되지 않았기 때문이다.

Q 종부세 외에 농특세는 얼마나 부과되는가?

종부세액의 20%가 별도로 부과된다.

Q 앞의 보유세 납세의무자가 법인이라고 하자. 이 경우 종부세는 세부담 상한율을 적용받는가?

법인은 2021년 이후부터 세부담 상한율을 적용하지 않는다.

다주택자의 2025년 종부세는
얼마나 줄어들까?

　다음 자료를 바탕으로 2025년에 조정지역 내의 2주택 보유자의 종부세가 얼마나 줄어들지 알아보자. 다만, 편의상 기준시가는 2022년과 동일하며 기타 기본공제액과 세율이 일부 달라지는 것을 가정해 분석해보자. 특히 조정지역 내에서 2주택을 보유한 경우 2023년 이후부터는 일반세율이 적용되므로 이 부분이 관심사가 될 것으로 보인다. 참고로 기준시가가 2020년 수준으로 회귀할 가능성이 높은데, 이에 대해서는 추가분석을 통해 알아보자.

자료

· 2주택의 기준시가 : 10억 원 또는 20억 원
· 기본공제액 : 2022년 6억 원, 2025년 9억 원
· 공정시장가액 비율 : 60%
· 이 주택들은 조정지역에 소재함.
· 세율은 다음 참조

과세표준	2022년의 세율	2023년 이후 세율
3억 원 이하	1천분의 12	1천분의 5
3억 원 초과 6억 원 이하	360만 원+ (3억 원을 초과하는 금액의 1천분의 16)	150만 원+ (3억 원을 초과하는 금액의 1천분의 7)
6억 원 초과 12억 원 이하	840만 원+ (6억 원을 초과하는 금액의 1천분의 22)	360만 원+ (6억 원을 초과하는 금액의 1천분의 10)
12억 원 초과 25억 원 이하	2,160만 원+ (12억 원을 초과하는 금액의 1천분의 36)	960만 원+ (12억 원을 초과하는 금액의 1천분의 13)
25억 원 초과 50억 원 이하		2,650만 원+ (25억 원을 초과하는 금액의 1천분의 15)
50억 원 초과 94억 원 이하	1억 5,840만 원+ (50억 원을 초과하는 금액의 1천분의 50)	6,400만 원+ (50억 원을 초과하는 금액의 1천분의 20)
94억 원 초과	3억 7,840만 원+ (94억 원을 초과하는 금액의 1천분의 60)	1억 5,200만 원+ (94억 원을 초과하는 금액의 1천분의 27)

앞의 자료를 통해 2022년과 2025년의 종부세를 비교해보자.

1. 기준시가가 10억 원인 경우

구분	2022년	2025년	차이
기준시가	10억 원	10억 원	
공제금액	6억 원	9억 원	
과세기준금액	4억 원	1억 원	
공정시장가액비율	60%	60%	
과세표준	2.4억 원	6,000만 원	
세율	1천분의 12	1천분의 5	
산출세액	288만 원	30만 원	258만 원↓

2023년부터 기본공제액이 6억 원에서 9억 원으로 인상되고 조정지역 2주택자에 대한 중과세율이 일반세율로 개편되면서 세부담이 전년

도에 비해 크게 줄어든다.

2. 기준시가가 20억 원인 경우

구분	2022년	2025년	차이
기준시가	20억 원	20억 원	
공제금액	6억 원	9억 원	
과세기준금액	14억 원	11억 원	
공정시장가액비율	60%	60%	
과세표준	8.4억 원	6.6억 원	
세율	840만 원+(6억 원을 초과하는 금액의 1천분의 22)	360만 원+(6억 원을 초과하는 금액의 1천분의 10)	
산출세액	1,368만 원	420만 원	948만 원↓

2023년부터 기본공제액이 9억 원으로 인상되고 조정지역 2주택자에 대한 중과세율이 일반세율로 개편되면서 세부담이 전년도에 비해 크게 줄어든다. 다만, 세율이 일반세율로 개편되더라도 기준시가의 합계가 큰 경우에는 누진세율의 영향으로 여전히 세부담이 클 가능성도 열려 있다.

🔖 세율이 개편되더라도 누진세율의 영향을 최소화하기 위해서는 주택 수의 분산이 필요함을 알 수 있다. 다음에서 이에 대한 분석을 추가로 해보자.

<추가분석 1>

부부가 나란히 1채씩 보유했다고 하자. 이 경우 앞의 2의 상황(기준시가 20억 원)과 비교하면 얼마가 유리할까? 1주택자에 대한 세율은 다음의 것을 사용한다.

과세표준	세율	
	2022년	2023년 이후
3억 원 이하	1천분의 6	1천분의 5
3억 원 초과 6억 원 이하	180만 원+(3억 원을 초과하는 금액의 1천분의 8)	150만 원+(3억 원을 초과하는 금액의 1천분의 7)

① 부부가 1채씩 보유한 경우의 종부세 계산

구분	2022년		2025년		차이	
	남편	아내	남편	아내	남편	아내
기준시가	10억 원	10억 원	10억 원	10억 원		
공제금액	6억 원	6억 원	9억 원	9억 원		
과세기준금액	4억 원	4억 원	1억 원	1억 원		
공정시장가액비율	60%	60%	60%	60%		
과세표준	2.4억 원	2.4억 원	6,000만 원	6,000만 원		
세율	1천분의 6		1천분의 5			
산출세액	144만 원	144만 원	30만 원	30만 원		
계	288만 원		60만 원		228만 원↓	
앞2 종부세 결과	1,368만 원		420만 원		948만 원↓	

② 분석 결과

2022년 이전의 종부세는 개인별로 과세되고 개인별 2주택 이상에 대해서는 중과세율이 적용된다. 이에 따라 1인이 2채를 보유하면 1,368

만 원, 각각 1채씩 보유한 경우에는 288만 원의 종부세가 예상된다. 그런데 2023년 이후부터 기본공제액이 9억 원으로 인상되는 한편 세율이 일반세율로 단일화되면서 1인이 2채 보유 시에는 420만 원, 각각 1채씩 보유 시에는 60만 원이 예상된다.

<추가분석 2>

앞의 2주택에 대한 2022년 기준시가가 20억 원의 경우를 가지고 현 정부가 추진하고 있는 내용을 반영해 2025년 종부세가 얼마나 나올 것인지 분석해보자.

자료
· 2025년 기준시가 : 18억 원(2020년 수준)
· 공제금액 : 9억 원
· 공정시장가액비율 : 60%
· 세율 : 0.5~2.7%

앞의 자료를 토대로 분석을 하면 다음과 같다.

구분	2022년	2025년	차이
기준시가	20억 원	18억 원	
공제금액	6억 원	9억 원	
과세기준금액	14억 원	9억 원	
공정시장가액비율	60%	60%	
과세표준	8.4억 원	5.4억 원	
세율	840만 원+(6억 원을 초과하는 금액의 1천분의 22)	150만 원+(3억 원을 초과하는 금액의 1천분의 7)	
산출세액	1,368만 원	318만 원	1,050만 원↓

이처럼 최근 종부세가 대폭 개정되면서 종전보다 세부담이 크게 줄었다.

<추가분석 3>

2024년 1월 10일에 발표된 정부의 세제정책을 토대로 몇 가지를 분석해보자.

Q 현재 종부세 일반과세를 적용받고 있는 개인이 2025년 중에 신축 소형주택을 10채를 구입했다고 하자. 이 경우 종부세에는 어떤 영향을 줄까?

세율에는 영향을 주지 않으나, 종부세 과세표준에는 합산되므로 종부세가 과세될 것으로 보인다.

Q 현재 종부세 중과세를 적용받고 있는 개인이 2025년 중에 신축 소형주택을 10채를 구입했다고 하자. 이 경우 종부세에는 어떤 영향을 줄까?

추가 취득한 주택 수를 제외하고서도 이미 종부세 중과세가 적용되고 있다. 이 경우 추가 취득한 주택에 대해서도 중과세가 적용될 것으로 보인다.

🔼 따라서 이러한 상황에서는 추가 취득이 오히려 독이 될 것으로 보인다.

Tip **종부세가 늘어나는 이유**

- 주택 수가 많다.
- 임대주택이나 신탁재산 등이 주택 수에 합산된다.
- 기준시가가 올라간다.
- 세율이 인상된다.
- 세부담 상한율이 인상된다.

1주택자의 2025년 종부세 부담은
얼마나 줄어들까?

    다음 자료를 바탕으로 2025년에 1주택자의 종부세가 얼마나 늘어나는지 또는 줄어드는지 알아보자. 다만, 1주택을 단독명의로 보유한 경우와 공동명의로 보유한 경우로 구분해서 분석하기로 한다. 참고로 다음의 자료는 정부에서 추진하거나 확정한 세법 내용을 최대한 반영해서 가정했다.

자료

· 2022년, 2025년 기준시가 : 20억 원, 18억 원(2020년 기준)
· 공제액 : 2022년 11억 원, 2025년 12억 원
· 공정시장가액 비율 : 60%(매년 변경 가능)
· 세율은 다음 참조

과세표준	2022년의 세율	2023년 이후 세율
3억 원 이하	1천분의 6	1천분의 5
3억 원 초과 6억 원 이하	180만 원+ (3억 원을 초과하는 금액의 1천분의 8)	150만 원+ (3억 원을 초과하는 금액의 1천분의 7)
6억 원 초과 12억 원 이하	420만 원+ (6억 원을 초과하는 금액의 1천분의 12)	360만 원+ (6억 원을 초과하는 금액의 1천분의 10)
12억 원 초과 25억 원 이하	1,140만 원+ (12억 원을 초과하는 금액의 1천분의 16)	960만 원+ (12억 원을 초과하는 금액의 1천분의 13)
25억 원 초과 50억 원 이하		2,650만 원+ (25억 원을 초과하는 금액의 1천분의 15)
50억 원 초과 94억 원 이하	7,220만 원+ (50억 원을 초과하는 금액의 1천분의 22)	6,400만 원+ (50억 원을 초과하는 금액의 1천분의 20)
94억 원 초과	1억 6,900만 원+ (94억 원을 초과하는 금액의 1천분의 30)	1억 5,200만 원+(94억 원을 초과하는 금액의 1천분의 27)

앞의 자료를 통해 2022년과 2025년의 종부세를 비교해보자.

1. 단독명의의 경우

구분	2022년	2025년	차이
기준시가	20억 원	18억 원	
공제금액	11억 원	12억 원	
과세기준금액	9억 원	6억 원	
공정시장가액비율	60%	60%	
과세표준	5.4억 원	3.6억 원	
세율	180만 원+(3억 원을 초과하는 금액의 1천분의 8)	150만 원+(3억 원을 초 과한 금액의 1천분의 7)	
산출세액	372만 원	192만 원	180만 원↓

1주택자들의 경우 12억 원 등을 공제받기 때문에 산출세액이 생각보다 크지 않다. 한편 1세대 1주택자들은 연령과 보유기간에 따라 세액공제를 받을 수 있다. 다음의 추가분석을 참조하기 바란다.

<추가분석>
앞 주택소유자는 해당 주택을 5년 보유 및 거주 중에 있다. 나이는 55세에 해당한다. 이 경우 세액공제액은 얼마나 되는가?

1세대 1주택을 단독명의로 보유하고 있는 경우 세액공제를 받을 수 있다. 이때 세액공제는 고령자 세액공제와 장기보유 세액공제로 구분된다. 전자는 60세 이상부터 적용되므로 사례의 경우에는 해당 사항이 없다. 대신 후자는 5년 보유했으므로 산출세액의 20% 정도 세액공제를 받을 수 있다. 따라서 이 경우 다음과 같이 종부세 산출세액을 예상할 수 있다.

구분	2022년	2025년	차이
산출세액	372만 원	192만 원	180만 원↓
-세액공제 20%	74만 원	38만 원	36만 원↓
=종부세 산출세액	298만 원	154만 원	144만 원↓

2. 공동명의의 경우

앞의 기준시가 20억 원짜리 주택을 부부 공동명의로 보유하고 있는 경우의 종부세는 얼마나 나올까? 그렇다면 이 경우 1주택자 특례를 신청하는 것이 유리할까?

먼저 공동명의에 대한 종부세를 계산하면 다음과 같다.

구분	2022년		2025년		차이	
	남편	아내	남편	아내	남편	아내
기준시가	10억 원	10억 원	10억 원	10억 원		
공제금액	6억 원	6억 원	9억 원	9억 원		
과세기준금액	4억 원	4억 원	1억 원	1억 원		
공정시장가액비율	60%	60%	60%	60%		
과세표준	2.4억 원	2.4억 원	6,000만 원	6,000만 원		
세율	1천분의 6		1천분의 5			
산출세액	144만 원	144만 원	30만 원	30만 원		
계	288만 원		60만 원		228만 원↓	

다음으로 이를 1주택자와 비교하면 다음과 같다.

구분	2022년	2025년
단독명의	298만 원	154만 원
공동명의	288만 원	60만 원
차이	10만 원↓	94만 원↓

사례의 경우 단독명의보다는 공동명의가 조금 더 유리한 것으로 나왔다. 하지만 연령이 높고 보유기간이 긴 상황에서는 반대의 상황이 나올 수 있다. 따라서 실무에서는 다양한 변수를 감안해 의사결정을 해야 할 것으로 보인다.

부부 공동명의 특례 관련 Q&A

Q 부부 공동명의 특례를 신청하면 무조건 유리할까?

아니다. 공동명의 1주택자 특례는 주택의 공시가격, 보유 지분율 등 현황에 따라 유불리가 달라질 수 있기 때문이다. 국세청 홈택스 '종합부동산세 간이세액계산' 서비스를 이용하면 쉽게 상황별 세액을 계산할 수 있다.

Q 부부 공동명의 1주택자 과세특례 적용 시 납세의무자를 판단하는 기준이 무엇인가?

부부 중 지분율이 큰 자가 납세의무자이나, 지분율이 동일한 경우에는 납세자가 납세의무자를 선택할 수 있다. 지분율 판단 기준은 공부상 면적이 아니라, 주택과 부속 토지분의 공시가격 합계액 중 부부 각자의 지분 공시가격이 차지하는 비율로 한다.

Q 부부가 주택과 부속 토지를 나누어 각각 소유한 경우에도 부부 공동명의 1주택자 과세특례 신청이 가능한가?

주택과 부속 토지를 나누어서 보유했더라도 다른 세대원이 주택을 보유하지 않은 경우에는 부부 공동명의 1주택자 과세특례를 적용받을 수 있다.

Q 부부 공동명의 1주택과 다른 주택의 부속 토지를 소유한 경우 부부 공동명의 1주택자 과세특례 신청이 가능한가?

과세기준일 6월 1일 현재 부부가 공동으로 1주택만을 소유하고 다른 세대원이 주택을 소유하지 않은 경우에 부부 공동명의 특례 적용이 가능하며, 부부 공동명의 1주택의 납세의무자*가 다른 주택의 부속 토지를 소유한 경우에도 종부세법 시행령 제5조의 2 제2항에 따라 1세대 1주택자 특례 적용이 가능하다.

* (납세의무자) 지분율이 큰 자, 지분율이 동일한 경우에는 선택

- 다만, 납세의무자가 아닌 배우자가 공동명의 1주택 외에 다른 주택의 부속 토지를 소유한 경우에는 1세대 1주택자 특례 적용이 불가하다.

종부세는 주택을 어떤 식으로 보유하느냐에 따라 세금차이가 발생한다. 따라서 이에 대한 대책을 세울 때에는 본인의 상황에 맞는 방법을 찾는 것이 중요하다. 참고로 종부세는 6월 1일을 기준으로 부과되므로 이를 줄이기 위해서는 이날 전에 증여나 처분 등을 하는 것이 좋다.

1. 1세대 1주택을 보유한 경우

1) 1세대 1주택을 단독명의로 보유한 경우

1세대가 1주택을 보유하고 있는데, 그 주택을 세대원 중 한 사람의 명의로 보유하고 있다고 하자. 이 경우 어떤 혜택이 있는지 나열부터 하면 다음과 같다.

- 기본공제 12억 원을 공제받을 수 있다.
- 일반세율이 적용된다.
- 장기보유 및 고령자에 대한 세액공제를 받을 수 있다.
- 세부담 상한율은 150%가 적용된다.

2) 1세대 1주택을 공동명의로 보유하고 있는 경우

1세대 1주택이나 이를 공동으로 보유한 경우에는 앞의 내용이 다음처럼 바뀐다.

구분	단독명의	공동명의
기본공제액	9억 원	18억 원
추가공제	3억 원	미적용
세율	일반세율	일반세율
장기보유 및 고령자 세액공제	적용	미적용
세부담 상한율	150%	150%

현행 종부세법은 1주택을 공동명의로 보유한 경우 앞의 둘 중 하나의 방법을 선택해 종부세를 신고 및 납부할 수 있도록 하고 있다.

2. 1세대 2주택을 보유한 경우

1) 조정지역 내에 2채를 보유한 경우

조정지역 내에서 2주택을 보유하고 있는 경우에는 기본공제액의 차이로 한 사람이 2채를 보유하는 경우가 상당히 불리하다.

구분	1인이 2채 보유	각각 1채씩 보유
기본공제액	9억 원	18억 원
추가공제	미적용	미적용
세율	일반세율	일반세율
장기보유 및 고령자 세액공제	미적용	미적용
세부담 상한율	150%	150%

조정지역 내에서 2주택을 한 개인이 모두 보유하고 있더라도 2023년부터는 중과세가 적용되지 않는다. 따라서 종전보다 세부담이 1/2 이상 줄어들 가능성이 높다.

2) 그 외의 경우

조정지역과 비조정지역에 각각 1주택 또는 비조정지역에 2채 모두 가지고 있는 경우에는 다음과 같이 과세방식이 정리된다. 만일 각각 1채씩 보유한 경우에는 기본공제액이 18억 원이 된다.

구분	조정지역 1채+비조정지역 1채	비조정지역 2채
기본공제액	9억 원	9억 원
추가공제	미적용	미적용
세율	일반세율	일반세율
장기보유 및 고령자 세액공제	미적용	미적용
세부담 상한율	150%	150%

이상과 같이 2주택을 보유한 상황에서는 보유세 부담이 상대적으로 작을 수 있다. 따라서 이때에는 증여 등을 할 이유가 없다.

3. 1세대 3주택 이상을 보유한 경우

1세대가 3주택 이상을 보유하고 있는 경우에도 세율 등에서 불이익을 받을 가능성이 높다. 따라서 중과세를 부과받지 않기 위해서는 주택 수 조절이 중요하다. 단, 3주택 이상이라도 전체 과세표준의 합계가 12억 원에 미달하면 일반세율이 적용된다. 과세표준을 기준시가로 역산하면 대략 29억 원 선이 된다[(기준시가-9억 원)×60%(공정시장가액비율)=12억 원으로 계산].

구분	과세표준 12억 원 초과 시	과세표준 12억 원 이하 시
기본공제액	9억 원	9억 원
세율	중과세율	일반세율
세부담 상한율	150%	150%

제5장

양도세
완전
분석

양도세는 어떻게
작동하고 있는가?

현행의 양도세는 2020년 7·10대책에서 강화된 세제의 틀을 바탕으로 일부 완화하는 식으로 전개되고 있다. 다만, 세율 등 몇 가지 요소는 7·10대책에서 정해진 내용들이 그대로 시행될 가능성도 있다. 국회 동의 과정 등이 뒤따르기 때문이다. 다만, 미세한 조정은 세법 개정이나 예규 등을 통해 언제든지 이루어질 수 있다. 물론 부동산 시장의 상황에 따라 세제가 크게 강화 또는 완화될 수도 있다. 따라서 독자들은 이러한 방향에서 양도세 세제에 대한 내용을 조목조목 알아두는 것이 좋을 것으로 보인다. 다음에서는 7·10대책에 따라 선보인 양도세제를 살펴보고 뒤이어 최근의 세제개편 내용 등을 차례로 살펴보자.

1. 1세대 1주택자 장기보유특별공제 개정(소득법 §95)

2021년 1월 1일 이후 양도분부터 1세대 1주택자 장기보유특별공제에 거주기간 요건이 추가되어 시행되고 있다. 이를 표로 요약하면 다음과 같다.

보유기간	공제율(%)	거주기간	공제율(%)
3년 이상 4년 미만	12	2년 이상 3년 미만 (보유기간 3년 이상에 한정)	8
		3~4년	12
4~5년	16	4~5년	16
5~6년	20	5~6년	20
6~7년	24	6~7년	24
7~8년	28	7~8년	28
8~9년	32	8~9년	32
9~10년	36	9~10년	36
10년 이상	40	10년 이상	40

🗝 현 정부에서는 80% 공제율에 대한 한도를 신설할 것으로 알려졌으나, 2024년 12월 중순 현재 이에 대한 소식은 없다.

2. 양도세 세율 인상(소득법 §104)

2021년 6월 1일 이후부터 양도세 세율이 전반적으로 인상되었다. 구체적으로 주택의 경우 1년 미만 보유하면 70%, 1~2년 미만 보유하면 60%, 2년 이상 보유하면 6~45%를 적용한다. 이 외 토지 등은 이보다 낮은 50% 등을 적용한다. 따라서 이렇게 단기세율이 높으면 거래 활성화의 측면에서는 도움이 안된다. 그래서 일부에서 이에 대한 세율 완화에 대한 요구가 있다. 하지만 이러한 세율은 국회의 동의를 얻어야 개정할 수 있다. 한편 2022년 12월 21일 정부는 주택과 입주권 그리고 분양권을 1년 미만 보유하면 45%, 1년 이상 보유하면 6~45%를 적용하는 안을 발표했다. 다만, 현재 이 안은 실현 가능성이 거의 없을 것으로 보인다.

구분	과세 대상 양도소득		현행
	내용	보유기간, 소재지	
1	주택·조합원입주권	1년 미만	70%
		1년 이상 2년 미만	60%
		2년 이상	6~45%
2	토지·건물 및 부동산에 관한 권리 (주택·조합원입주권· 분양권 제외)	1년 미만	50%
		1년 이상 2년 미만	40%
		2년 이상	6~45%
3	분양권	조정지역	60~70%
		비조정지역	
4	미등기양도자산		70%
5	2주택 중과세		기본세율+20%p
6	3주택 중과세		기본세율+30%p

📌 2년 이상 보유한 주택에 대해서는 2022년 5월 10일부터 한시적으로 중과세를 적용하지 않는다. 다만, 이 제도는 시장의 침체기에서는 실익이 없으므로 향후 언제든지 영구적 폐지를 추진할 가능성이 있어 보인다.

3. 분양권 주택 수에 산입(소득법 §89, 소령 156조의 3, 소령 제167조의 11 등)

2021년 1월 1일 이후에 취득한 분양권을 양도세에서도 주택 수에 포함시켜 다른 주택에 대한 양도세 비과세와 중과세를 판단한다(취득세 는 2020년 8월 12일 이후 취득분부터 주택 수에 포함).

구분	비과세 판단 시	중과세 판단 시
원칙	주택 수에 포함	주택 수에 포함
예외	–	비규제지역은 분양가격이 3억 원 초과 시만 주택 수에 포함

다만, 분양권은 소득세법 제88조 제10호에서 규정하고 있는 것에 한하므로 이의 범위를 제대로 확인할 수 있어야 한다.

> 10. "분양권"이란 주택법 등 대통령령으로 정하는 법률[29]에 따른 주택에 대한 공급계약을 통하여 주택을 공급받는 자로 선정된 지위(해당 지위를 매매 또는 증여 등의 방법으로 취득한 것을 포함한다)를 말한다(2020. 8. 18 신설).

참고로 2024년 1·10대책에 따른 주택은 1세대 1주택 양도세 비과세 적용 시 유형별로 주택 수에 포함 여부가 달라진다. 아래의 표를 보면 신축 소형주택만은 이러한 특례가 적용되지 않는다. 주의하기 바란다.

※ 2024년 1·10 대책(주택 수 제외)과 양도세의 관계

구분	양도세 비과세	양도세 과세
1. 신축 소형주택 취득	비과세 특례 적용하지 않음.	중과세율에 영향을 주지 않음.
2. 기축 소형주택 매입·등록	비과세 특례 적용함.	
3. 1주택자의 지방 준공 후 미분양 주택 취득		
4. 1주택자의 인구감소지역 1주택 취득		

* 1과 2는 아파트 제외, 3과 4는 아파트 포함

---

29) 주택법 등 8개의 법률(건축법 제외)을 말한다. 204페이지를 참조하기 바란다.

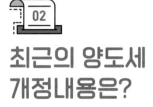

최근의 양도세
개정내용은?

2022년 5월 10일 등장한 새 정부에서는 국민생활의 불편을 해소하고 거래의 활성화를 위해 양도세와 관련해 몇 가지의 세제개편을 단행했다. 이를 간략히 살펴보자.

1. 실수요자 관련

양도세에서 실수요자는 주로 1세대 1주택자와 일시적 2주택자를 말한다. 따라서 이들에 대해서는 요건을 단순히 해서 비과세를 쉽게 해주는 것이다.

1) 1세대 1주택자

1세대 1주택자의 경우 '양도일 현재' 비과세 요건을 충족하면 제한 없이 비과세를 적용한다. 참고로 2024년 이후에 기축 소형주택(신축 소형주택은 제외), 지방 준공 후 미분양 주택, 인구감소지역 내의 1주택(신축 소형주택은 제외)을 취득하면, 주택 수에서 제외해 1세대 1주택 비과세를 받을 수 있다. 다만, 이러한 비과세를 받기 위해서는 요건을 정확히 지켜야 한다. 예를 들어 기존 1주택자가 지방 준공 후 미분양 주택이나 인구감소지역 주택을 취득하면 이들 주택은 비과세 판단 시 주택 수에서 제외해 기존 1주택에 대해 비과세를 적용한다(34페이지 참조).

구분	내용	비고
2년 보유	취득일~양도일 기준	
2년 거주	2017년 8월 3일 이후 조정지역에서 취득한 경우	조정지역 지정 전에 계약한 경우 2년 거주요건 면제(단, 계약당시 무주택 세대에 한함)

새 정부에서는 이 요건을 그대로 적용하고 있다.

2) 일시적 2주택자

조정지역 내에서 이사를 가면서 일시적 2주택이 된 경우 1년 내 처분 및 신규 주택으로의 전입의무가 있었다. 하지만 이에 대해 2022년 5월 10일에 다음과 같이 개정이 되었다.

구분	종전	현행
종전 주택의 처분기한	1년	2년(현재는 3년)*
신규 주택으로 전입의무	1년 내에 전입 원칙	폐지

* 2023년 1월 12일 이후 종전 주택을 처분하면 3년을 적용한다. 한편 주택과 분양권(또는 입주권)을 보유한 상태에서 분양권 등이 완공되고 이 주택에서 실거주한 경우에도 비과세를 위한 처분기한이 2년에서 3년으로 연장되었다. 한편, 2024년 11월 12일부터 혼인 비과세 특례기한이 5년에서 10년으로 연장되었고, 상생임대주택에 대한 거주기간 면제 특례기한이 2024년 말에서 2026년 말로 연장된다.

3) 보유기간 리셋제도 폐지

2022년 5월 10일 이전에는 다주택자가 1주택이나 일시적 2주택으로 비과세를 받기가 사실상 힘들었다. 최종 1주택을 보유한 날로부터

2년 이상 보유 및 거주를 다시 해야 했기 때문이다. 하지만 새 정부는 2022년 5월 10일에 이 제도를 폐지해 비과세를 쉽게 받을 수 있도록 했다.

2. 투자 수요자 관련

투자 수요자의 관점에서 관심은 역시 중과세다. 이 제도가 적용되면 세부담이 매우 크기 때문이다. 이에 새 정부는 다음과 같이 2년 이상 보유한 주택에 한해 양도세 중과세를 한시적으로 면제하고 있다.

구분	내용	비고
원칙	6~45%+20~30%p 적용	
예외	2년 이상 보유한 주택 한시적 중과배제	2022. 5. 10~2025. 5. 9 (2025년 중에 추가 연장 예상됨. 시행령 개정사항임)

Tip 상생임대주택 거주요건 면제

소득세법 시행령 제155조의 3에서는 임대료 등을 5% 이내에서 올린 주택에 대해서는 다음과 같은 혜택을 부여한다. 이 제도는 임대료를 5% 이내에서 올린 주택에 대해서는 '2년 거주요건'을 면제하는 것을 골자로 하고 있다. 구체적인 것은 뒤에서 살펴본다.

• 1세대 1주택 2년 거주요건 면제
• 주임사의 거주주택 2년 거주요건 면제
• 장기보유특별공제 보유기간 40% 특례 적용 시 2년 거주요건 면제

고가주택자의 장기보유특별공제율
개정에 따른 효과분석은?

양도세를 다루고 있는 소득세법에서는 실거래가가 12억 원이 넘는 주택을 고가주택이라고 한다. 이러한 고가주택은 양도세 비과세가 적용되는 한편, 과세가 동시에 적용된다. 그런데 이때 과세되는 부분에 대해서는 장기보유특별공제가 적용되는데 이 제도가 상당히 중요하다. 다음에서 사례를 통해 이에 대해 분석해보자.

1. 적용 사례 1

> **자료**
> · 1세대 1주택에 해당함.
> · 과세되는 양도차익 : 10억 원
> · 보유기간 : 10년

Q 이 주택에 대한 양도세 계산 시 장기보유특별공제율은 얼마인가? 단, 해당주택에서 거주한 적은 없다.

1주택자의 공제율은 최소 2년 이상을 거주해야 특례가 적용된다. 이 요건을 충족하지 못하면 보유기간별 2%가 적용된다.

구분	공제율	비고
보유기간 공제율	20%	10년×2%
거주기간 공제율	0%	
계	20%	

Q 만일 2년 거주를 했다면 앞의 결과는 어떻게 달라질까?

구분	공제율	비고
보유기간 공제율	40%	10년×4%
거주기간 공제율	8%	2년×4%
계	48%	

Q 앞에서 거주기간 요건은 어떻게 적용할까?

거주기간은 전 세대원이 거주함을 원칙으로 한다. 다만, 세법에서 정한 일시적 퇴거사유(직장, 학업 등)에 해당하는 경우에는 거주하는 것으로 인정된다. 참고로 상생임대차계약을 2년 이상 맺으면 2년 거주요건을 면제받을 수 있다(186페이지 참조). 따라서 이 경우 장기보유특별공제율을 늘릴 수 있다.

Q 고가주택자들은 어떻게 하는 것이 절세에 좋을까?

장기보유특별공제가 매우 중요해서 거주기간을 늘리는 게 좋다. 최대 10년 거주하면 장기보유특별공제율은 80% 적용되기 때문이다.

Q 오래된 2주택을 보유하고 있다. 이 중 한 채를 먼저 양도한 후 나머지 주택을 양도하면 장기보유특별공제를 80%까지 받을 수 있는가?

그렇다. 다만, 해당 주택이 1세대 1주택에 해당하는 한편 10년 이상 거주를 했어야 한다. 이때 거주기간은 '당초 취득일~양도일'까지를 기준으로 한다.

2. 적용 사례 2

> **자료**
> · 양도가액 15억 원, 취득가액 5억 원
> · 보유기간은 10년임(취득시기 : 2011년).

Q 앞의 주택은 비과세 대상 주택에 해당한다. 거주는 하지 않았다고 하자. 이 경우 양도세 산출세액은 얼마인가? 단, 기본공제는 미적용한다.

구분	금액	비고
양도차익	10억 원	
−비과세 양도차익	8억 원	10억 원×12억 원/15억 원
=과세 양도차익	2억 원	
−장기보유특별공제	4,000만 원	10년×2%=20%
=과세표준	1억 6,000만 원	
×세율	38%	
−누진공제	1,994만 원	
=산출세액	4,086만 원	

Q 앞의 주택은 비과세 대상 주택에 해당한다. 거주는 10년 했다고 하자. 이 경우 양도세 산출세액은 얼마인가? 단, 기본공제는 미적용한다.

구분	금액	비고
양도차익	10억 원	
-비과세 양도차익	8억 원	10억 원×12억 원/15억 원
=과세 양도차익	2억 원	
-장기보유특별공제	1억 6,000만 원	· 보유기간 공제 10년×4%=40% · 거주기간 공제 10년×4%=40% 계 80%
=과세표준	4,000만 원	
×세율	15%	
-누진공제	126만 원	
=산출세액	474만 원	

Q 앞에서 장기보유특별공제 한도는 있는가?

현행의 세제에서는 한도가 없다. 하지만 새 정부에서는 특별공제에 대한 한도를 도입할 것으로 알려졌으나, 현재는 이를 추진할 의사가 없는 것으로 보인다.

Q 앞의 사례에서 양도차익에 대한 비과세 한도가 5억 원이라면 양도세는 얼마나 증가할까?

이 경우 과세 양도차익이 5억 원이 되고 이에 장기보유특별공제 80%를 적용하면 과세표준이 1억 원이 된다. 이에 35%와 누진공제 1,544만 원을 적용하면 양도세는 1,956만 원이 나온다. 따라서 물음의 경우 1,500만 원 정도의 세금이 증가한다.

Q 앞의 고가주택을 계약 후 멸실하고 잔금을 받으면 비과세가 성립하는가?

그렇지 않다. 비과세는 '양도일 현재'를 기준으로 판단하기 때문이다. 용도변경도 또한 같다(최근에 예규가 바뀜).

Tip ── 현행의 장기보유특별공제율

구분	일반	1주택자 고가주택			주택임대사업자 단기임대 (2018.. 12. 31 종료)			8년 장기임대	10년 장기임대	주택 중과세
		보유기간	거주기간	계	보유기간	추가공제	계	임대기간	임대기간	
1년	0%	0%	0%	0%	0%	0%	0%	0%	0%	0%
2년	0%	0%	8%	0%	0%	0%	0%	0%	0%	0%
3년	6%	12%	12%	24%*	6%	0%	6%	6%	6%	0%
4년	8%	16%	16%	32%	8%	0%	8%	8%	8%	0%
5년	10%	20%	20%	40%	10%	0%	10%	10%	10%	0%
6년	12%	24%	24%	48%	12%	2%	14%	12%	12%	0%
7년	14%	28%	28%	56%	14%	4%	18%	14%	14%	0%
8년	16%	32%	32%	64%	16%	6%	22%	50%	50%	0%
9년	18%	36%	36%	72%	18%	8%	26%		50%	0%
10년	20%	40%	40%	80%	20%	10%	30%		70%	0%
11년	22%				22%	10%	32%			0%
12년	24%				24%	10%	34%			0%
13년	26%				26%	10%	36%			0%
14년	28%				28%	10%	38%			0%
15년	30%				30%	10%	40%			0%

* 2년 미만 거주 시에는 일반공제율(6~30%)을 적용한다. 다만, 고가주택의 경우 보유기간과 거주기간별로 최대 80%를 공제받을 수 있는데, 이때 보유기간은 당초 취득일부터 산정하고 거주기간은 전입일부터 산정한다. 한편 장기보유특별공제는 해당 주택의 취득일부터 양도일까지의 기간의 양도소득을 대상으로 적용하나, 조특법상의 임대주택에 대한 공제는 임대등록 이후의 임대기간에서 발생한 부분에 대해서만 적용된다.

다주택자는 중과세로 인해
세금이 얼마나 발생할까?

주로 다주택자가 조정지역에서 보유한 주택에 대해 적용되는 양도세 중과세는 기본세율에 20%p나 30%p를 가산하는 방식을 적용하고 있다. 그리고 이에 더 나아가 앞에서 본 장기보유특별공제를 적용하지 않는다. 이러한 중과세제도는 최근 부동산 침체기를 맞아 영구적 폐지 가능성이 높아지고 있다. 다만, 중과제도가 폐지되기 전까지는 이에 대한 세제를 관리할 필요가 있다. 다음에서 이에 대해 알아보자.

1. 세제개편 내용

1) 양도세 중과세제도의 변천
양도세 중과세는 다음과 같은 모습을 하고 있다.

구분	2021년 5월 31일 이전	2021년 6월 1일 이후
2주택 중과세	기본세율+10%p	기본세율+20%p
3주택 중과세	기본세율+20%p	기본세율+30%p

앞에서 기본세율과 중과세율은 다음과 같다.

구분[*]	기본세율	기본세율 +20%p	기본세율 +30%p	누진공제
1,400만 원 이하	6%	26%	36%	–
5,000만 원 이하	15%	35%	45%	126만 원
8,800만 원 이하	24%	44%	54%	576만 원
1.5억 원 이하	35%	55%	65%	1,544만 원
3억 원 이하	38%	58%	68%	1,994만 원
5억 원 이하	40%	60%	70%	2,594만 원
10억 원 이하	42%	62%	72%	3,594만 원
10억 원 초과	45%	65%	75%	6,594만 원

* 2023년에 과세표준 구간의 일부가 위와 같이 변경되었다. 이 개정으로 인해 모든 소득자의 세부담이 종전보다 다소 줄어들 전망이다.

2) 중과 적용배제

2년 이상 보유한 주택에 한해서는 한시적으로 중과세를 적용하지 않는다. 참고로 중과제도는 향후 국회의 동의를 얻어 언제든지 폐지될 수 있다.

2. 적용 사례

다음 자료를 통해 앞의 내용들을 확인해보자.

> **자료**
> · 양도차익 : 5억 원
> · 다음 물음들은 서로 독립적임.

Q **2주택 중과세가 적용되는 경우의 총세금은 얼마나 되는가?**

구분	금액	비고
양도차익	5억 원	
−장기보유특별공제	0원	
=과세표준	5억 원	
×세율	60%	40%+20%
−누진공제	2,594만 원	
=산출세액	2억 7,406만 원	

참고로 양도세 외에 지방소득세가 10%가 추가된다는 점도 기억하자 (이하 동일).

Q **앞의 주택은 2년 이상 보유해서 한시적으로 중과세가 적용되지 않는다. 이 경우 양도세는 얼마나 나올까? 단, 장기보유특별공제율은 10%가 적용된다.**

구분	금액	비고
양도차익	5억 원	
−장기보유특별공제	5,000만 원	10% 가정
=과세표준	4억 5,000만 원	
×세율	40%	
−누진공제	2,594만 원	
=산출세액	1억 5,406만 원	

앞의 중과세에 적용되는 것에 비해 1억 2,000만 원 정도가 줄어든다. 참고로 2024년 12월 중순 현재 조정지역으로 고시된 지역은 서울 강남구 등 4곳에 불과하므로 양도세 중과세 제도의 실효성이 전에 비해 크게 줄어들었다. 다만, 중과세 제도 자체는 살아 있으므로 이 부분도

간과해서는 안될 것으로 보인다.

Q 앞의 주택은 보유기간이 1년 미만이다. 이 경우 양도세 중과세는 어떻게 적용되는가?

이처럼 하나의 과세 대상에 대해 두 개의 세율이 동시에 적용되는 경우에는 그중 높은 세율을 적용한다. 따라서 사례의 경우 1년 미만에 적용되는 70%의 세율과 2주택 중과세율을 적용한 것 중 많은 세액인 3억 5,000만 원이 양도세가 된다.

`Tip` 양도세 중과세 대상 주택과 중과세율

구분	조정지역 내		조정대상지역 외
	중과세 대상 주택	중과세율	
2주택	① 조정지역에 있는 주택으로서 대통령령으로 정하는 1세대 2주택에 해당하는 주택 ② 조정지역에 있는 주택으로서 1세대가 주택과 조합원입주권을 각각 1개씩 보유한 경우의 해당 주택(장기임대주택 등 제외) - 분양권 포함	+20%p	-
3주택 이상	① 조정지역에 있는 주택으로서 대통령령으로 정하는 1세대 3주택 이상에 해당하는 주택 ② 조정지역에 있는 주택으로서 1세대가 주택과 조합원입주권을 보유한 경우로서 그 수의 합이 3 이상인 경우 해당 주택(장기임대주택 등 제외) - 분양권 포함	+30%p	-

※ 단기보유 주택의 경우 단기보유세율 적용 산출세액과 (기본세율+중과세율) 적용 산출세액 중 큰 세액으로 함. 참고로 향후 취득세와 종부세 그리고 양도세 중과세제도가 폐지되면 부동산 매매업과 1인 부동산 법인에 대한 수요가 상당히 커질 것으로 예상된다. 저자의 다른 책들로 관련 정보를 입수하기 바란다.

주택·조합원입주권·분양권의
단기양도 시 세금은 얼마나 나올까?

주택이나 조합원입주권 그리고 분양권을 단기거래하면 양도세율이 상당히 높다. 2021년 6월 1일부터 이에 대한 세율을 대폭 올렸기 때문이다. 이러한 세율을 인하하기 위해서는 국회의 동의를 얻어야 한다. 다음에서는 현행의 세율을 기준으로 이에 대한 분석을 해보자.

1. 주택과 조합원입주권

1) 개편내용

주택과 조합원입주권을 양도하는 경우로서 양도세가 과세되면 다음과 같이 양도세율이 적용된다.

구분	주택	조합원입주권
1년 미만 보유	70%	좌동
1~2년 미만 보유	60%	좌동
2년 이상 보유	기본세율	좌동

2) 적용 사례

사례를 통해 앞의 내용을 확인해보자.

· 주택 양도차익 : 1억 원
· 보유기간 : 1년 미만

Q 만일 이 주택을 양도하면 세금은?

구분	금액	비고
양도차익	1억 원	
×세율	70%	
−누진공제	0원	
=산출세액	7,000만 원	세율 45%안 적용 시 4,500만 원
+지방소득세	700만 원	
=총세금	7,700만 원	

Q 만일 이 주택이 양도세 중과세 대상이라면 세율은 어떻게 적용될까?

하나의 자산에 둘 이상의 양도세 세율이 적용될 때에는 해당 세율을 적용해서 계산한 양도소득 산출세액의 합계와 둘 이상의 과세표준의 합계액에 기본세율을 적용한 것 중 큰 세액으로 한다(비교과세).

Q 조합원입주권은 중과세율을 적용받는가?

그렇지 않다. 조합원입주권은 실제 주택이 아니므로 중과세를 적용하지 않는다.

2. 분양권

1) 개편내용

분양권을 양도하는 경우로서 양도세가 과세되면 다음과 같이 세율이 적용된다.

구분	2021년 5월 31일 이전	2021년 6월 1일 이후
조정지역 내	50%	·1년 미만 : 70%
조정지역 밖	보유기간에 따른 세율	·1년 이상 : 60%

2) 적용 사례

사례를 통해 앞의 내용을 확인해보자.

> **자료**
> · 분양권 양도차익 : 1억 원
> · 보유기간 : 1년 미만

Q 이 분양권이 조정지역 내에 있다고 하자. 2021년 6월 1일 이후에 양도하면 양도세는?

이 경우에는 70%의 세율이 적용되므로 7,000만 원 정도의 양도세가 예상된다. 이 외 지방소득세를 감안하면 7,700만 원이 된다.

Q 앞의 분양권을 2022년 초에 취득했다고 하자. 이 경우 소득세법상 주택 수에 포함되는가?

그렇다. 소득세법은 2021년 1월 1일 이후에 취득한 분양권을 주택 수에 포함해서 다른 주택의 비과세와 중과세 판단에 활용하고 있다(취득세는 2020년 8월 12일 이후에 취득한 분부터 적용한다).

일시적 2주택 양도세 비과세제도가 중요한 이유는?

일시적 2주택은 1주택자가 이사 등을 위해 새로운 주택을 산 경우 일시적으로 2주택을 보유한 경우를 말한다. 이러한 일시적 2주택과 관련되어 대출 및 세제 등의 관계가 복잡하게 연결되어 있다. 다음에서 주로 세제의 관점에서 이에 대해 정리를 해보자. 참고로 55페이지에서 세목별로 일시적 2주택 범위에 대해 정리했지만, 이 부분은 실무상 매우 중요하므로 여기에서는 재건축 등과 관련된 비과세제도를 포함해 좀 더 세부적으로 정리하기로 한다.

1. 취득세

2020년 8월 12일부터 취득세에도 다주택자에 대한 중과세제도가 도입되었다. 따라서 일시적 2주택자의 경우에도 다주택자에 해당하므로 이를 구제해줄 필요가 있다. 이에 지방세법에서 다음과 같은 식으로 이 부분을 조정하고 있다.

구분	2020. 8. 12 ~2022. 5. 9	2022. 5. 10 이후	2023. 1. 12 이후	비고
조정지역→조정지역	1년	2년	3년	위반 시 8% 적용
조정지역→비조정지역	없음.	좌동	좌동	1~3% 적용
비조정지역→조정지역	3년	좌동	좌동	위반 시 8% 적용
비조정지역→비조정지역	없음.	좌동	좌동	1~3% 적용

　　취득세는 양도세처럼 처분기한에 대한 특례가 없다. 따라서 3년 내에 종전 주택을 처분하지 못하면 취득세 추징이 불가피해진다.[30] 다만, 향후 2주택자에 대한 중과세제도가 폐지되면 이같은 불이익이 해소될 전망이다.

2. 종부세

　　최근 종부세법이 개정되어 일시적 2주택 등을 주택 수에서 제외하는 입법이 있었다. 종부세에서 일시적 2주택은 신규 주택의 취득일로부터 3년이 경과하지 않는 경우를 말한다.

구분	2022. 6. 1 이후	2023. 1. 12 이후	비고
조정지역→조정지역	2년	3년	위반 시 1주택 특례박탈
조정지역→비조정지역			
비조정지역→조정지역			
비조정지역→비조정지역			

---

30) 일시적 2주택 처분기한(2년 등)으로부터 60일 내에 중과세로 신고 시 신고불성실가산세를 부과하지 않으며, 60일이 경과한 때부터 납부지연가산세를 부과할 예정이다.

3. 양도세

양도세의 경우 종전 주택이 있는 상황에서 1년(단, 직장 변경 등 부득이한 경우에는 이 요건을 적용하지 않음) 이후에 새로운 주택을 취득하고, 새 주택 취득일로부터 종전 주택을 3년 내에 양도하면 비과세를 허용한다. 다만, 종전 주택과 신규 주택이 모두 조정지역 내에 소재한 경우에는 종전 주택은 다음과 같이 처분기한 등이 달라진다.

구분	2018. 9. 13 이전 취득	2018. 9. 1~ 2019. 12. 16 내 취득	2019. 12. 17 이후 취득~2022. 5. 9 이전 양도	2022. 5. 10 이후 양도	2023. 1. 12 이후 양도
처분기한	3년	2년	·원칙 : 1년 ·예외 : 부득이한 경우 2년	2년	3년
전입의무	–	–		–	–
경과 규정	대책발표 전에 계약한 경우 종전 규정을 적용함.				

한편 재건축·재개발에 따른 대체주택 등에 대한 비과세를 위한 처분기한도 2023년 1월 12일 이후 양도분부터 2년에서 3년으로 바뀌었다. 2021년 1월 1일 이후에 취득한 분양권을 보유한 경우에도 일시적 2주택 개념이 적용되는데, 이 경우에도 3년을 적용한다. 다만, 분양권이 있는 경우의 주택에 대한 비과세는 적용되는 범위가 입주권과 차이가 있다. 다음 페이지의 표를 참조해 이를 확인하기 바란다. 참고로 재건축 등과 관련된 양도세 비과세는 원조합원과 승계조합원이 보유한 입주권과 주택 등에 대해 다양한 방식으로 적용된다. 여기서 원조합원은 관리처분계획인가일 전에 조합원 자격을 가진 조합원을, 승계조합원은 이날 후에 조합원 자격을 취득한 자를 말한다. 이러한 점을 참고해 이들에 대한 비과세 제도를 종합적으로 살펴보자. 이에 대한 세부적인 내용이 궁금하다면 저자의 《재건축·재개발 세무 가이드북》을 참조하기 바란다.

구분	종전	현행(2023년 1월 12일 이후 양도분 적용)
1. 원조합원 1입주권 보유 중	관리처분인가일 기준 2년 이상 보유 (거주) 후 양도	좌동
2. 원조합원 1입주권 → 1주택 취득	주택 취득일로부터 3년 내 양도	좌동
3. 1주택 → 승계조합원 1입주권 취득*	입주권 취득일로부터 3년 내 양도	좌동
	위 특례 · 완공주택으로 2년 내 이사 후 1년 이상 거주 · 종전 주택은 주택완공일 후 2년 내 양도	· 3년 · 3년
4. 1주택 → 사업시행 중 대체주택 취득	대체주택 비과세 특례 · 사업시행인가 후 대체주택 취득 · 대체주택에서 1년 이상 거주 · 완공주택으로 2년 내 이사 후 1년 이상 거주 · 대체주택은 주택완공일 후 2년 내 양도	· 좌동 · 좌동 · 3년 · 3년

* 1주택 보유 중 분양권을 취득한 경우에도 같은 원리로 비과세가 적용되고 있다.

※ 저자 주

주택에 대한 양도세 비과세는 앞에서 본 것 외에도 다양한 형태의 것들이 있다. 예를 들면 다음과 같은 것들이 있다.

· 일반주택 보유 중 상속주택을 취득한 경우→일반주택을 언제든지 먼저 양도하면 비과세를 적용함.

· 동거봉양이나 혼인에 따라 2주택이 된 경우→합가일로부터 10년 이내에 양도 시 비과세를 적용함(혼인 비과세 특례기한이 2024년 11월 12일 이후 양도분부터 10년으로 연장되었음).

· 일반주택과 농어촌주택이 있는 경우→일반주택을 농어촌주택 취득일로부터 5년 이내 시 비과세를 적용함.

· 기존 1주택자가 지방 준공 후 미분양 주택 또는 인구감소지역 주택을 취득한 경우 → 기존 1주택을 양도 시 비과세를 적용함(2024년 1·10대책).

거주요건을
면제받을 수 있는 방법은?

주택에 관련된 세제를 적용할 때 '거주요건'은 매우 중요한 요소다. 이를 기준으로 세제를 적용하는 경우가 많기 때문이다. 다음에서 세목별로 이에 대해 정리해보자.

1. 취득세

취득세에서는 거주요건이 그렇게 중요하지 않다. 취득세는 기간과세가 아닌 수시과세에 해당하기 때문에 이의 요건을 둘 필요가 없기 때문이다.

2. 종부세

종부세도 취득세와 마찬가지로 수시과세에 해당하므로 거주요건이 중요하지 않다. 따라서 이에 대해 별도로 정한 것은 없다. 다만, 종부세 합산배제되는 임대주택을 소유한 1주택자들은 6월 1일 현재 그 주택에서 거주해야 1세대 1주택 특례를 받을 수 있다.

3. 양도세

기간과세인 양도세에서는 실수요자에 대한 혜택을 주기 위해 거주요건을 많이 등장시키고 있다.

1) 1세대 1주택 양도세 비과세 관련

2017년 8월 3일 이후 조정지역에서 주택을 취득하면 2년 거주를 해야 비과세를 받을 수 있다. 여기서 '취득'은 소득세법상 취득일(잔금원칙)을 말하는데, 다음과 같은 예외적인 사항이 존재한다.

- 2017년 8월 2일 전에 계약하고 그 후에 잔금을 청산한 경우 : 계약일 당시 무주택 세대는 거주요건 적용제외(경과규정, 부칙)
- 비조정지역 상황에서 계약하고 잔금청산 시 조정지역으로 바뀐 경우 : 계약일 당시 무주택 세대는 거주요건 적용제외(소득세법 시행령 제154조 제1항 제5호)[31]

🔼 참고로 1세대 1주택자가 2019년 12월 16일 이전에 거주요건을 면제받기 위해 임대사업자등록을 한 경우 2년 거주요건을 면제한다. 다만, 민간임대주택법 제43조(자동말소와 자진말소는 제외)를 위반해 임대의무기간 중에 해당 주택을 양도하는 경우와 임대보증금 또는 임대료의 연 증가율이 100분의 5를 초과하는

---

31) 반대로 조정지역 상태에서 취득하고 그 이후에 해제가 된 경우라면 취득 당시를 기준으로 거주요건을 적용한다.

경우는 제외한다.[32]

2) 주택임대사업자 거주주택 양도세 비과세 관련

주택임대사업자는 생애 1회 거주주택 비과세를 받을 수 있는데 이때 거주주택은 전체(직전거주주택보유주택의 경우에는 등록일 이후) 보유기간 중에서 2년을 거주하면 된다.

3) 장기보유특별공제 특례 관련

1세대 1주택이 과세되는 경우에는 2년 이상 거주하면 보유기간에 대한 공제율이 12~40%가 되고, 거주기간에 따른 공제율은 8~40%가 적용된다.

4) 상생임대주택에 대한 1세대 1주택의 특례

소득세법 시행령 제155조의 3에서는 다음과 같은 제도를 두어 2년 거주요건을 면제하고 있다.

① 국내에 1주택(제155조, 제155조의 2, 제156조의 2, 제156조의 3 및 그 밖의 법령에 따라 1세대 1주택으로 보는 경우를 포함한다)을 소유한 1세대가 다음 각 호의 요건을 모두 갖춘 주택(이하 "상생임대주택"이라 한다)을 양도하는 경우에는 제154조 제1항, 제155조 제20항 제1호 및 제159조의 4를 적용할 때 해당 규정에 따른 거주기간의 제한을 받지 않는다(2022. 8. 2 개정).

1. 1세대가 주택을 취득한 후 해당 주택에 대하여 임차인과 체결한 직전 임대차계약 (해당 주택의 취득으로 임대인의 지위가 승계된 경우의 임대차계약은 제외한다) 대비 임대보증금 또는 임대료의 증가율이 100분의 5를 초과하지 않는 임대차계약을 2021년 12월 20일부터 2026년 12월 31일까지의 기간 중에 체결(계약금을 지급받은 사

---

32) 최종 1임대주택이 2019년 12월 16일 이전에 등록한 것이라면 이에 대해서는 거주요건을 충족할 필요가 없이 비과세가 적용될 것으로 보인다.

실이 증빙서류에 의해 확인되는 경우로 한정한다)하고 상생임대차계약에 따라 임대한 기간이 2년 이상일 것(2022. 8. 2 개정)
2. 직전 임대차계약에 따라 임대한 기간이 1년 6개월 이상일 것
3. 상생임대차계약에 따라 임대한 기간이 2년 이상일 것

앞의 내용을 조금 더 알아보자.

첫째, 이 계약에 따라 요건을 충족하면 1세대 1주택과 거주주택 비과세, 장기보유특별공제 특례 적용 시 2년 거주요건을 면제한다.

둘째, 이 혜택을 받기 위해서는 1년 6개월 이상 임대한 상태(직전임대차계약)에서 상생임대차계약을 맺고 이를 기준으로 5% 이내에서 임대료 등을 인상해야 한다. 한편 주택을 신규로 취득해 임대하고자 하는 경우에는 그 취득일로부터 1년 6개월이 지난 시점에서 임대차계약을 맺어야 한다. 이 제도를 갭 투자에 활용하는 것을 방지하기 위한 조치에 해당한다.

셋째, 상생임대차계약을 2021년 12월 20일부터 2026년 12월 31일까지의 기간 중에 체결하고 임차인의 변경 없이 계속해 2년 이상 임대해야 한다(단, 2023년 2월 28일부터 임차인의 사정으로 변경한 경우는 제외).

4. 적용 사례

K씨의 사례를 통해 앞의 내용을 확인해보자.

Q K씨는 이 주택만 보유하고 있다. 이 경우 1세대 1주택 비과세를 받을
수 있는가?

그렇다. 비과세 적용 시 거주요건은 2017년 8월 3일 이후에 취득한
것이 그 대상이 되기 때문이다.

Q 이 주택을 양도하면 장기보유특별공제율은 얼마나 되는가?

15년 이상 보유했으므로 30%가 적용될 것으로 보인다.

Q 이 주택에 대한 장기보유특별공제율을 늘리기 위해서 '2년 거주'를
하면 세금이 얼마나 감소할까?

이 경우 장기보유특별공제율은 48%로 증가한다. 2년 거주 시 보유
기간 및 거주기간에 따른 특례공제율이 적용되기 때문이다.

구분	현행	변경
양도차익	10억 원	10억 원
-비과세 양도차익	8억 원	8억 원
=과세 양도차익	2억 원	2억 원
-장기보유특별공제	6,000만 원(30%)	9,600만 원(48%)
=과세표준	1억 4,000만 원	1억 400만 원
× 세율	35%	35%
-누진공제	1,544만 원	1,544만 원
=산출세액	3,356만 원	2,096만 원

이 둘의 세금차이는 1,260만 원에 해당한다(이 외 지방소득세가 별도로 추가
된다).

Q 이 세금을 줄이기 위해 상생임대차계약을 맺으면 48%를 적용받을
수 있는가?

그렇다. 이에 대한 요건은 앞에서 본 것을 참조하기 바란다.

Q K씨는 A주택 외 많은 주택을 보유하고 있다. 이 경우에도 상생임대차
계약을 맺을 수 있는가?

그렇다. 이렇게 상생임대차계약 만료 후 해당 주택을 1세대 1주택으
로 양도하면 이에 대한 혜택을 받을 수 있다.

Q 상생임대차계약을 맺은 주택임은 어떻게 입증할까?

이에 대한 특례적용신고서를 작성해서 다음과 같은 첨부서류와 함께
제출해야 한다.

- 직전 임대차계약서 사본 1부
- 상생 임대차계약서 사본 1부

Q K씨는 동일임차인에 대해 '1년 단위'로 5% 이내에서 임대료를 올렸
다. 이 경우 세법상 문제는 없는가?

상생임대차계약기간이 '2년 이상' 되어야 하므로 2년 단위로 올려야
할 것으로 보인다. 임대차계약기간이 2년 미만이 되면 상생임대주택에
서 제외된다.

Q 현재 임대 중에 있는 주택을 취득해 임대하면 해당 주택도 상생임대주택이 될 수 있는가?

가능은 하다. 하지만 취득일로부터 1년 6개월이 지나야 하고 그로부터 2년 (총 3년 6개월) 이상 임대가 되어야 상생임대주택에 해당한다. 참고로 이 계약은 2026년 12월 31일까지 체결되어야 한다.

2024년 12월 현재 조정지역 내의 2년 이상 보유한 주택에 대해 중과세가 한시적으로 적용되지 않고 있다. 하지만 향후 주택에 대한 양도세 중과세가 영구적으로 풀릴 가능성이 높다. 이 제도로 인해 부동산 세제가 많이 왜곡된 측면이 있고, 나아가 부동산 시장이 침체기에 들어서면서 이 제도의 존재 의미가 퇴색하고 있기 때문이다. 그렇다면 이 제도가 실제 폐지(한시적 폐지 포함)되면 세제에는 어떤 영향을 미칠까?

1. 주택 중과세제도 폐지 시 세제의 변화

주택 중과세제도가 폐지되는 경우 세제의 변화를 살펴보면 다음과 같다.

구분	중과세제도 적용 시	중과세제도 폐지 시
세율	기본세율+20~30%p	기본세율
장기보유특별공제	적용배제	6~30%

참고로 2년 이상 보유한 주택에 한해 2022년 5월 10일부터 한시적으로 중과세가 적용되지 않고 있다.

2. 중과세제도 폐지 시의 효과분석

한시적으로 중과세가 폐지되는 경우 양도세가 얼마나 줄어드는지 알아보자. 단, 양도차익은 5억 원이며, 2주택 중과세율(+20%p)이 적용되며, 250만 원 기본공제는 없다고 하자. 보유기간은 10년이다.

구분	중과세 적용 시	중과세 폐지 시
양도차익	5억 원	5억 원
-장기보유특별공제(0%, 20%)	0원	1억 원
=양도소득금액(과세표준)	5억 원	4억 원
× 세율	60%(40%+20%)	40%
-누진공제	2,594만 원	2,594만 원
=산출세액	2억 7,406만 원	1억 3,406만 원
지방소득세 포함 총세액	3억 146만 원	1억 4,746만 원
양도차익 대비 세부담율	60.3%	29.5%

이처럼 양도세 중과세가 폐지되면 그동안 높은 양도세율 때문에 양도하는 것을 주저한 층들에게는 가뭄의 단비가 될 가능성이 크다. 양도를 통해 주택 수를 줄일 수 있는 기회가 열리기 때문이다. 그 결과 시장에도 매물이 증가하는 등 긍정적인 신호가 전달될 것으로 보인다. 다만, 2024년 12월 중순에서 보면 그 효과는 미미할 가능성이 크다. 중과세가 적용되는 조정지역이 대폭 해제되었기 때문이다. 그럼에도 불구하고 중과세 폐지는 불확실성이 제거되는 효과가 크기 때문에 긍정적인 효과를 가져다 줄 것으로 보인다.

3. 중과세제도 폐지 시 주의할 점

양도세 중과세가 폐지되면 긍정적인 효과도 있지만 주의할 점도 있다. 이를 정리해보자.

첫째, 합산과세에 주의해야 한다.

1년 내에 2회 이상 양도하면 이 둘의 양도차익을 합산하기 때문이다. 물론 양도차손이 발생하면 양도차익과 통산이 가능하므로 이 경우에는 긍정적인 효과를 얻을 수 있다.

둘째, 단기매매 시에는 여전히 높은 세율이 적용된다.

중과세제도가 적용되지 않더라도 단기매매 시에는 여전히 높은 세율이 적용됨에 유의해야 한다. 예를 들어 주택을 1년 미만 보유한 후 양도하면 70%와 같이 높은 세율이 적용된다.

셋째, 양도 후 다시 취득한 경우에는 확 바뀐 취득세 등에 주의해야 한다.

중과세를 피해 양도한 후에 다시 취득한 경우에는 최근 바뀐 취득세 중과세와 양도세 비과세 보유기간 계산제도 등에 주의해야 한다. 따라서 신규 주택을 취득할 때에는 이러한 점에 주의해야 할 것으로 보인다.

넷째, 부동산 매매업의 경우에는 비교과세가 적용되지 않는다(단, 분양권은 적용).

비교과세는 종합소득세와 양도세 중과세 중 많은 세금을 내는 제도를 말하는데, 양도세 중과세가 폐지되면 일반세율로 종합소득세를 낼 수 있기 때문이다.

🗝 양도세 중과세제도가 영구적으로 폐지되면 부동산 매매업에 대한 사업자 등록이 크게 늘어날 가능성이 높다.

다섯째, 법인이 주택을 매매하면 일반법인세 외에 20%의 추가법인세를 내야 한다.

법인은 양도세 중과세제도의 폐지와 상관없이 무조건 추가법인세가 과세되기 때문이다.

Tip · 양도세 중과세폐지 시 예상되는 세제의 변화

구분		현행	세제의 변화
개인	적용 대상	· 주택 · 비사업용 토지	· 중과폐지 · 계속 적용
	양도세 세율	기본세율+20~30%p	기본세율
	장기보유특별공제율	0%	6~30% ※ 조특법상 임대주택은 50~70%
	연 2회 이상 양도 시	합산과세 적용	적용
	요건 충족한 장기임대주택	· 자동말소 : 처분기한 없이 중과세 면제 · 자진말소 : 말소일로부터 1년 내 중과세 면제	중과세 면제
	요건 미충족한 장기임대주택	중과세 적용	중과세 면제
부동산 매매사업자		비교과세 있음.	비교과세 면제
법인		20% 추가과세	계속 적용

앞으로 중과세제도가 영구적으로 폐지되면 부동산 매매업이 활성화될 가능성이 높다. 이에 대한 자세한 내용은 저자의《확 바뀐 부동산 매매업 세무가이드북》을 참조하고 다음에서는 대략적인 세제의 내용만 정리해보자.

1. 양도세 일반과세가 적용되는 경우

1) 세율 측면

중과세가 적용되지 않은 부동산은 단기매매 시 세율측면에서 매매업이 유리하다. 양도소득은 보유기간에 따라 세율이 달라지나 사업소득은 6~45%의 단일세율이 적용되기 때문이다. 따라서 다음처럼 단기양도에 따른 양도세율이 70% 또는 60%가 적용된 상황에서는 사업소득이 유리하다.

주택	주택 외(토지 등)
· 1년 미만 : 70% · 1~2년 미만 : 60% · 2년 이상 : 6~45%	· 1년 미만 : 50% · 1~2년 미만 : 40% · 2년 이상 : 6~45%

2) 경비처리 측면

양도소득의 경우 취득 및 양도 시에 필수적으로 들어간 비용을 양도차익에서 공제하나 사업소득의 경우에는 이들은 물론이고 사무실유지비나 인건비 그리고 이자비용이나 차량유지비 등 각종 비용을 공제한다. 따라서 경비의 활용도 측면에서는 매매사업자가 훨씬 더 유용성이 있다고 할 수 있다. 참고로 매매사업자는 매매일이 속한 달의 말일로부터 2개월 내에 매매차익 예정신고를 하는데 이때에는 양도세 계산구조(세율은 6~45%)로 신고해 세금을 내고, 다음 해 5월에 종합소득세 신고 시 경비처리를 하면서 예정신고 때 낸 세금의 일부나 전부를 환급받는다. 이러한 점이 매매사업의 큰 장점이 된다.

2. 양도세 중과세율이 적용되는 경우

1) 세율 측면

중과세 대상인 주택과 토지에 대해서는 비교과세가 적용되므로 양도소득과 사업소득의 세금차이가 없어진다. 이 제도는 양도세 중과대상을 매매사업자가 매매하면 양도세와 종합소득세 중 많은 세액을 내도록 하는 제도를 말한다. 따라서 이 경우에는 개인이 매매업을 굳이 등록할 이유는 없다.

2) 경비처리 측면

매매사업자에게 중과세가 적용되는 경우에는 일반경비를 활용할 수 없다. 비교과세가 적용되면 양도세처럼 처리해야 하기 때문이다.

양도소득 필요경비	사업소득 필요경비	
	비교과세가 적용되지 않는 경우	비교과세가 적용되는 경우
· 취득가액 · 자본적 지출	좌동	좌동
-	· 인건비 · 이자 등 사업 관련 비용	-

3. 적용 사례

사례를 들어 앞의 내용을 확인해보자.

> **자료**
> · 주택의 양도차익 : 1억 원
> · 보유기간 : 6개월
> · 이자비용 및 인건비 등 : 2,000만 원
> · 기타 사항은 무시함.

Q **이 주택에 대한 양도세는 얼마나 예상되는가? 단, 중과대상이 아니다.**

이 경우 양도차익에 대해 70%의 세율을 적용하면 된다. 이는 1년 미만 보유 시에 적용되는 일반 양도세율에 해당한다.

• 1억 원×70%=7,000만 원(지방소득세 포함 시 7,700만 원)

Q **매매사업자가 이 주택을 양도했다고 하자. 이 주택은 중과세 대상이 아니다. 이 경우 종합소득세는 얼마가 나오는가?**

양도차익 1억 원에서 일반관리비 2,000만 원을 차감한 8,000만 원에 대해 24%의 세율을 적용하고 누진공제 576만 원을 적용하면 산출세액은 1,344만 원이 나온다.

Q **이 주택이 중과세 대상이라면 앞의 종합소득세 관련 물음에 대한 답은 달라지는가?**

그렇다. 중과세 대상은 '비교과세'가 적용되기 때문이다. 비교과세는 앞의 두 물음 중 많은 세액을 내야 하므로 이 경우 7,000만 원의 세금을 내야 한다. 향후 단기양도세율이 완화되더라도 앞과 같은 논리가 성립한다.

매매업의 걸림돌인 취득세와 보유세

부동산 매매사업자가 부동산을 취득하거나 보유하면 일반 개인처럼 취득세와 보유세를 부담해야 한다. 그런데 문제는 2020년 7·10대책에 따라 이들이 부담해야 하는 취득세와 보유세가 크게 증가되었다는 것이다.

구분	취득세	종부세
일반	1~3%	0.5~2.7%
중과세	8~12%	2.0~5.0%

그런데 향후 취득세 중과세제도가 폐지될 가능성이 있다. 만약 정부의 안대로 이 제도가 폐지 또는 완화되면 매매사업자의 전성기가 시작되지 않을까 싶다. 취득세와 종부세 그리고 양도세 부담이 대부분 제거된 상태에서 자유롭게 매매를 할 수 있게 되기 때문이다(1인 부동산 법인도 활성될 가능성이 높은데 이에 대해서는 제9장에서 살펴본다).

※ 2024년 1·10 대책(주택 수 제외)과 매매업의 관계

구분	취득세율	종합소득세율	매매업 실익
1. 신축 소형주택 취득	1~3%	6~45%	있음.
2. 기축 소형주택 매입·등록	-	-	관계없음.
3. 지방 준공 후 미분양 주택 취득	1~3%	6~45%	있음.
4. 1주택자의 인구감소지역 1주택 취득	-	-	관계없음.

제6장

분양권의
세제
완전 분석

분양권과 관련해
개정된 내용들은?

2020년 7·10대책에서 분양권과 관련해 개정된 내용들은 크게 두 가지 정도가 된다. 하나는 양도세 세율이 크게 인상된 것이고, 다른 하나는 취득세 중과세 및 양도세 비과세 또는 중과세 판단 시 주택 수에 이를 포함시킨 것이다. 이 중 분양권의 양도세율은 앞 장에서 살펴보았으므로 다음에서는 주로 양도세에서의 주택 수와 관련된 쟁점들을 정리해보자. 분양권과 관련된 취득세는 제3장에서 살펴보았다.

1. 분양권 양도세 비과세와 중과세 판단 시 주택 수에 포함

2021년 1월 1일 이후에 취득[33]한 분양권도 주택 수에 포함된다. 다

---

33) 여기서 "취득"은 원래 잔금청산일과 등기접수일 중 빠른 날을 말한다. 다만, 청약당첨에 의해 분양계약한 경우에는 "청약당첨일"을 기준으로 한다.

※ 기획재정부 재산세제과-85(2022. 1. 14)
 • (질의) 입주자 모집공고에 따른 청약이 당첨되어 분양계약한 경우 소득세법 제88조 제10호에 따른 분양권의 취득시기
  - (제1안) 청약당첨일
  - (제2안) 분양계약일
 • (회신) 제1안이 타당합니다.

른 주택의 비과세와 중과세 판단에 영향을 주기 위해서다. 이러한 원리는 기존의 조합원입주권에서 온 것으로 이 두 가지의 항목을 비교해보자.

구분	조합원입주권	분양권
입주권, 분양권 양도 시 비과세	가능(관리처분일 기준 2년 이상 보유 등)	해당사항 없음.
입주권, 분양권 외 다른 주택 양도시 비과세	① 1주택, 승계조합원 : 3년 내 주택 처분 시 비과세 ② 앞 ①에서 3년 경과 시 완공일로부터 3년 내 주택양도 시 비과세 ③ 사업시행 중 대체 주택 취득 비과세	① 가능 ② 가능 ③ 해당사항 없음.
비규제지역* 중과세 판단 시 주택 수 산입	권리가액 3억 원 초과 시	분양가격 3억 원 초과 시

* 수도권·세종시·광역시의 읍·면지역, 기타 도지역을 말한다.

2. 적용 사례

사례를 통해 앞의 내용을 확인해보자.

Q 분양권을 주택 수에 포함하면 어떤 쟁점이 발생할까?
주택 수의 증가로 다른 주택의 취득세나 양도세의 과세방식이 달라질 수 있다.

Q 1주택 보유 중에 분양권을 취득하면 일시적 2주택이 될 수 있다. 이때 취득세와 양도세는 어떤 식으로 과세하는가? 단, 두 주택 모두 조정지역에 소재한다고 하자.

구분	내용
취득세 일반과세	· 주택 수 : 분양계약일 기준으로 2채에 해당함. · 일시적 2주택 일반 취득세율 적용 : 분양주택이 완공(잔금)된 날로부터 3년* 내에 종전 주택과 분양완공 주택 중 1채를 양도 시 일반세율 적용
양도세 비과세	· 주택 수 : 분양당첨일 기준으로 2채에 해당함. · 일시적 2주택 비과세 적용 : 분양당첨일로부터 3년 내에 종전 주택을 양도 시 비과세 적용(3년 후에는 분양완공 주택으로 이사 후 완공일로부터 3년* 내에 종전 주택 양도 시 비과세 특례 적용)

* 2023년 1월 12일 이후부터는 2년에서 3년으로 처분기한을 연장한다. 따라서 3년 내에 주택 1채를 정리하면 취득세 일반과세를 적용받을 수 있고, 양도세 비과세 특례를 받을 수 있다.

Q 1주택 보유 중에 분양권을 취득하면서 일시적 2주택이 될 수 있다. 이때 취득세와 양도세는 어떤 식으로 과세되는가? 단, 두 주택 모두 비조정지역에 소재한다고 한다.

신규 주택 등이 비조정지역 내에 소재하면 조정지역 내에 소재하는 것과 차이나게 세법을 적용한다. 예를 들어 취득세의 경우 3년 내 처분과 관계없이 무조건 일반과세를 적용한다. 다만, 양도세는 일시적 2주택에 해당하면 3년 내에 종전 주택을 처분해야 비과세를 받을 수 있다. 두 세목 간에 차이가 나고 있다.

Q 앞의 분양권은 무조건 주택 수에 포함되는가?

그렇지 않다. 소득세법 제88조에서 정의된 분양권의 범위에 해당되어야 한다. 취득세의 경우에는 지방세법 제13조의 3에서 규정하고 있다.[34]

Q 1주택자가 빌라 분양권을 취득했다. 이 경우 빌라 분양권도 주택 수에 포함하는가?

아니다. 빌라 분양권은 건축법에 의해 생성된 권리이므로 주택 수에 포함되는 분양권은 아니다.

---

34) 이에 대한 자세한 내용은 저자의 《재건축·재개발 세무 가이드북》을 참조하기 바란다.

Q 지역주택조합원이 취득한 분양권은 양도세 과세 시 주택 수에 포함되는가?

그렇다. 지역주택조합원의 분양권은 주택법에 의해 생성된 것이기 때문이다. 다음 페이지를 참조해보자.

`Tip`　　　　　　　**분양권에 대한 정의 신설**

소득세법 제88조 제9호와 제10호에서는 조합원입주권과 분양권에 대한 개념을 별도로 정의하고 있다. 따라서 이에 열거되지 않는 것들은 입주권이나 분양권에 해당하지 않으므로 주택 수에서 제외된다는 사실을 주목해보기 바란다.

구분	내용
조합원입주권	9. "조합원입주권"이란 도시 및 주거환경정비법 제74조에 따른 관리처분계획의 인가 및 빈집 및 소규모주택 정비에 관한 특례법 제29조에 따른 사업시행계획인가로 인하여 취득한 입주자로 선정된 지위를 말한다. 이 경우 도시 및 주거환경정비법에 따른 재건축사업 또는 재개발사업, 빈집 및 소규모주택 정비에 관한 특례법에 따른 자율주택정비사업, 가로주택정비사업, 소규모재건축사업 또는 소규모재개발사업을 시행하는 정비사업조합의 조합원(같은 법 제22조에 따라 주민합의체를 구성하는 경우에는같은 법 제2조 제6호의 토지등소유자를 말한다)로서 취득한 것(그 조합원으로부터 취득한 것을 포함한다)으로 한정하며, 이에 딸린 토지를 포함한다(2021. 12. 8 후단개정).
분양권	10. "분양권"이란 주택법 등 대통령령으로 정하는 법률에 따른 주택에 대한 공급계약을 통하여 주택을 공급받는 자로 선정된 지위(해당 지위를 매매 또는 증여 등의 방법으로 취득한 것을 포함한다)를 말한다(2020. 8. 18 신설). ※ **소득세법 시행령 제152조의 4[분양권의 범위]** 법 제88조 제10호에서 "주택법 등 대통령령으로 정하는 법률"이란 다음 각 호의 법률을 말한다(2021. 2. 17 신설) 1. 건축물의 분양에 관한 법률 2. 공공주택 특별법 3. 도시개발법 4. 도시 및 주거환경정비법 5. 빈집 및 소규모주택 정비에 관한 특례법 6. 산업입지 및 개발에 관한 법률 7. 주택법 8. 택지개발촉진법

☞ 예를 들어 건축법에 의해 생성된 빌라 분양권은 양도세 비과세 등에 대한 판단 시 주택 수에 포함되지 않는다. 앞의 8개의 법률과 무관하기 때문이다.

분양권과 관련된 개정세법을
이해하기 위한 기초상식은?

분양권이 주택 수에 포함되면 세제에 많은 영향을 미치게 된다. 따라서 미리 이에 대한 내용을 정리해둘 필요가 있다.

1. 분양권을 세법상 주택 수에 포함시키는 취지

현재 주택 대출·청약 제도에서는 조합원입주권과 마찬가지로 분양권도 동일하게 주택 수에 포함하고 있다. 분양권을 주택 수에 포함해 대출여부 및 청약자격·우선순위를 결정하고 있는 것이다. 이에 정부가 세제·대출·청약 시 주택 수 산정기준을 통일시켜 법적 혼선을 줄이고자 분양권을 세법상 주택 수에 포함하기에 이르렀다.

🔑 여기서 주의할 것은 주택 수에 산입되는 분양권은 지방세법과 소득세법상 차이가 있다는 것이다. 예를 들어 주택법상 지역주택조합원이 보유하고 있는 권리는 소득세법상 분양권에 해당되어 주택 수에 포함되지만, 지방세법에서는 이를 분양권에서 제외해 이를 주택 수에 포함하지 않고 있다. 이러한 현상은 해석

에서 빚어진 것으로 실무상 많은 논란거리를 낳고 있다. 저자의 《재건축·재개발 세무 가이드북》을 참조하기 바란다.

2. 분양권을 주택 수에 산입하면서 달라지는 것들

1) 다른 주택의 양도세 비과세 등 적용 여부

분양권을 거주자의 주택 수에 포함하면 주택 수가 증가하게 된다. 따라서 이러한 상황에서 분양권 외의 주택을 양도하면 양도세 비과세를 받기가 힘들어지고, 취득세의 경우 일반세율을 적용받지 못할 가능성이 높아진다.

2) 다른 주택의 중과세 적용 여부

분양권을 주택 수에 포함하면 양도세와 취득세에서도 중과세를 적용받을 가능성이 높아진다.

3. 분양권을 주택 수에 산입해도 달라지지 않는 것들

1) 분양권 양도세

분양권 자체를 양도하면 주택으로서 비과세를 받을 수 없고 무조건 양도세가 부과된다. 분양권에 대한 양도세는 2021년 6월 1일부터 70%(세제완화안에서는 1년 미만 보유 시 45% 적용) 같은 상당히 높은 세율이 적용되고 있다.

2) 주택취득일

분양권이 주택으로 완공된 이후 소유자가 잔금청산을 하면 통상 분양권이라는 권리가 소멸되고 주택이라는 부동산이 생성된다.

3) 취득세 납부

분양권을 취득하면 취득세는 내지 않고 주택을 취득(잔금청산)할 때 취득세를 내게 된다. 이때 취득세율은 기본적으로 1~3%(때로는 8~12%)가 적용된다.

4. 분양권을 주택으로 보는 시기

분양권을 주택 수에 포함하는 시기는 세목별로 차이가 있다.

1) 양도세

양도세의 경우에는 2021년 1월 1일 이후에 취득한 것부터 분양권을 주택 수에 포함한다. 여기서 취득의 의미는 '당첨일'을 기준으로 한다. 다만, 전매나 증여를 통해 취득한 경우에는 잔금일을 기준으로 한다.

2) 취득세

취득세는 2020년 8월 12일 이후 신규 취득분부터 주택 수에 포함한다. 여기서 일반분양의 경우 '계약일'을, 기타 전매 등은 '잔금일'을 기준으로 한다.

※ 분양권이 주택으로 완공될 때의 취득세율 결정기준

2020년 8월 12일 이후에 계약하거나 취득한 분양권이 완공되면 이때 주택으로서 취득세를 내야 한다. 그런데 이때 주택 수는 완공 당시가 아닌 분양권의 계약 또는 취득시점을 기준으로 한다는 점에 다시 한번 유의해야 한다. 예를 들어 2022년 9월 분양권 계약 당시에 2주택을 보유한 상태에서 2025년 9월에 분양권이 주택으로 완공되면 이때 주택 수는 3채로 보고 취득세율을 결정해야 한다는 것이다. 불합리한 규정에 해당하므로 전문세무사를 통해 이 부분을 확인한 후 대책을 강구해보기 바란다.

5. 적용 사례

사례를 들어 앞의 내용을 확인해보자.

> **자료**
> · K씨는 현재 1세대 2주택자임.
> · 2023년 9월에 분양권을 계약함.
> · 모두 조정지역에 소재함.

Q K씨의 분양권이 완공될 때의 취득세율은?

분양권을 계약할 당시에 3주택이 되므로 향후 분양주택을 취득할 때 취득세율은 원칙적으로 12% 적용된다. 분양권은 주택 수와 세율 결정은 분양계약(전매는 잔금청산) 시에 한다는 점에 다시 한번 주의해야 할 것으로 보인다.

Q K씨는 분양주택에 대한 잔금을 내기 전에 2주택을 모두 처분했다. 이 경우 분양주택에 대한 취득세율은 1~3%가 적용되는가?

그렇지 않다. 분양계약 당시의 주택 수를 기준으로 하기 때문이다. 따라서 사례의 경우 조정지역 내의 3주택에 대한 취득세율이 적용되어 12%가 적용될 것으로 보인다. 참고로 분양권 계약 시에는 조정지역이

었지만 잔금지급 시에는 이곳에서 해제된 경우라면 사례의 경우 12%가 아닌 8%가 적용될 것으로 보인다. 최근 조정지역이 서울 강남구 등 4곳 외는 모두 해제되었으므로 이같은 현상이 많이 발생할 것으로 보인다.

Q K씨는 분양권을 가지고 있는 상황에서 1주택을 양도하면 비과세를 받을 수 있는가?

아니다. 3주택을 보유하고 있으므로 비과세가 성립되지 않는다.

Q K씨는 2주택 보유 중에 입주권을 취득했다. 해당 입주권이 주택으로 완공될 때 취득세 중과세가 적용되는가?

입주권도 주택 수에 포함되므로 이 경우 3주택이 된다. 그렇다면 분양권처럼 입주권에 의해 완공된 주택에 대해서도 중과세가 적용될까? 아니다. 입주권에 의해 완공된 주택은 승계취득이 아닌 원시취득에 해당하기 때문이다. 이처럼 원시취득에 대해서는 중과세를 적용하지 않으며, 저렴한 세율(2.8%)을 적용한다.

| Tip | 분양권, 입주권, 주거용 오피스텔에 대한 세목별 주택 수 포함시기 |

구분	양도세	취득세	종부세
분양권	2021. 1. 1 이후 취득분	2020. 8. 12 이후 취득분	관계 없음.
입주권	기주택으로 취급	상동	관계 없음.
주거용 오피스텔	기주택으로 취급	상동	기주택으로 취급 (재산세 과세 대상 기재된 경우)

분양권이 있는 경우 다른 주택에 대한 비과세는 어떻게 적용하는가?

분양권이 주택 수에 포함되는 경우 다른 주택의 양도세 비과세에 영향을 줄 수밖에 없다. 그렇다면 어떤 식으로 비과세제도가 적용될지 알아보자. 참고로 분양권이 포함된 경우의 주택에 대한 비과세는 입주권을 포함한 경우의 비과세제도와 유사하게 전개되고 있다.

1. 분양권만 1개 있는 경우

분양권만 있는 경우에는 양도세 비과세를 받을 수 없다. 주택으로 보유한 기간이 없기 때문이다. 이에 반해 재건축이나 재개발 등의 사업에서 발생한 조합원입주권은 관리처분계획인가일 전에 주택으로서 2년 보유 등을 한 경우에는 비과세를 적용하고 있다.

구분	분양권	조합원입주권
비과세 적용 여부	불가	가능

2. 주택 보유 중에 분양권을 취득한 경우

주택을 보유 중에 분양권을 취득한 경우가 있다. 이렇게 되면 일시적 2주택이 된다. 이에 현행 세법은 두 가지의 방법으로 비과세를 적용하고 있다.

구분	내용
일시적 2주택	· 종전 주택을 취득한 날부터 1년 이상이 지난 후에 분양권을 취득할 것 · 분양권 당첨일로부터 3년 내에 종전 주택을 양도할 것
일시적 2주택 특례	· 종전 주택을 취득한 날부터 1년 이상이 지난 후에 분양권을 취득할 것 · 분양권 계약일로부터 3년 후에 종전 주택을 양도하는 경우에는 다음의 요건을 충족할 것 1. 분양권에 따라 취득하는 주택이 완성된 후 3년 이내에 그 주택으로 세대전원이 이사하여 1년 이상 계속하여 거주할 것 2. 분양권에 따라 취득하는 주택이 완성되기 전 또는 완성된 후 3년 (2023년 1월 12일 전은 2년) 이내에 종전의 주택을 양도할 것

3. 분양권 보유 중에 대체 주택을 취득한 경우

재건축·재개발 사업에서는 다음과 같은 요건을 갖춘 대체 주택에 대해서는 비과세를 적용하고 있다. 하지만 분양권의 경우에는 이 규정을 적용할 이유가 없다.

• 사업시행인가일 기준 1주택(일시적 2주택 포함)자일 것
• 사업시행인가일 이후에 대체 주택을 구입할 것
• 대체 주택에서 1년 이상 연속해서 거주할 것
• 종전 주택은 주택이 완공된 날로부터 3년(2023년 1월 12일 전은 2년) 내에 양도할 것
• 완공 주택으로 3년 내에 분양주택으로 전 세대원이 전입할 것
• 완공 주택에서 1년 이상 거주할 것

4. 분양권을 보유 중에 주택을 취득한 경우

분양권을 보유 중에 주택을 취득한 경우에는 다음과 같은 세금관계가 형성된다.

1) 먼저 분양권을 양도하는 경우
분양권은 비과세를 받을 수 없다.

2) 주택을 먼저 양도하는 경우
2021년 이후 취득한 분양권도 주택에 해당하므로 나중에 구입한 주택은 비과세를 받을 수 없다. 따라서 이 경우에는 둘 중 한 채를 과세로 처분한 후에 나중에 취득한 주택을 1세대 1주택으로 양도하면 비과세를 받을 수 있다.

3) 분양권을 먼저 양도한 후에 주택을 양도하는 경우
이 경우 남은 주택이 1세대 1주택에 해당하고 2년 보유 등의 요건을 충족하면 비과세를 받을 수 있다. 참고로 다주택자가 처분을 통해 비과세를 받을 때 적용되던 최종 1주택에 대한 보유기간 리셋제도는 2022년 5월 10일부터 폐지되었다.

5. 적용 사례

사례를 통해 앞의 내용을 확인해보자.

Q A씨가 보유하고 있는 주택을 양도하면 비과세를 받을 수 있는가?

그렇다. 해당 분양권은 2021년 전에 취득해 주택 수에 포함되지 않아 1세대 1주택에 해당하기 때문이다.

Q 만일 다른 주택을 취득해 일시적 2주택이 되면 비과세를 받을 수 있는가?

그렇다. 이 경우 분양권이 주택 수에 포함되지 않기 때문이다.

Q 만일 위 분양권이 2021년 이후에 계약한 경우라면 앞의 내용들에는 변화가 있는가?

그렇다. 2021년 이후에 취득한 분양권은 주택 수에 포함되기 때문이다.

Q 1분양권만 보유한 상태에서 이를 양도하면 양도세 비과세를 받을 수 있는가?

분양권 상태에서 이를 양도하면 주택으로서 보유기간이 없기 때문에 비과세를 받을 수 없고 무조건 과세가 된다. 참고로 무주택자가 1분양권만을 가지고 있는 경우에는 향후 잔금을 치르게 되면 1세대 1주택이 된다. 따라서 이날을 기준으로 2년 보유 등 비과세 요건을 갖추면 비과세를 받을 수 있다.

Q 1주택자가 2021년 이후에 분양권을 취득했다고 하자. 이때 분양권이 주택으로 완공되면 이 주택으로 이사를 가려고 한다. 이 경우 종전 주택은 언제까지 양도해야 비과세를 받을 수 있는가?

원래 분양권 취득일로부터 3년 내에 종전 주택을 양도해야 비과세를 받을 수 있지만, 앞과 같이 완공주택으로 이사할 경우에는 분양권 취득일로부터 3년 내에 종전 주택을 처분할 수가 없다. 그래서 세법은 이에 대한 특례를 두어 완공주택으로 3년 내에 이사하고, 완공일로부터 3년 내에 종전 주택을 양도하면 비과세를 적용해준다.

Q 바로 위의 물음에서 종전 주택은 주택이 완공되기 전에 양도해도 비과세가 적용되는가?

그렇다. 완공 전은 물론이고 완공된 경우 완공일로부터 3년 내에 양도하면 된다.

Q 2주택자가 2021년 이후에 1분양권을 취득한 경우 주택에 대해 비과세가 성립하는가? 비과세가 성립되지 않으면 한 주택을 정리해 일시적 2주택으로 만들면 비과세가 성립하는가?

아니다. 이 경우에는 3주택자가 된다. 따라서 과세가 되는 것이 원칙이다. 그런데 이 같은 상황에서 다른 주택이나 분양권을 양도한 후에 일시적 2주택이 된 경우에는 비과세의 가능성이 있다.

분양권이 있는 경우 다른 주택에 대한 양도세 중과세는 어떻게 판단하는가?

분양권이 주택 수에 포함되면 비과세는 물론이고 중과세에도 영향을 미친다. 그렇다면 분양권이 있는 다른 주택에 대한 중과세는 어떻게 작동할까? 참고로 양도세 중과세제도가 폐지되면 다음의 내용은 보지 않아도 문제가 없다. 물론 양도 시점에 중과세가 적용되는 주택을 2년 이상 보유했거나 비조정지역 내의 주택에 해당하는 경우에도 중과세 판단을 할 필요는 없다. 이때에는 중과세 제도 자체가 적용되지 않기 때문이다.

1. 중과세제도의 작동원리

현행 주택에 대한 중과세제도는 다주택자가 조정지역 내의 주택을 양도할 때 작동된다. 그런데 무조건 다주택을 보유하고 있다고 해서 이를 적용하는 것이 아니라, 다음처럼 ①에서 ②를 차감한 ③의 주택 수가 적어도 2주택 이상이 되어야 중과세를 적용한다.

① 총주택 수	② 총주택 수에서 제외되는 주택	③ 중과세 대상 주택 수
· 모든 주택(감면주택 포함) · 부동산 매매사업자의 재고주택(신축판매사업자는 제외) · 주택임대사업자의 임대주택 · 오피스텔(주거용) · 조합원입주권 · 분양권(2021년 이후)	· 수도권·세종시·광역시의 읍·면지역, 기타 도내의 기준시가(권리가액, 분양가액) 3억 원 이하의 주택, 조합원입주권, 분양권	최소 2주택 이상

규제지역(서울, 수도권, 세종시, 광역시) 내에서 보유하고 있는 분양권은 무조건 주택 수에 포함되지만, 비규제지역은 분양권의 공급가액이 3억 원을 초과해야 중과세 판단 시 주택 수에 포함된다. 결국 이러한 판단을 거쳐 중과세를 적용하기 위해 필요한 최소한의 주택 수(2채 이상)를 추출한다. 따라서 그 주택 수가 1채 이하가 되면 중과세 제도가 작동하지 않는다. 예를 들어 지방의 저가 주택 10채와 서울의 고가주택 1채가 있다면 중과세 적용을 위한 주택 수가 1채가 되어 이 경우 중과세 제도를 적용하지 않는다.

2. 조합원입주권을 주택 수에 포함하는 기준

1) 원칙

조합원입주권은 가격과 관계없이 무조건 다른 주택의 중과세 판단 시 주택 수에 포함하는 것이 원칙이다.

2) 예외

수도권·세종시·광역시의 읍·면지역, 기타 도내의 기준시가 3억 원 이하의 조합원입주권은 주택 수에서 제외한다. 이때 3억 원 기준은 다음의 날을 기준으로 한다.

3. 분양권을 중과세 주택 수에 포함하는 원리

1) 원칙

분양권도 가격과 관계없이 무조건 다른 주택의 중과세 판단 시 주택 수에 포함하는 것이 원칙이다.

2) 예외

조합원입주권처럼 비규제지역의 분양권은 분양가격이 3억 원 이하인 경우에는 주택 수에서 제외된다.

4. 적용 사례

사례를 통해 앞의 내용을 확인해보자.

> **자료**
> · A씨는 2020년에 취득한 분양권을 보유 중에 있음.
> · 현재 일시적 2주택을 보유하고 있음.

Q 이러한 상황에서 A씨는 일시적 2주택으로 비과세를 받을 수 있는가?

2021년 전에 취득한 분양권은 주택 수에서 제외되므로 다른 주택의 비과세 판단에 영향을 주지 않는다.

Q 앞의 분양권은 2021년에 취득한 것이다. 이 경우 일시적 2주택 비과세를 받을 수 있는가?

주택 수가 3채가 되어 비과세를 받지 못할 가능성이 높다.

Q 앞의 상황에서 일시적 2주택 비과세를 받을 수 없다면 중과세를 적용받는가?

받을 수도 있고 받지 않을 수도 있다. 분양권이 중과세 판단 시 주택 수에서 제외되면 중과세는 적용되지 않기 때문이다.

Q 분양권이 주택 수에 포함되면 다른 주택의 양도세 과세방식에 영향을 줄 수 있다. 그렇다면 반대로 분양권 보유 상태에서 주택을 취득하면 분양권 양도세 과세방식에 영향을 주는가?

분양권을 양도하면 영향을 미치지 않는다. 분양권은 1년 미만 보유하면 70%(1년 이상은 60%)의 세율이 별도로 적용되기 때문이다. 다만, 분양권이 주택으로 완공된 경우에는 주택에 대한 양도세 세제가 적용되므로 이때에는 양도세 과세방식에 영향을 미칠 수 있다.

분양권이 주택으로 완공된 경우 거주요건은?

분양권을 가지고 있는 경우 1주택자의 관점에서 유의할 것이 하나 더 있다. 그것은 다름 아닌 해당 주택을 1세대 1주택으로 비과세를 받기 위해 거주해야 하는가 하는 것이다. 이러한 거주요건은 주로 조정지역 내에서 주택을 취득할 때 적용되는 제도에 해당한다.

1. 2017년 8월 3일 전에 분양계약을 체결한 경우

1세대 1주택 비과세의 요건 중 하나인 거주요건은 2017년 8월 3일 이후부터 적용된다. 따라서 이날 이후에 조정지역 내에서 주택을 취득한 경우에는 2년 이상 거주한 후에 양도해야 비과세를 받을 수 있다.

그런데 이날 이전에 무주택자가 분양계약을 체결한 경우에는 거주요건을 적용하지 않는다. 다음 부칙을 참조하기 바란다.

> ### ※ 소득세법 시행령 부칙[대통령령 제28293호]
>
> 제2조【1세대 1주택 비과세 요건에 관한 적용례 등】
>
> ① 제154조 제1항·제2항 및 같은 조 제8항 제3호의 개정규정은 이 영 시행 이후 양도하는 분부터 적용한다.
>
> ② 다음 각 호의 어느 하나에 해당하는 주택에 대해서는 제154조 제1항·제2항 및 같은 조 제8항 제3호의 개정규정 및 이 조 제1항에도 불구하고 종전의 규정에 따른다.
>
> 1. 2017년 8월 2일 이전에 취득한 주택
> 2. 2017년 8월 2일 이전에 매매계약을 체결하고 계약금을 지급한 사실이 증빙서류에 의하여 확인되는 주택(해당 주택의 거주자가 속한 1세대가 계약금 지급일 현재 주택을 보유하지 아니하는 경우로 한정한다)
> 3. 2017년 8월 3일 이후 취득하여 이 영 시행 전에 양도한 주택

2. 분양계약 후에 조정지역으로 고시되거나 해제된 경우

1) 분양계약 체결 후 조정지역으로 고시된 경우

분양계약을 체결할 때에는 조정지역이 아니었으나 그 이후에 지정된 경우에는 거주요건이 적용되지 않는다. 다만, 이 경우에도 분양계약 당시에 '무주택 세대'에 해당되어야 한다.

2) 분양계약 체결 후 조정지역에서 해제된 경우

거주요건은 취득일, 즉 '잔금일' 현재를 기준으로 적용하므로 계약 당시에는 조정지역이었으나 잔금지급 시에 조정지역에서 해제된 경우에는 이 요건이 적용되지 않는다. 그런데 잔금지급 후에 조정지역에서 해제된 경우에는 이 요건이 적용됨에 유의해야 한다. 거주요건은 취득일(잔금일) 현재를 기준으로 판단하기 때문이다. 최근 서울 강남구 등 일부 지역만 제외하고 대부분 지역이 조정지역에서 해제되었으므로 이러한 일들이 자주 목격될 가능성이 높다. 주의하기 바란다.

3. 적용 사례

사례를 통해 앞의 내용을 확인해보자.

> **자료**
>
> A씨는 분양권을 보유하고 있음.

Q **A씨는 무주택자에 해당한다고 하자. 만일 이 주택이 완공된 경우 비과세를 받을 때 거주요건이 있는가?**

상황에 따라 다르다. 만일 분양권을 계약할 당시에 해당지역이 조정지역에 해당하면 2년 거주요건이 있다.

Q **만일 분양계약 당시에는 조정지역이 아니었다. 그런데 이후 조정지역으로 지정되면 거주요건을 충족해야 비과세를 받는가?**

아니다. 조정지역으로 지정되기 전에 무주택자가 계약한 경우에는 거주요건을 충족할 필요가 없다.

Q **이 분양권은 2017년 8월 3일 거주요건이 적용되는 시기 전에 계약한 것이다. 이 경우에도 거주요건이 적용되는가?**

원칙적으로 그렇다. 다만, 해당 분양권 계약 당시에 무주택자인 경우에 한해 거주요건을 적용하지 않는다.

심층분석 1 분양권이 주택으로 바뀌는 과정에서 주의할 점들

분양권이 주택으로 바뀌는 시점은 잔금 지급일이다. 그런데 이 권리가 부동산으로 바뀌면서 알아둬야 할 것들이 몇 가지가 있다.

1. 일반분양자의 취득세

일반분양자는 새 주택의 잔금 지급일에 맞추어 취득세를 내게 된다. 취득세는 잔금 지급일부터 60일 안에 등기하고 납부한다. 취득세율은 1~3%가 기본이 된다. 다만, 분양계약일 당시의 주택 수에 따라 8~12%의 세율 적용도 가능하다.

2. 일반분양 주택의 취득가액

일반분양 주택에 당첨된 후 중도금과 잔금을 지급한 사람에게는 분양가가 바로 취득가액이다. 그런데 중도에 프리미엄을 주고 분양권을 매입한 사람은 분양가액에 프리미엄을 합한 금액을 취득가액으로 하도록 하고 있다. 프리미엄은 매매계약서와 대금 영수증에 의해 입증되므로 관련 서류를 보관해야 한다.

- 프리미엄이 없는 경우의 취득가액→분양가액
- 프리미엄이 있는 경우의 취득가액→분양가액+프리미엄

3. 일반분양자의 비과세 판정을 위한 보유기간 산정

일반분양자의 보유기간은 새 아파트의 취득일부터 따진다. 분양권

보유기간은 인정이 되지 않는 것이다. 여기서 보유기간은 분양권의 잔금청산일로부터 주택 양도일까지의 기간으로 한다. 만일 보유기간을 잘못 판단해 양도하면 세금손실이 발생한다. 보유기간에 따른 세율변화(현행 세율 기준)를 보자. 단, 이 물건은 중과세 대상이 아니라고 하자.

- 잔금청산일로부터 1년 내에 양도하면→70%의 세율이 적용된다.
- 잔금청산일로부터 1~2년 내에 양도하면→60%의 세율이 적용된다.
- 잔금청산일로부터 2~3년 내에 양도하면→기본세율이 적용된다.
- 잔금청산일로부터 2년을 경과해서 양도하면→비과세도 가능하다.

4. 일반분양자의 일시적 2주택 비과세 판정

2021년 이후 취득한 분양권을 포함해 주택의 보유 상태에서 일시적 2주택 비과세는 다양한 형태로 받을 수 있다. 구체적으로 '선주택→후분양권'인 경우, 분양권 취득일로부터 3년 내 또는 분양주택 완공일로부터 3년 내에 종전 주택을 양도하면 비과세가 가능하다. 다만, '선분양권→후주택'인 상태에서 분양권이 주택으로 완공된 후에는 먼저 양도한 주택은 양도세를 내야 한다(기재부 재산세제과-37, 2020. 1. 14). 분양권(2개 이상의 분양권 포함)이 포함된 경우 일시적 2주택의 비과세 판단은 상당히 난해할 수 있으므로 저자 등과 상의하는 것이 좋을 것으로 보인다.

> **Tip** 　　　　　　　　　**분양권을 증여하는 경우**
>
> 분양권을 증여하는 경우 부채를 포함해 증여를 하게 되면 부담부 증여에 해당되어 부채에 대해서는 양도세가 나올 수 있다. 주의하기 바란다.

심층분석 2   **분양권과 조합원입주권의 비교**

1. 분양권과 조합원입주권의 비교

분양권은 주택 청약제도에 의해 생성이 되며, 조합원입주권은 주택 재건축 또는 재개발 사업과정에서 조합원 자격에 의해 생성이 된다. 이를 비교하면 다음과 같다(조합원입주권은 원조합원의 경우를 말함).

구분	분양권	조합원입주권
생성방법	주택법 등에 의한 청약제도	조합원 자격 취득으로 발생
양도세 비과세 여부	불가능	가능
양도세 중과세제도 적용 여부	적용되지 않음.	좌동
보유기간 산정방법	분양권 취득일~양도일	구주택 취득일~양도일
주택 수에 포함 여부	2021. 1. 1 이후 취득분부터 포함	종전부터 주택 수에 포함
신축주택 취득시기	잔금청산일	완공일
취득세 부과기준	분양가액×1~12% 원칙	공사원가×2.8%
신축주택에 대한 비과세 산정방법	잔금청산일을 기준으로 보유기간을 산정함.	구주택취득일~신주택 양도일을 기준으로 보유기간을 산정함.

분양권은 양도세 비과세가 적용되지 않는다. 사실상 주택으로서 기능을 하고 있지 않기 때문이다. 하지만 조합원이 가지고 있는 조합원입주권은 보유기간 중 주택의 기능을 하고 있었기 때문에 비과세를 받을 수 있도록 하고 있다. 한편 분양권에 의한 신축주택의 취득일은 잔금청산일이나 조합원입주권은 완공일을 기준으로 한다. 분양권은 유상승계 취득의 개념이 조합원입주권은 원시취득의 개념이 적용되기 때문이다.

Q K씨는 1주택을 보유하고 있다. 그는 최근 분양권 1개를 계약했다. K 씨는 언제 주택을 양도하면 비과세를 받을 수 있을까?

분양권은 단순한 권리다. 따라서 분양권 상태에서 1주택을 양도하면 언제든지 비과세를 받을 수 있다. 만일 주택이 완공되는 경우에는 잔금청산일로부터 3년 내 기존 주택을 양도하면 비과세를 받을 수 있다. 다만, 2021년 1월 1일 이후 취득한 분양권은 주택 수에 포함되므로 다른 주택의 과세판단에 영향을 주게 된다.

Q K씨는 1주택을 보유하고 있다. 그는 최근 조합원입주권 1개를 구입했다. K씨는 언제 주택을 양도하면 비과세를 받을 수 있을까?

조합원입주권은 앞의 분양권과는 달리 거의 주택과 유사하다. 그래서 현행세법에서는 조합원입주권 구입일로부터 3년 내에 기존 주택을 양도하면 비과세를 적용한다. 다만, 조합원입주권을 취득한 목적이 완공된 주택으로 이사를 가는 실수요목적인 경우에는 비과세기한을 연장해 완공일로부터 3년 내에 양도하면 특별히 비과세를 허용한다(단, 기존 주택에 거주하고 있는 세대원들이 모두 완공된 주택으로 완공일로부터 3년 내 이사를 해야 하고, 그 완공된 주택에서 1년 이상 거주를 해야 하는 조건이 추가된다).

Q 원조합원이 완공된 주택을 양도하는 경우 비과세요건은 어떻게 판정할까?

이 경우 다음과 같이 판단한다.

- 보유요건→구주택 보유기간+공사기간+새 주택 보유기간
- 거주요건→구주택 거주기간+새 주택 거주기간

Q 원조합원이 가지고 있는 조합원입주권을 승계취득했다. 이러한 조합원들을 승계조합원이라고 하는데 이들은 어떻게 보유기간을 정할까?

- 보유요건→새 주택 보유기간
- 거주요건→새 주택 거주기간

원조합원은 종전 주택과 공사기간 그리고 새 주택의 보유기간을 합산하지만, 승계조합원은 완공일로부터 그리고 일반분양자는 잔금지급일로부터 보유기간을 산정한다. 보유기간을 어떻게 따지느냐에 따라 비과세나 세율 적용 등에서 차이가 나기 때문에 상당히 중요한 내용이 된다.

2. 분양권과 조합원입주권 양도 시의 세금

먼저 분양권을 양도하면 실거래가를 기준으로 계산된 양도차익에서 기본공제(연간 250만 원)를 적용한 금액에 대해 세율을 적용한다. 조합원입주권은 비과세를 받지 못하면 과세가 되는데 분양권과는 다르게 과세된다. 이를 비교하면 다음과 같다.

구분		분양권	조합원입주권	
			비과세	과세
양도세	양도가액			
	(-) 필요경비 취득가액 기타필요경비			
	(=) 양도차익		실거래 양도가액이 12억 원을 초과하면 일부 과세됨.	기존 부동산의 양도차익과 그 이후의 양도차익을 안분해야 함.
	(-)장기보유특별공제	적용배제		기존 부동산 양도차익에 대해서만 공제됨.
	(=) 양도소득금액			
	(-) 기본공제			

구분		분양권	조합원입주권	
			비과세	과세
양도세	(=) 과세표준			
	(×) 세율	단일세율		일반세율(중과세율은 적용되지 않음)
	(=) 산출세액			

조합원입주권이 과세되는 경우에는 양도차익을 기존 부동산에서 발생한 것과 그 이후 권리상태에서 발생한 것으로 나눈다는 사실에 주의해야 한다. 이렇게 나눈 이유는 현행 세법이 장기보유특별공제를 부동산에 대해서만 적용하도록 하고 있기 때문이다. 양도차익은 다음과 같이 구분한다. 단, 청산금을 지급하는 경우를 보자.

① 권리에서 발생한 양도차익=조합원입주권 양도가액-(권리가액+청산금)-기타필요경비
  여기서 권리가액은 종전 부동산에 대한 평가액 정도가 된다.
② 부동산에서 발생한 양도차익=전체 양도차익-①(=권리가액-기존 부동산의 취득가액-기타필요경비)

Q K씨는 최근에 조합원입주권을 양도했다. 양도가액은 4억 원이며 권리가액은 2억 원 그리고 청산금은 5,000만 원이었다. 기존 부동산에서 발생한 양도차익은 얼마인가? 단, 당초 취득가액은 1억 5,000만 원이라고 하자.

전체 양도차익은 2억 원이다. 양도가액 4억 원에서 취득가액 1억 5,000만 원과 청산금 5,000만 원을 차감한 결과다. 그런데 이 조합원입주권이 과세되는 경우 양도차익을 기존 부동산에서 나온 것과 그 이후에 나온 것을 구분해야 한다. 장기보유특별공제법이 달라지기 때문이다.

① 권리에서 발생한 양도차익=조합원입주권 양도가액-(권리가액+청산금)-기타필요경비=4억 원-(권리가액 2억 원+청산금 5,000만 원)-0원=1억 5,000만 원
② 부동산에서 발생한 양도차익=전체 양도차익-①=2억 원-①=5,000만 원

②에 대해서는 기존 부동산 취득일부터 관리처분계획인가일까지의 기간에 맞는 장기보유특별공제율을 적용한다.

🔖 재건축이나 재개발 등과 관련된 세무처리법은 저자의《재건축·재개발 세무 가이드북》을 참조하기 바란다.

제7장

임대주택의
세제
완전 분석

주택임대등록제도
어떻게 바뀌었을까?

관할 지방자치단체와 관할 세무서에 동시 등록하면 각종 세제혜택을 받을 수 있는 주택임대등록제도가 사실상 2020년 7월 11일부로 폐지되었다. 이날부로 사실상 세제혜택이 사라지고 아파트의 경우 더 이상 등록이 불가해졌기 때문이다. 한편 기등록자는 의무임대기간이 경과하면 자동적으로 등록이 말소된다. 이 외에도 본인의 희망에 따라 언제든지 등록말소를 할 수 있다. 이러한 등록제도의 변화는 당연히 세제에도 영향을 주게 되는데, 지금부터 이러한 관점에서 세제의 변화에 대해 알아보자.

> ※ 저자 주
> 개정 민간임대주택법은 2020년 8월 4일 국회통과 후 2020년 8월 18일부터 시행되고 있다. 이에 반해 세법은 이와 관련해 대책이 발표된 날(2020년 7월 10일) 후부터는 개정된 세제를 적용한다. 따라서 8월 18일 전까지는 아파트도 등록이 가능하나 7월 11일 이후에는 세제혜택을 받을 수 없다. 이 책은 이러한 관점에서 대책발표일인 7월 10일 전과 후를 구분해 내용을 전개하고 있다.

1. 신규 임대등록제도

1) 단기임대(4년) 및 아파트 장기일반 매입임대(8년) 폐지

2020년 7월 11일 이후부터 신규 임대등록제도가 다음과 같이 변경되었다.

- (단기임대) 신규 등록을 폐지하고, 신규 등록 효과와 유사한 단기임대의 장기임대(8년) 전환은 불허
- (장기임대) 신규 등록을 원칙적으로 허용하되, 장기일반 유형 중 주택 시장 과열요인이 될 수 있는 아파트 장기일반 매입임대는 폐지

🔼 이로 인해 아파트(도시형 생활주택은 제외) 외 다세대주택, 다가구주택, 오피스텔 정도만 등록이 가능하게 되었다. 참고로 최근 정부는 아파트를 제외한 소형주택(60㎡, 6억·3억 원 이하)을 취득해 6년 단기로 임대등록하면 주택 수에서 제외할 것이라고 한다. 34페이지를 참조하기 바란다.

2) 신규 등록임대주택 최소 의무임대기간 연장

등록임대주택에 거주하는 임차인의 장기간 안정적 거주가 가능한 환경을 조성하고자 의무임대기간을 연장한다(8→10년 이상).

🔼 다세대주택이나 다가구주택 등을 10년 장기로 임대등록한 경우에는 거주주택 비과세, 중과세 제외, 종부세 합산배제 등의 혜택을 받을 수 있다. 다만, 2018년 9월 14일 이후에 조정지역에서 취득하거나 증여받은 주택을 임대등록한 경우에는 양도세 중과세를 적용하고 종부세 합산배제를 적용하지 않는다. 물론 조정지역에서 해제되면 이 같은 규정을 적용하지 않는다. 이러한 내용은 향후 6년 단기임대제도가 도입된 경우에도 그대로 적용될 것으로 보인다.

2. 기존 임대등록제도

1) 최소 의무임대기간 종료 시 자동 등록말소

2020년 7월 11일부터 모든 단기임대주택과 장기임대주택 중 아파트에 한해 의무임대기간이 경과하면 등록이 자동말소된다.

구분	자동말소	비고
4년 단기	4년 경과 시 자동말소	
8년 장기	8년 경과 시 자동말소	단, 아파트만 해당

☑ 4년 및 8년 의무임대기간이 경과하면 자동말소가 되므로 세제에 많은 영향을 준다(10년 장기는 자동말소 불가). 이에 대해서는 다음에서 별도로 검토하자.

2) 등록 임대사업자 자발적 등록말소 기회 부여

의무임대기간이 종료되기 전이라도 언제든지 자진말소를 신청할 수 있다(단, 10년 장기는 자진말소 불가). 이 경우 의무임대기간 미충족에 따른 과태료(3,000만 원)는 면제한다.

구분	자진말소	비고
4년 단기	4년 경과 전에 자진말소 가능	
8년 장기	8년 경과 전에 자진말소 가능	단, 아파트만 해당

☑ 참고로 거주주택 비과세 등을 받기 위해서는 의무임대기간의 1/2 이상 임대한 상태에서 임차인의 동의를 얻어 말소신청을 해야 한다. 참고로 최근 10년 이상의 장기임대(2025년 6년 단기임대 포함)의 주택은 자진말소를 할 수 없음에 유의해야 한다(자동말소도 되지 않음).

| Tip | 주택임대사업자 주요 세제혜택 |

구분	세금종류	내용
국세	양도세	· 장기보유특별공제율 특례 적용(2021년 이후 건설임대주택에 한함) 　– (8년 이상) 50%, (10년 이상) 70% · 양도세율 중과배제 　– 조정지역 내 주택 양도 시 적용되는 중과세율 대상에서 제외(기본 　세율+20%p(2주택), 30%p(3주택 이상)) 　* 2018년 9·13대책 이후, 조정지역 내 신규 취득주택 제외(조정 　지역 해제 시는 중과배제 가능) · 사업자 본인 거주주택 양도세 비과세(단, 생애 1회)
	임대소득세	· 경감 : (단기) 30%, (장기) 75%(2주택 이상은 20%, 50%)
	종부세	· 종부세 합산배제 　– 종부세 과세표준 주택 합산대상에서 제외 　* 2018년 9·13대책 이후 조정지역 내 신규 취득주택 제외(조정 　지역 해제 시는 합산배제 가능)
지방세	취득세	· 감면 　– 전용면적 60~85m² 이하 : 50% 　– 전용면적 60m² 이하 : 100%
	재산세	· 감면(전용면적 85m² 이하) 　– (단기) 60~85m² 이하 25%, 60m² 이하 50% 　– (장기) 60~85m² 이하 50%, 40~60m² 75%, 40m² 이하 100%

※ 저자 주

현재 4년 단기임대와 8년 장기임대 중 아파트에 한해 자동말소와 자진말소제도가 시행되고 있다. 이 중 자동말소의 경우에는 민간임대주택법에 따라 의무임대기간 4년 등이 경과하면 자동으로 말소되므로 그에 따른 세제의 변화를 쉽게 이해할 수 있으나, 자진말소는 본인이 신청한다는 관점에서 세제의 변화를 이해하기가 힘들 수 있다. 특히 의무임대기간의 1/2 이상을 임대한 상태에서 자진말소가 진행되어야 하는데, 이때 의무임대기간은 무엇을 의미하는지가 중요할 수 있다. 이에 세법은 민간임대주택법상의 의무임대기간을 의미하고 있다. 따라서 이 법에 따른 의무임대기간은 관할 지자체에 등록한 날과 임대개시일 중 늦은 날로 하므로 이 부분을 감안해 자진말소를 신청해야 할 것으로 보인다.

등록말소에 따라 예상되는
세제상의 문제점과 대응책은?

최근 민간임대주택에 관한 특별법(민간임대주택법)의 개정에 따라 대두되고 있는 세법상의 문제점을 검토해보고 이에 대한 대응책을 마련해보자. 그중 첫 번째로 임대등록이 자동말소되는 경우와 자진말소를 하는 경우를 보자. 참고로 향후 아파트에 대해서 자동말소와 자진말소가 중단되면 아래의 내용은 의미가 없어질 것으로 보인다. 참고하기 바란다.

1. 의무임대기간 종료 후 자동말소가 되는 경우

종전 민간임대주택법에서는 임대유형을 4년 단기임대와 8년 장기임대로 구분하고 있다. 이에 국회에서는 2020년 8월 18일 이후부터 최소 의무임대기간이 종료된 임대주택에 대해 4년 단기임대는 무조건, 8년 장기임대의 경우에는 매입아파트에 한해 자동말소가 되도록 법을 개정했다. 이에 따라 주택임대사업자들이 누리던 세제혜택에도 많은 변화가 뒤따랐다. 이를 정리해보자.

1) 4년 단기임대 후 자동말소가 된 경우

① 취득세·재산세·임대소득세 : 이미 받은 세제혜택은 추징하지 않는다.

② 종부세 : 5년 이상 임대해야 종부세를 추징하지 않는다. 하지만 4년 단기임대 자동말소는 부득이한 사유에 해당하므로 종부세를 추징하지 않는다. 다만, 자동말소 후에는 종부세가 과세된다.

③ 양도세 거주주택 비과세

- 기실현자 : 납세의무가 성립한 경우 소급과세 금지원칙이 작동된다. 따라서 4년 자동말소로 거주주택 비과세가 추징되지 않는다.

- 미실현자 : 거주주택 비과세는 평생 1회(2019년 2월 12일 이후 취득분부터 적용) 주어지는데 아직 이 기회를 사용하지 못한 경우 자동말소 후 5년 내 거주주택 양도 시 비과세를 적용한다.

④ 양도세 중과세 적용제외 : 2018년 4월 1일 전 등록자는 최소 5년의 임대기간이 필요하다. 따라서 등록말소에 의해 중과세가 적용될 수 있다. 다만, 민간임대주택법에 따라 자동으로 등록이 말소되면 의무임대기간을 갖출 수가 없으므로 중과세를 적용하지 않는 것이 옳다. 따라서 이러한 주택들은 4년이 지나서 양도하면 중과세를 적용하지 않는다. 4년 임대 후 언제든지 양도해도 중과세를 적용하지 않는다는 점을 확인하기 바란다.

2) 8년 장기임대 후 자동말소가 된 경우

① 취득세·재산세·임대소득세 : 추징 문제는 없다.

② 종부세 추징 : 추징 문제는 없다. 다만, 자동말소 후에는 종부세가 과세된다.

③ 양도세 거주주택 비과세 : 말소 전 양도한 경우 추징 문제는 없다. 단, 말소 후에는 최초 말소일로부터 5년 내에 양도해야 비과세를 받을 수 있다.

④ 양도세 장기보유특별공제 50% : 문제없다. 다만, 10년 임대 시 주

어지는 70%는 받을 수 없다(단, 조특령 제97조의 3 제4항 적용 시 가능).

⑤ 양도세 100% 감면 : 10년 이상 임대를 해야 하는데 8년 자동말소
로 이 요건을 충족하지 못해 해당 감면은 받지 못한다.

2. 의무임대기간 전에 자진말소를 한 경우

이는 최소 의무임대기간 전에 본인의 요청에 따라 등록을 말소하는
제도다. 따라서 자진말소를 원활히 하려면 과태료 면제뿐만 아니라, 각
종 세제혜택을 받은 경우 이에 대한 추징이 없도록 하는 것이 필요하다.
이에 민간임대주택법과 세법에서는 임대료 상한율 5% 준수 등 공적의
무를 이행한 자에 한해 과태료 면제 및 세제지원을 하고 있다.

1) 4년 단기임대 전 자진말소를 한 경우

4년 단기임대 전 자진말소를 한 경우에는 취득세나 재산세 그리고
임대소득세와 종부세는 쟁점이 발생하지 않는다. 기실현된 것들은 추
징 없이 그대로 인정하기 때문이다. 하지만 양도세 거주주택 비과세와
중과세 제외는 실현이 되지 않은 경우가 많아 이에 대해서는 쟁점이 발
생할 수 있다. 이러한 관점에서 다음의 내용을 살펴보자.

① 취득세·재산세·임대소득세 : 추징 문제는 없다.

② 종부세 : 5년 이상 임대를 해야 하므로 추징 가능성이 있다. 하지만
이 기간 내에 자진말소 시 종부세는 추징되지 않는다. 이는 이미 실
현된 종부세 합산배제는 그대로 인정하겠다는 것을 의미한다.

③ 양도세 거주주택 비과세

- 기실현자 : 납세의무가 성립한 경우 소급과세 금지원칙이 작동된
다. 따라서 자진말소 시 거주주택 비과세가 추징되지 않는다. 다

만, 이 경우 최소 의무임대기간(4년)의 1/2(2년) 이상 임대한 경우만 이를 인정함에 유의해야 한다.

4년 전 자진말소	비고(4년 자동말소)
의무임대기간의 1/2(2년) 이상인 경우에 한해 비과세 적용	비과세 적용

- 미실현자 : 거주주택 비과세는 평생 1회 주어지는데 아직 이 기회를 사용하지 못한 경우 자진말소 시 거주주택에 대한 비과세를 다음과 같이 적용한다.

4년 전 자진말소	비고(4년 자동말소)
의무임대기간의 1/2 이상 임대&말소 후 5년 내 거주주택 양도 시 비과세 적용	임대등록 말소[35] 후 5년 내 거주주택 양도 시 비과세 적용

④ 양도세 중과세 적용제외 : 2018년 4월 1일 전 등록자는 최소 5년의 임대기간이 필요하다. 그러나 최소 2년 이상 임대한 후에 자진말소를 한 후 양도하더라도 중과세를 적용하지 않는다. 단, 처분은 말소일로부터 1년 내에 해야 한다. 앞의 거주주택 비과세는 5년이 주어지지만, 중과세 제외는 1년만 주어진다는 차이가 있다. 이는 공급을 늘리기 위한 조치에 해당한다.

4년 전 자진말소	비고(4년 자동말소)
의무임대기간의 1/2 이상&말소 후 1년 내 양도 시 중과세 제외	적용제외(처분기한 없음)

---

35) 2호 이상 임대 시 최초로 등록말소되는 경우를 말한다. 말소된 주택을 먼저 양도한 경우에도 이와 무관하게 최초 말소일을 기준으로 5년 내에 양도해야 거주주택 비과세를 받을 수 있음에 유의해야 한다.

2) 8년 장기임대 전 자진말소를 한 경우

8년 장기임대 전에 자진말소를 한 경우 거주주택 비과세와 중과세 제외 정도에만 관심을 두면 된다.

① 취득세·재산세·임대소득세 : 추징 문제는 없다.

② 종부세 추징 : 추징 문제는 없다. 기실현된 것은 추징하지 않는다.

③ 양도세 거주주택 비과세

- 기실현자 : 자진말소의 경우 최소 의무임대기간의 1/2 이상 임대를 한 경우만 이를 인정함에 유의해야 한다.

8년 전 자진말소	비고(8년 자동말소)
의무임대기간의 1/2(4년) 이상인 경우에 한해 비과세 적용	비과세 적용

- 미실현자 : 거주주택 비과세는 평생 1회 주어지는데 아직 이 기회를 사용하지 못한 경우, 자진말소 시 거주주택에 대한 비과세를 다음과 같이 적용한다.

8년 전 자진말소	비고(8년 자동말소)
의무임대기간의 1/2(4년) 이상 임대&말소 후 5년 내에 거주주택 양도 시 비과세 적용	임대등록 말소[36] 후 5년 내 거주주택 양도 시 비과세 적용

④ 양도세 중과세 적용제외 : 2018년 4월 1일 이후 등록자는 최소 8년의 임대기간이 필요하다. 이 경우 자진말소를 한 경우의 중과세 제외는 다음과 같이 적용한다.

---

36) 2호 이상 임대 시 최초로 등록말소되는 경우를 말한다.

8년 전 자진말소	비고(8년 자동말소)
의무임대기간의 1/2(4년) 이상&말소 후 1년 내에 양도 시 중과세 제외	중과세 적용제외

즉 8년 장기임대의 경우 최소 4년 이상을 임대한 상태에서 자진말
소를 한 후 1년 내에 양도하면 중과세를 적용하지 않는다.

⑤ 양도세 장기보유특별공제 50% : 8년 임대를 하지 못하는 경우에는
50%를 적용받지 못한다.

⑥ 양도세 100% 감면 : 이 제도도 적용받지 못한다.

> **Tip** 등록말소 유형과 세제추징 여부 요약

구분	자동말소	자진말소
취득세 감면	추징 없음. (거주주택은 최초 말소일로부터 5년 내 양도 시 비과세)	추징 없음.
재산세 감면		
종부세 합산배제		
종합소득세 감면		
양도세 거주주택 비과세		추징 없음. (1/2 임대+5년 내 처분)
양도세 중과세 적용제외		추징 없음. (1/2 임대+1년 내 처분)
양도세 50% 장특공 적용		적용배제
양도세 70% 장특공 적용과 감면 (100%)	(적용배제)	

🗝 재등록에 따른 세제의 변화에 대해서는 이 장의 '심층분석'을 참조하기 바란다.

임대사업자의 취득세는
어떻게 바뀌었을까?

    임대사업자가 주택을 취득하면 일단 주택에 대한 취득세를 내야 한다. 그런데 문제는 이들은 다주택자에 해당하므로 취득세율이 최고 12%에 이를 수 있다. 따라서 이러한 세율을 적용받으면 주택임대업을 영위할 수가 없다.

1. 주택임대사업자의 취득세

    주택임대사업자가 주택을 취득하면 다음과 같이 취득세가 나올 수 있다. 지방세법에서는 이들에 대해서는 별도의 특례를 마련하고 있지 않다(취득세에 대한 자세한 내용은 제3장을 참조하기 바란다).

- 총주택 수가 1채인 경우 : 1~3%
- 총주택 수가 2채인 경우 : 8%(단, 일시적 2주택과 비조정지역은 1~3%)
- 총주택 수가 3채인 경우 : 12%(비조정지역은 8%)
- 총주택 수가 4채 이상인 경우 : 12%(비조정지역 포함)

이때 총주택 수에는 임대주택도 포함된다(단, 2024년 이후에 취득한 소형주택은 제외. Tip 참조).

2. 주택임대사업자의 취득세 감면

일정한 조건을 충족한 주택들에 대해서는 앞의 취득세를 감면한다. 다만, 지방세특례제한법 제31조 제2항에서 규정하고 있는 주택에 대해서만 감면을 허용한다. 일단 해당 규정을 살펴보자.

> ② 임대사업자(임대주택의 취득일로부터 60일 내에 임대등록)가 임대할 목적으로 건축주로부터 공동주택 또는 민간임대주택에 관한 특별법 제2조 제1호에 따른 준주택 중 오피스텔을 최초로 분양받은 경우 그 공동주택 또는 오피스텔에 대해서는 다음 각 호에서 정하는 바에 따라 지방세를 2027년 12월 31일까지 감면한다. 다만, 지방세법 제10조의 3에 따른 취득 당시의 가액이 3억 원(수도권정비계획법 제2조 제1호에 따른 수도권은 6억 원으로 한다)을 초과하는 경우에는 감면 대상에서 제외한다(2021. 12. 28 개정).
> 1. 전용면적 60제곱미터 이하인 공동주택 또는 오피스텔을 취득하는 경우에는 취득세를 면제한다(2020. 8. 12 신설)
> 2. 장기임대주택을 20호(戶) 이상 취득하거나, 20호 이상의 장기임대주택을 보유한 임대사업자가 추가로 장기임대주택을 취득하는 경우에는 취득세의 100분의 50을 경감한다(2020. 8. 12 신설)

이 규정을 보면 취득세 감면을 받기 위해서는 신규 공동주택 및 오피스텔은 취득일로부터 60일 내에 관할 지자체에 임대등록을 할 것을 요구하고 있다. 다만, 전용면적이 60㎡ 이하이고 분양가격이 6억 원(지방은 3억 원) 이하에 해당되어야 한다(2020년 8월 18일 이후 아파트는 등록이 불가하므로 취득세 감면이 적용되지 않는다. 다만, 아파트도 등록이 가능해지면 감면이 허용될 것으로 보인다).

3. 신규 등록에 따른 취득세 감면 적용 여부

2020년 8월 18일 이후부터 임대등록제도가 대폭 바뀌었다. 따라서 바뀐 규정에 따라 취득세 감면 여부를 확인해야 한다.

1) 단기로 임대등록을 하고자 하는 경우

단기임대제도는 폐지되었으므로 앞으로 취득세 감면은 받을 수 없다. 참고로 2025년 6월 중에 6년 단기임대가 도입되나, 이의 적용 대상은 기축 소형주택에 한하므로 취득세 감면은 적용되지 않을 것으로 보인다. 만일 신축 소형주택을 임대등록해 취득세 감면을 받기 위해서는 10년 이상 장기임대를 해야 할 것으로 보인다. 취득세 감면을 받고자 할 때에는 반드시 이 점을 사전에 확인하기 바란다.

2) 장기로 임대등록을 하고자 하는 경우

아파트(매입에 한함)를 장기로 임대등록하는 제도는 폐지되었으므로 이에 대해서는 취득세 감면을 받을 수 없다. 다만, 다세대주택(빌라)이나 주거용 오피스텔은 예외적으로 등록이 가능하므로 이들의 경우에는 다음처럼 10년 이상 장기임대등록 시 감면을 받을 수 있다. 단, 신규 공동주택만 감면이 가능하다. 참고로 최근 수도권은 취득가액이 3억 원(수도권 밖은 6억 원) 이하의 요건이 추가되었다.

구분	임대유형	감면율	감면에 필요한 호수
전용면적 60㎡ 이하	장기	100%	1호 이상
전용면적 60~85㎡ 이하	장기	50%	20호 이상

참고로 전용면적 60㎡ 이하의 경우 취득세액이 200만 원을 초과한 경우에는 85% 정도만을 감면받을 수 있다. 감면세액의 15% 정도는 최

소한 내도록 하는 제도가 도입되어 있기 때문이다. 취득가액이 2억 원이 넘는 공동주택이나 주거용 오피스텔이 이에 해당한다.

4. 자동등록말소에 따른 취득세 감면추징

의무임대기간이 끝나면 등록이 자동말소된다. 이 외에 이 기간이 지나기 전에 본인이 희망한 경우에는 등록말소를 요청할 수 있다. 이 경우 감면받은 취득세는 추징될까?

1) 자동말소된 경우

법에서 정한 의무임대기간을 충족한 경우라면 감면받은 취득세는 추징이 되지 않는다.

2) 자진말소의 경우

법에서 정한 의무임대기간을 충족하지 않는 경우라면 감면받은 취득세는 추징되는 것이 원칙이다. 하지만 민간임대주택법 제43조 제4항에 따라 자진말소를 신청해서 말소가 된 경우 이에 대해서는 추징을 하지 않는다(지방세특례제한법 제31조 제3항).

구분		종전		현행(개정)
단기임대 등록제도		없음.		6년 (기축 소형주택에 한함. 단, 아파트 제외)
단기임대 등록 시 주택 수 포함 여부	취득세		포함	제외
	종부세 1주택 특례		포함	제외
	종부세 중과세율 결정		포함	제외
	양도세 거주주택 비과세 특례		포함	제외
	양도세 중과세율 결정		포함	제외
	장기보유특별공제 특례 (50% 등)		2020년 말 종료	관계없음.

2024년 1·10 대책에 따라 소형주택을 6년 단기로 임대등록하면 모든 세목에서 주택 수에서 제외한다. 따라서 이로 인해 다양한 효과가 발생할 수 있다. 먼저 취득세의 경우 해당 임대주택을 취득하면 1~3%가 적용되며, 거주용 주택 등은 이번에 발표된 주택 수를 빼고 나머지 주택 수를 가지고 세율을 결정하면 될 것으로 보인다. 예를 들어 종전의 임대주택이 3채이고, 이번에 취득한 기축 소형주택이 10채인 상태에서 일반 주택 1채를 추가로 취득하면 총 4주택이 되어 12%가 적용된다는 것이다. 한편 종부세나 양도세의 경우에는 단기임대등록을 하면 모두 주택 수에서 제외되므로 임대사업자로서의 각종 혜택을 받을 수 있을 것으로 보인다. 이에는 대표적으로 종부세 특례, 양도세 거주주택 비과세 등이 해당한다. 다만, 장기보유특별공제 특례(50% 등)는 받기가 힘들 것으로 보인다.

※ 저자 주

앞에서 본 6년 단기임대등록은 민간임대주택법상 2025년 6월 3일 이후부터 시행될 것으로 보인다. 2024년 11월 14일에 개정되고 같은 해 12월 3일에 공포된 날로부터 6개월이 경과한 날로부터 시행하도록 하고 있기 때문이다. 따라서 이에 대한 세제 지원도 이에 맞춰 시행할 것으로 보인다. 구체적인 것은 2025년 2월 시행령 개정을 통해 그 모습을 드러낼 것으로 보인다. 참고하기 바란다.

임대사업자의 종부세 합산배제는
어떻게 바뀌었을까?

임대사업자는 기본적으로 다주택자에 해당한다. 따라서 주택 수가 많으면 종부세가 많이 나올 수 있다. 종부세법은 주택임대사업을 원활히 해주기 위해 일정한 요건을 갖춘 주택들에 대해서는 합산배제를 해주고 있다. 하지만 최근 이에 대한 제도의 개정으로 종부세 합산배제를 받지 못하는 일들이 많아져 상황에 따라서는 종부세 부담이 매우 커질 것으로 보인다. 예를 들어 임대주택이 자동말소가 된 상태에서 보유하고 있다면 이에 대해서는 더 이상 종부세 합산배제가 적용되지 않는다. 그렇게 되면 당연히 종부세가 나올 가능성이 크다. 따라서 주택임대사업자들은 주택 수 조절을 최대한 할 필요가 있다.

1. 주택임대사업자의 종부세 과세

주택임대사업자가 보유한 주택도 원칙적으로 종부세 과세 대상이 된다. 다만, 제한적으로 요건을 갖춘 주택에 한해 종부세 합산배제를 해주고 있다.

2. 주택임대사업자의 종부세 합산배제

종부세는 개인별로 합산해 과세하므로 전국의 모든 주택들의 기준시가를 합산해 과세하는 방식을 취하고 있다. 따라서 종부세가 과세되지 않기 위해서는 세법에서 정하고 있는 합산배제 주택에 해당되어야 한다.

구분	매입임대주택	건설임대주택
임대등록(지자체)	필요함.	좌동
사업자등록(세무서)	필요함.	좌동
주택 수	1호 이상	2호 이상
면적	없음.	149㎡ 이하
기준시가	6억 원 이하 (지방은 3억 원 이하)	9억 원 (2020년 등록분은 6억 원) 이하
의무임대기간	· 5년 · 8년(2018. 4. 1 이후) · 10년(2020. 7. 11 이후)	좌동
임대료 5% 증액제한	적용(2019. 2. 12 이후 계약체결 또는 갱신분)	좌동
합산배제 미적용	2018. 9. 14 이후 조정지역 내 취득분 (조정지역 해제 시는 합산배제 가능)	제한 없음.

3. 신규 등록에 따른 종부세 합산배제 적용 여부

2020년 8월 18일 이후부터 임대등록제도가 대폭 바뀌었다. 따라서 바뀐 규정에 따라 종부세 합산배제 여부를 확인해야 한다.

1) 단기로 임대등록을 하고자 하는 경우

단기임대제도는 폐지되었으므로 종부세 합산배제를 받을 수 없다(단, 2025년 6월 중에 6년 단기임대등록제도가 신설될 예정이다).

2) 장기로 임대등록을 하고자 하는 경우

① 매입임대주택

아파트를 제외한 나머지 주택들은 종부세 합산배제를 받을 수 있다. 하지만 2018년 9월 14일 이후 조정지역 내에서 주택을 취득(유상 및 무상)한 후 이를 임대등록한 경우에는 합산배제를 적용받을 수 없다. 주의하기 바란다(다만, 조정지역에서 해제된 경우에는 합산배제가 가능하다).

② 건설임대주택

건설임대주택은 매입임대와 달리 세제혜택을 계속적으로 받을 수 있다.

4. 자동등록말소에 따른 종부세 추징

1) 자동말소된 경우

법에서 정한 의무임대기간(5년, 8년)을 충족한 경우라면 감면받은 종부세는 추징이 되지 않는다. 하지만 자동말소된 이후에는 다른 주택에 합산되어 종부세가 나올 수 있음에 유의해야 한다.

2) 말소를 희망한 경우

법에서 정한 의무임대기간 전에 자진말소를 한 경우에는 기실현된 종부세 합산배제는 추징을 하지 않는다.

민간임대주택법에 따라 임대의무기간이 종료되어 자동말소가 되거나 이 법과 세법에 따라 임대의무기간 전에 자진말소를 한 경우에는 더 이상 주택임대사업자가 아니다. 따라서 말소 후에 장기임대주택을 임대하지 않거나 임대료를 5% 초과해 올리거나 심지어 사업자등록을 폐지한 경우에도 이를 문제 삼지 않는다. 따라서 말소 전에 요건을 충족한 임대주택에 대해서는 양도세 중과세 배제를 받을 수 있고, 거주주택에 대한 양도세 비과세도 받을 수 있다(기획재정부재산-151, 2022. 01. 24 참조).

※ 저자 주

임대등록이 되어 있는 상태에서 자동말소나 자진말소를 하게 되면 종부세를 과세받게 된다. 특히 개인이 말소된 주택을 포함해 3주택 이상을 보유하게 되면 종부세 중과세의 가능성이 있으므로 처분(양도, 증여 등)을 통해 주택 수를 조절하는 것이 좋을 것으로 보인다. 참고로 자동말소된 주택은 언제든지 처분해도 중과세를 적용하지 않는 한편, 자진말소한 주택은 말소일로부터 1년 내에 처분해야 중과세를 적용하지 않는다. 다만, 중과세제도가 한시적으로 폐지되면 말소 여부에 관계없이 중과세제도가 적용되지 않는다. 또한 2년 이상 보유한 주택을 양도하면 한시적으로 중과세제도를 적용받지 않을 수 있고, 비조정지역 내의 주택은 등록과 무관하게 언제든지 중과배제를 적용받을 수 있다.

임대사업자의 양도세 중과배제는
어떻게 바뀌었을까?

임대사업자는 기본적으로 다주택자에 해당한다. 따라서 주택 수가 많은 상태에서 주택을 양도하면 양도세 중과세가 나올 수 있다. 하지만 소득세법은 주택임대사업을 원활히 해주기 위해 일정한 요건을 갖춘 주택들에 대해서는 중과세에서 제외해주고 있다. 하지만 최근 이에 대한 제도의 개정으로 인해 양도세 중과세 제외를 받지 못하는 일들이 많아지고 있음에 유의해야 한다.

1. 주택임대사업자의 임대주택 양도세 중과세 적용

다주택자가 임대주택을 양도하면 원칙적으로 양도세 중과세를 적용한다. 다만, 요건을 갖춘 주택에 한해 중과세에서 제외한다(한시적 또는 영구적으로 양도세 중과세제도가 폐지되면 임대주택에 대한 중과세 적용여부를 판단할 필요가 없다).

2. 주택임대사업자의 임대주택 양도세 중과세 제외

양도세 중과세를 적용받지 않기 위해서는 다음과 같은 요건을 충족한 후에 양도해야 한다.

요건	매입임대주택	건설임대주택
임대등록(지자체)	필요함.	좌동
사업자등록(세무서)	필요함.	좌동
주택 수	1호 이상	2호 이상
면적	없음.	149㎡ 이하
기준시가	6억 원 이하(지방은 3억 원 이하)	6억 원 이하
의무임대기간	·5년 ·8년(2018. 4. 1 이후) ·10년(2020. 7. 11 이후)	좌동
임대료 5% 증액제한	적용 (2019. 2. 12 이후 계약체결 또는 갱신분)	좌동
중과배제 미적용	2018. 9. 14 이후 조정지역 내 취득분 (조정지역 해제 시에는 중과배제 가능)	중과배제함.

3. 신규 등록에 따른 양도세 중과세 적용제외 여부

2020년 8월 18일 이후부터 임대등록제도가 대폭 바뀌었다. 따라서 바뀐 규정에 따라 양도세 중과세 적용제외 여부를 확인해야 한다.

1) 단기로 임대등록을 하고자 하는 경우

단기임대제도는 폐지되었으므로 앞으로는 양도세 중과세 제외를 적용받을 수 없다(단, 2024년 1·10 대책에 따라 6년 단기임대등록제도가 신설될 예정이다).

2) 장기로 임대등록을 하고자 하는 경우

① 매입임대주택

아파트를 제외한 나머지 주택들은 양도세 중과세를 적용받지 않을 수 있다. 하지만 2018년 9월 14일 이후 조정지역 내에서 주택을 취득(유상 및 무상)한 후 이를 임대등록한 경우에는 중과세 제외를 적용받을 수 없다. 주의하기 바란다(단, 조정지역에서 해제된 경우에는 무조건 중과세 제외를 적용받을 수 있다).

② 건설임대주택

건설임대주택으로 등록하면 매입임대주택과는 달리 언제든지 중과 배제를 적용받을 수 있다.

4. 자동등록말소에 따른 양도세 중과세 제외

1) 자동말소된 경우

단기임대의 경우 4년이 경과하면 자동으로 임대등록이 말소가 된다. 따라서 이 경우에는 5년이 경과하지 않더라도 중과세를 적용하지 않는다. 8년 장기임대는 자동말소로 인한 양도세 중과세 적용 문제는 없다(참고로 자동말소 후에는 임대료 5% 상한률 준수, 사업자등록 유지의무 등을 지키지 않아도 된다).

2) 말소를 희망한 경우

의무임대기간 내에 자진말소를 한 경우 의무임대기간 중 1/2 이상 임대를 하고, 해당 임대주택을 1년 내에 양도하는 조건하에 중과세를 적용하지 않는다. 다만, 양도 시점에 조정지역에서 해제된 경우에는 언제든지 처분해도 중과세를 적용하지 않는다(2024년 12월 중순 현재 서울 강남·서초·송파·용산구만 조정지역으로 지정되어 있다).

Tip 양도세 중과세폐지가 되는 경우의 임대주택의 중과세제도의 변화

양도세 중과세가 한시적 또는 영구적으로 폐지되면 임대주택에 대해서도 많은 변화가 있을 수 있다. 이를 정리하면 다음과 같다.

구분	내용
한시적 폐지	한시적 중과배제기간 내에 2년 이상 보유한 임대주택을 양도하면 무조건 중과세를 적용하지 않는다. 예) -기준시가가 6억 원 등을 초과한 임대주택 -2018년 9월 14일 이후에 조정지역에서 취득해 임대한 주택 등
영구적 폐지	중과세가 영구적으로 폐지되면 임대주택에 대해서는 중과판정을 할 필요가 없어진다.

↗ 양도세 중과세가 폐지되면 종부세의 합산배제 여부가 관건이 될 것으로 보인다.

임대사업자의 거주주택 비과세는
어떻게 바뀌었을까?

임대사업자는 기본적으로 다주택자에 해당한다. 따라서 본인이 거주하는 주택이든, 임대하는 주택이든 이에 대해서는 양도세 비과세 혜택을 부여할 이유가 없다. 하지만 거주주택에 대해서는 비과세를 해주는 것이 임대업을 원활히 영위할 수 있다고 보아 이에 대해서는 제한적으로 비과세를 해주고 있다. 다만, 최근 임대등록제도가 바뀜에 따라 이 제도에서 다양한 쟁점들이 발생하고 있다. 예를 들어 2020년 8월 18일 이후부터는 10년 장기로 임대한 경우에만 거주주택에 대한 비과세가 적용된다. 따라서 그 이전에 등록을 말소하면 거주주택 비과세가 추징된다. 이러한 점에 유의해 다음의 내용을 살펴보자.

1. 주택임대사업자의 거주주택 비과세

주택임대사업자들은 다음과 같은 요건을 갖춘 상태에서 거주주택을 양도하면 비과세를 받을 수 있다.

구분	내용	비고
임대주택	· 관할 지자체에 민간임대주택으로 등록할 것 · 관할 세무서에 사업자등록을 할 것 · 주택의 기준시가의 합계액이 해당 주택의 임대 개시일 당시 6억 원(수도권 밖은 3억 원)을 초과하지 아니할 것 · 등록 후 5년* 이상 임대할 것	
거주주택	· 1세대 1주택(일시적 2주택 포함)에 해당할 것 · 2년 이상 보유할 것 · 2년 이상 거주[37]할 것	2019년 2월 12일 이후 취득분은 평생 1회만 비과세를 적용함. 단, 이날 현재 거주하고 있는 주택 등은 횟수에서 제외함.

* 2020년 7월 11일~8월 17일까지는 8년, 2020년 8월 18일 이후부터는 10년을 적용한다.

2. 신규 등록에 따른 거주주택 비과세 적용 여부

2020년 7월 11일 이후부터 임대등록제도가 대폭 바뀌었다. 따라서 바뀐 규정에 따라 거주주택 비과세 적용 여부를 확인해야 한다.

1) 단기로 임대등록을 하고자 하는 경우
2020년 8월 18일 이후부터 단기임대제도는 폐지되었으므로 더 이상 거주주택 비과세를 받을 수 없다(단, 2025년 초에 6년 임대등록제도가 신설될 예정임).

2) 장기로 임대등록을 하고자 하는 경우
아파트를 제외한 주택들은 10년 장기로 임대등록이 가능하다. 따라서 이 경우 원칙적으로 2년 후 임대료를 5% 이내에서 올리는 등 거주주택 등에 대한 비과세 요건을 갖추면 거주주택에 대해 비과세를 받을 수 있다. 다만, 이러한 비과세는 평생 1회로 제한을 한다.

---

37) 2년 이상 거주요건은 등록 이전의 것도 인정하며, 양도일 현재 반드시 거주할 필요는 없다.

3. 자동등록말소에 따른 거주주택 비과세 추징

1) 자동말소된 경우

주택임대사업자가 거주주택에 대한 비과세를 받기 위해서는 기본적으로 임대주택은 5년(2020년 8월 18일 이후는 10년) 이상 임대를 해야 한다. 그런데 4년 단기등록으로 인해 자동말소가 되면 5년을 채울 수가 없다. 이에 세법은 기실현된 거주주택 비과세에 대해서는 추징을 하지 않도록 하고 있다. 한편, 자동말소된 이후에 거주주택을 양도할 때에는 말소일로부터 5년 내에 이를 양도해야 비과세를 적용한다. 참고로 2호 이상 임대 시에는 최초로 등록 말소되는 날을 기준으로 5년을 처분기한으로 한다.[38]

2) 말소를 희망한 경우

의무임대기간이 경과되기 전에 본인이 임대등록말소를 요청한 경우 거주주택 비과세를 받기 위해서는 의무임대기간의 1/2 이상을 임대하고 말소 후 5년 내에 거주주택을 양도하면 비과세를 허용하고 있다.

4. 적용 사례

사례를 통해 이에 대해 알아보자.

자료

· A주택 : 2015년 취득(거주한 적이 없음. 다세대주택임)
· B주택 : 2000년 취득(2000년대 초반에 2년 거주한 적이 있음)

---

38) 말소된 주택을 먼저 양도한 경우라도 최초 등록말소일이 기준점이 됨에 유의해야 한다(기재부 재산세제과-1038, 2022. 10. 18).

Q 앞의 상황에서 일반규정에 따른 비과세가 가능한가?

가능하지 않다. 두 주택 모두 오래 보유해 일시적 2주택 비과세 등이 성립하지 않을 것으로 보이기 때문이다.

Q 만일 A주택을 임대등록한 후 B주택을 바로 양도해도 비과세가 가능한가?

그렇다. 이 점이 파격적인 제도에 해당한다.

Q A주택을 10년 장기임대로 등록한 후 중간에 이를 양도한 후에 B주택을 양도했다. 이 경우에도 비과세는 가능한가?

그렇다. 이 경우에는 더 이상 임대사업자가 아니며 1세대 1주택자에 해당하므로 비과세가 가능하다. 참고로 이때 2년 등의 보유기간은 임대 주택의 양도와 무관하게 해당 주택의 취득일로부터 기산한다(2022년 5월 10일 보유기간 리셋제도가 폐지됨).

Q 만일 임대주택이 2채가 있는 상태에서 한 채가 등록이 말소되었다. 그리고 이 주택을 먼저 양도했다. 이 상태에서 거주주택에 대해 비과세를 받으려면 언제까지 처분해야 하는가?

최초 말소된 주택의 말소일부터 5년* 내에 처분해야 한다.

* 주로 아파트가 자동말소 또는 자진말소된 경우에 이 기한이 적용된다.

Q 바로 앞의 상황에서 임대주택을 모두 처분했다고 하자. 이 경우에도 최초 말소일로부터 5년 내에 처분해야 하는가?

아니다. 이 경우에는 더 이상 임대사업자가 아니므로 소득세법 시행령 제154조 제1항에 따라 언제든지 처분해도 1세대 1주택에 대한 비과세가 성립한다.

임대주택에 대한 장기보유특별공제 특례는 어떻게 바뀌었을까?

최근 임대등록한 주택들이 크게 증가한 이유 중 하나는 바로 임대주택에 대해 적용되는 장기보유특별공제 특례제도다. 임대주택을 8년 임대하면 50%, 10년 이상 임대하면 70%까지 장기보유특별공제를 적용하기 때문이다. 이 공제율은 양도차익의 최대 70%까지 적용되므로 소유자의 입장에서는 상당히 파격적인 제도에 해당한다. 그런데 최근 임대등록제도의 변화에 따라 이 제도도 변화가 불가피하게 되었다.

1. 장기보유특별공제 특례제도

이 제도는 양도세를 계산할 때 양도차익에서 차감되는 장기보유특별공제를 50~70%까지 적용하는 것을 말한다(농특세는 부과되지 않음). 참고로 현재 이 제도는 건설임대주택에 대해 한해 적용되고 있으므로, 신규로 매입임대주택으로 등록하는 경우에는 이 제도가 적용되지 않는다. 따라서 이 제도가 재도입되지 않으면 등록의 실익은 크지 않을 가능성이 높아 보인다.

구분	과세특례 요건
규모 기준	국민주택 규모 이하일 것
기준시가 기준	· 2018년 9월 13일 이전 취득분 : 없음. · 2018년 9월 14일 이후 취득분 : 있음(수도권 6억 원, 비수도권 3억 원 이하).
등록 요건	민간임대주택법에 따라 등록
의무임대 기간	8년 이상 계속해서 준공공임대주택으로 등록하고, 그 기간 동안 임대한 기간이 통산 8년 이상인 경우 계속 임대한 것으로 간주
임대료 인상률	5% 이내
특례 내용	장기보유특별공제율 50~70% 적용
감면 시한	· 매입임대 : 2020년 12월 31일 종료 · 건설임대 : 2027년 12월 31일까지 등록분 적용[39]

2. 신규 등록에 따른 장기보유특별공제 특례 적용 여부

2020년 8월 18일 이후부터 임대등록제도가 대폭 바뀌었다. 따라서 바뀐 규정에 따라 이 제도가 적용되는지의 여부 등을 확인해야 한다.

1) 단기로 임대등록을 하고자 하는 경우
단기임대는 등록여부에 관계없이 이 제도가 적용되지 않는다.

2) 장기로 임대등록을 하고자 하는 경우
① 매입임대주택

장기로 임대등록한 경우에는 이 특례를 받을 수 있다. 하지만 아파트의 경우에는 등록이 불가하므로 해당사항이 없고, 그 외는 문제가 없다. 다만, 이 제도는 2020년 12월 31일 이전까지 등록한 것까지만 적용된

---

39) 건설임대주택은 법인보다는 개인이 유리할 수 있다. 개인의 경우 10년 이상 임대 시 장기보유특별공제를 최대 70%까지 적용받을 수 있기 때문이다.

다. 따라서 2021년 1월 1일부터 이 제도는 더 이상 적용되지 않는다.

② 건설임대주택

건설임대주택에 대해서는 매입임대주택과는 달리 이 제도가 2027년 말까지 적용된다. 참고로 도시형 생활주택인 아파트도 건설임대주택으로 등록하면 이 혜택을 누릴 수 있다.

3. 자동등록말소에 따른 장기보유특별공제 특례

장기로 임대등록을 한 경우 8년이 경과하면 등록이 자동말소된다. 한편 8년이 되기 전에 요청에 의해 등록이 말소될 수도 있다. 이 경우 장기보유특별공제는 어떻게 될까?

1) 자동말소된 경우

8년이 경과된 후 자동말소하더라도 당연히 장기보유특별공제 50%는 받을 수 있다. 그렇다면 10년 이상 임대 시 주어지는 70%의 공제율은 적용이 될까? 이에 대해 과세당국은 8년 자동말소의 경우 임대기간의 미충족으로 70%는 받을 수 없다고 한다. 참고로 종전의 단기임대사업자가 장기임대로 전환한 경우에는 50~70% 공제를 받을 수 있다. 조세특례제한법 시행령 제97조의 3 제4항에서 이에 대해 규정하고 있기 때문이다. 다만, 이의 적용법이 결코 만만치 않으므로 저자의 카페를 통해 관련 내용을 파악하기 바란다.

2) 말소를 희망한 경우

의무임대기간이 경과하기 전에 말소를 희망한 경우에는 이 특례제도를 적용받지 못한다.

장기일반민간임대주택 등에 대해 적용되던 양도세 장기보유특별공제의 적용범위 등
이 다음과 같이 개정되었다(조특법 §97의 3①).

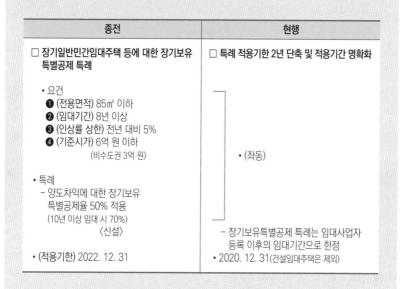

종전	현행
□ 장기일반민간임대주택 등에 대한 장기보유특별공제 특례 • 요건 ❶ (전용면적) 85㎡ 이하 ❷ (임대기간) 8년 이상 ❸ (인상률 상한) 전년 대비 5% ❹ (기준시가) 6억 원 이하 　　　　　(비수도권 3억 원) • 특례 – 양도차익에 대한 장기보유특별공제율 50% 적용 (10년 이상 임대 시 70%) 〈신설〉 • (적용기한) 2022. 12. 31	□ 특례 적용기한 2년 단축 및 적용기간 명확화 • (좌동) – 장기보유특별공제 특례는 임대사업자 등록 이후의 임대기간으로 한정 • 2020. 12. 31(건설임대주택은 제외)

예를 들어 2010년에 취득한 주택을 2018년에 임대등록하고 2026년에 양도하는 경
우 전체 양도차익에 대해 장기보유특별공제율 50%를 적용하는 것이 아니라, 2018
년 이후에 발생한 양도차익에 대해서만 공제한다는 것이다. 물론 2018년 이전과 이
후의 양도차익은 기준시가의 비율로 안분을 하게 된다.

임대주택에 대한
양도세 100% 감면은 될까?

주택임대사업자들이 주택임대업을 선호한 이유 중 가장 큰 것은 바로 향후 이를 양도할 때 양도세를 적게 낸다는 것이다. 물론 보유 중에는 종부세를 면제받을 수 있는 점도 장점에 해당하나 양도세에는 못 미친다. 그런데 2018년 12월 31일 이전에 취득한 주택을 임대등록하고 최대 10년 이상 임대하면 양도세 100%를 받을 수 있었다. 하지만 아파트는 8년이 경과하면 임대등록이 자동으로 말소가 된다. 그렇다면 이미 등록한 사업자들은 이 혜택을 누릴 수 있을까?

1. 양도세 100% 감면 내용

조특법 제97조의 5에서는 다음의 요건을 충족한 주택들에 대해서는 양도세 100%를 감면한다. 아주 파격적인 제도에 해당한다(농특세 20%는 별도로 부과).

구분	내용
규모 기준	전용면적 85㎡ 이하
기준시가 기준	· 2018년 9월 13일 이전 취득분 : 없음. · 2018년 9월 14일 이후 취득분 : 있음(수도권 6억 원, 비수도권 3억 원 이하).
등록 요건	2018년 12월 31일까지 민간임대주택에 관한 특별법 제2조 제3호의 민간 매입임대주택 및 공공주택 특별법 제2조 제1호의 3에 따른 공공매입임대주택의 매입임대주택을 취득하고, 취득일로부터 3개월 이내에 민간임대주택에 관한 특별법에 따라 준공공임대주택으로 등록할 것
의무임대 기간	10년 이상 계속 준공공임대주택으로 임대한 후 양도할 것
임대료 인상률	연 5% 임대료 인상률 제한(신규·갱신 시 포함)
특례 내용	양도세의 100분의 100에 상당하는 세액을 감면
감면시한	2018. 12. 31 이전 취득분(계약기준)에 한함. – 매임임대주택은 물론이고 건설임대주택도 해당됨.

2. 신규 등록에 따른 양도세 100% 감면 적용 여부

이 제도는 2018년 12월 31일까지 취득한 것에 대해서만 적용이 된다. 그런데 이때 쟁점이 하나 있다. 바로 조특법 제97조 5 제1항 제1호의 괄호 안의 내용을 보면 2018년 12월 31일까지 매매계약을 체결하고, 계약금을 납부한 경우도 이를 적용하는 것으로 되어 있기 때문이다. 따라서 2020년 7월 11일 전에 완공이 되어 임대등록한 경우라면 문제가 덜 하겠지만, 이날 이후에 등록한 경우에는 문제가 발생할 가능성이 높다. 아파트에 대해서는 더 이상 등록이 힘들기 때문이다.

1. 2018년 12월 31일까지 민간임대주택에 관한 특별법 제2조 제3호의 민간매입임
   대주택 및 공공주택 특별법 제2조 제1호의 3에 따른 공공매입임대주택의 매입임
   대주택을 취득(2018년 12월 31일까지 매매계약을 체결하고 계약금을 납부한 경우를 포
   함한다)하고, 취득일로부터 3개월 이내에 민간임대주택에 관한 특별법에 따라 장
   기일반민간임대주택등으로 등록할 것(2018. 1. 16 개정)

3. 자동등록말소에 따른 양도세 100% 감면 적용 여부

1) 자동말소된 경우

아파트의 경우 8년이 경과하면 임대등록이 자동말소가 되는데, 이때
양도세 100% 감면을 받기 위해서는 10년 임대가 필요하다. 그런데 이
번 개정 조특법 시행령에서는 이에 대한 특별한 언급이 없다. 따라서 이
제도는 폐지된 것으로 해석하고 있다.

2) 말소를 희망한 경우

8년이 되기 전에 말소를 요청하는 경우 당연히 이 감면을 받을 수 없
다.

주택임대사업 중에 재건축이나 재개발이 발생하면 다양한 문제점들이 파생한다. 지금부터는 이러한 상황에서 주택임대사업자들이 알아야할 내용들을 정리해보자. 참고로 이러한 원리는 주택 리모델링에 대해서도 동일하게 적용된다.

1. 재건축·재개발과 민간임대주택법

　　주택을 등록임대 중에 재건축이나 재개발이 되는 경우가 있다. 이렇게 되면 더 이상 임대등록이 불가능하다. 이에 민간임대주택법은 어떤식으로 이를 취급할까?

1) 재건축 등으로 멸실된 경우의 등록말소 여부

　　민간임대주택법은 해당 주택이 재건축 등으로 멸실된 경우에는 직권말소된 것으로 본다. 다만, 이 경우에는 과태료를 부과하지 않는다.

2) 신축 후 임대등록 가능 여부

　　재건축 등으로 재탄생한 아파트는 등록이 가능할까? 아니다. 민간임대주택법은 멸실 전과 후를 전혀 새로운 주택으로 보고 있다. 따라서 새롭게 등록을 해야 한다. 다만, 2020년 8월 18일 이후부터 아파트에 대해서는 임대등록을 할 수 없게 개정이 되었다.

※ 국토교통부 민원회신(2015. 11. 18)

　　임대주택이 재개발·재건축으로 멸실되는 경우 해당 임대주택의 임대기간은 종료되는 것이며, 재개발·재건축으로 인하여 신축주택을 취득하는 경우에는 주택을 새로이 취득하는 것으로서 과거 멸실된 주택과 연속성이 없음.

2. 지방세법과 재건축·재개발

지방세법에서는 임대주택이 재건축 등으로 멸실이 되면 이미 감면받은 취득세나 재산세는 추징하지 않는다. 더 나아가 신축된 주택도 멸실된 주택과 관계가 없는 것으로 보고 있다.

> ② 제1항을 적용할 때 민간임대주택에 관한 특별법 제43조 제1항 또는 공공주택 특별법 제50조의 2 제1항에 따른 의무임대기간에 대통령령으로 정한 경우가 아닌 사유로 다음 각 호의 어느 하나에 해당하는 경우에는 감면된 취득세를 추징한다.
>
> 1. 임대 외의 용도로 사용하거나 매각·증여하는 경우
> 2. 민간임대주택에 관한 특별법 제6조에 따라 임대사업자 등록이 말소된 경우[40]

3. 국세법과 재건축·재개발

앞의 민간임대주택법과 지방세법은 멸실 전과 후의 주택을 완전히

---

40) 이는 다음처럼 주로 임대조건을 위반한 경우 등을 말한다.
 1. 거짓이나 그 밖의 부정한 방법으로 등록한 경우
 2. 임대사업자가 제5조에 따라 등록한 후 대통령령으로 정하는 일정 기간 안에 민간임대주택을 취득하지 아니하는 경우
 3. 제5조 제1항에 따라 등록한 날부터 1개월이 지나기 전 또는 제43조의 의무임대기간이 지난 후 등록말소를 신청하는 경우
 4. 제5조 제4항의 등록기준을 갖추지 못한 경우. 다만, 일시적으로 등록기준에 미달하는 등 대통령령으로 정하는 경우는 그러하지 아니하다.
 5. 제43조 제2항에 따라 민간임대주택을 양도한 경우
 6. 제43조 제4항에 따라 민간임대주택을 양도한 경우
 7. 제44조에 따른 임대조건을 위반한 경우
 8. 제45조를 위반하여 임대차계약을 해제·해지하거나 재계약을 거절한 경우
 9. 제50조의 준주택에 대한 용도제한을 위반한 경우

별개의 것으로 본다. 하지만 양도세 등을 다루는 국세법은 멸실 전과 후를 동일한 개념으로 보아 각종 세제지원을 하고 있다. 그런데 문제는 최근 임대등록제도가 변화함에 따라 이에 대한 제도의 개정이 불가피하게 되었다. 이를 정리해보자.

1) 종부세 합산배제와 양도세 중과세 제외

2020년 7월 10일까지는 재건축 등의 전과 후의 임대기간을 합산한다. 그런데 이날 이후에 완공된 재건축 등의 아파트는 등록할 수 없다. 이에 대해 개정 종부세법 시행령에서는 기실현된 종부세 합산배제는 추징은 하지 않는다. 다만, 완공 후 재등록은 불가하므로 이때에는 종부세가 과세되는 한편, 양도세 중과배제를 적용받지 못하는 것으로 해석하고 있다.

2) 거주주택 비과세

임대주택이 재건축 등에 있는 상태에서 거주주택을 양도해 비과세를 받았다고 하자. 그리고 이 경우 재건축 등에 의해 완공된 아파트가 임대등록을 할 수가 없다고 하자. 이러한 상황에서는 거주주택 비과세혜택이 박탈될까? 이에 대해 정부는 기실현된 거주주택 비과세는 추징을 하지 않는다. 다만, 멸실된 이후에 거주주택을 양도하면 이에 대해서는 비과세를 적용하지 않는다고 해석하고 있으므로 주의해야 한다. 입주권과 일반주택을 보유하고 있는 경우로 주택에 대한 비과세는 소득세법 시행령 제156조의 2에서 규정하고 있는 것만 적용 대상이기 때문이다.

3) 장기보유특별공제 특례와 양도세 100% 감면

임대등록 중에 해당 주택이 재건축 등에 들어간 후 완공되었다고 하자. 하지만 아파트에 대해서는 임대등록이 불가능하므로 조특법에서 주어지고 있는 장기보유특별공제 70% 특례와 양도세 100% 감면 등은 사실상 적용이 힘들 것으로 보인다. 유권해석을 통해 확인해야 할 것으로 보인다.

최근 주택임대업에 대한 리스크가 커졌다. 따라서 현재 임대업을 영위하고 있거나 예정이 있는 예비 사업자들은 변화된 환경에 주의해야 한다. 그렇다면 구체적으로 어떤 점에 주의해야 하는지 정리해보자.

1. 등록말소제도

4년 단기등록제도가 폐지되었으며, 아파트를 제외한 주택들에 한해 10년 장기등록만 가능하게 되었다(2025년 6월 중에 6년 단기임대 도입 예정). 참고로 이러한 10년 장기등록 임대주택들은 중간에 자진말소를 할 수 없으며, 포괄양수도계약으로 양도를 해야 과태료를 면제받을 수 있다는 점에 유의해야 한다. 기등록자의 경우 최소 의무임대기간이 지나면 자동으로 등록이 말소된다.

⤴ 이로 인해 종부세 합산배제의 혜택이 소멸되므로 이에 대한 대비를 할 필요가 있다.

2. 5% 상한율 준수의무

주택임대사업자들은 민간임대주택법 및 세법에서 정하고 있는 임대료 상한율 5%를 적용받음에 유의해야 한다. 임대료 인상은 원칙적으로 '2년 단위'로 해야 한다. '1년'마다 5%씩을 인상하는 것은 아님에 유의해야 한다. 다만, 임차인이 동의를 하는 경우에는 1년 단위로 5% 이내에서 인상이 가능하다. 이에 대한 자세한 내용은 저자의《부동산 세무 가이드북 실전 편》에서 다루고 있다.

⑦ 거주주택 비과세 등을 적용받을 때 이 부분이 쟁점이 될 가능성이 높다. 주의하기 바란다.

3. 전세보증금에 대한 보증보험 가입

2020년 8월 18일 이후 신규 등록자는 무조건, 기존 등록자는 1년이 경과한 2021년 8월 18일 이후부터 의무적으로 전세보증금에 대한 보증보험에 가입해야 한다. 이때 보험료는 임대인이 75%, 임차인이 25%를 부담해야 한다. 이러한 의무를 이행하지 않으면 과태료 2,000만 원 이하 등에 처해질 수 있다.

4. 2018년 9월 14일 이후 취득 또는 증여받은 주택

2018년 9월 14일 이후에 조정지역 내의 신규 취득주택에 대해서는 종부세 합산배제를 적용하지 않고 양도세 중과세를 적용함에 유의해야 한다(단, 조정지역 해제 시 이 둘에 대한 혜택을 부여한다).

5. 임대주택이나 거주주택이 재건축 등에 들어간 경우

임대주택이나 거주주택이 재건축 등에 들어가면 거주주택 비과세를 받기가 힘들어진다. 이에 대한 특례가 없기 때문이다. 주의하기 바란다.

6. 재등록한 경우

자동말소되거나 자진말소한 주택 중 아파트를 제외한 주택들은 '10년 이상' 장기로 재등록이 가능하다. 이렇게 하면 원칙적으로 종부세 합산배제나 거주주택 비과세 등을 받을 수 있지만 변화된 요건에 주의해야 한다. 다음의 내용을 참조하기 바란다.

※ 임대주택 재등록(10년 장기)에 따른 세제의 변화

구분	현행	재등록	재등록 후 요건
1. 취득세 감면	○	X	불가
2. 재산세 감면	○	○	가능
3. 종부세 합산배제	○	○	· 재등록일 현재 기준시가(6억 원/3억 원) 요건 충족해야 함. · 임대기간 중 합산배제됨. ⏎ 2018. 9. 14 이후 조정지역이 해제된 상태에서 임대등록 시에 합산배제가 가능하다고 판단됨.
4. 양도세 중과배제	○	○	· 재등록일 현재 기준시가(6억 원/3억 원) 요건을 충족해야 함. · 임대기간 요건은 충족하지 않아도 중과배제(기재부재산-861, 2022. 8. 1)
5. 양도세 장특공제 특례	○	–	· 50% : 매입임대 2020년 말 종료 · 70% : 매입임대 2020년 말 종료 · 6~30% : 전체 보유기간×2%
6. 거주주택 비과세	○	○	다음 ①과 ② 중 하나를 충족하면 비과세가 가능할 것으로 판단됨(저자 의견, 서면-2022-부동산-4281, 2023. 3. 10, 법규재산-2234, 2022. 12. 14 참조). ① 최초 등록기준 -기준시가 요건 : 최초 등록일(임대개시일) 기준 -2년 거주요건 : 당초 취득일~양도일(전체 보유기간 기준) -거주주택 처분조건 : 최초 말소일로부터 5년 ② 재등록기준(아파트는 제외) -기준시가 요건 : 최초 등록일(임대개시일) 기준 -2년 거주요건 : 당초 취득일~양도일 -거주주택 처분조건 : 없음(아파트 외의 주택은 자동 또는 자진말소제도가 적용되지 않기 때문). ⏎ 여러 임대주택 중에서 일부만 재등록한 경우에는 앞의 ①에 따라 거주주택을 양도해야 비과세가 적용될 것으로 보임.

제8장

증여세
완전
분석

최근 부동산 대책과 관련해 달라진
증여세의 내용은?

증여는 다주택 소유자가 종부세와 양도세, 상속세 등을 줄일 수 있는 전통적인 수단에 해당한다. 마음만 먹으면 언제라도 증여를 통해 재산을 분산하는 것이 가능하기 때문이다. 이에 정부는 정책효과를 높이기 위해 증여와 관련된 세제도 손을 대기 시작했다. 과연 어떤 것들이 문제가 될까?

1. 증여세

주택을 증여하는 경우 증여재산평가액에서 증여공제액을 차감한 과세표준에 10~50%의 세율로 과세한다. 최근 2020년 7·10대책 등에서는 증여세에 대해서는 직접 강화하는 안은 선보이지 않았다. 한편 2024년 1·10 대책에서는 증여와 관련된 내용은 포함되지 않았다.[41]

---

41) 상속세와 증여세에 대한 쟁점은 저자의 책 《절반으로 줄이는 상속·증여 절세법》, 《상속·증여 세무 가이드북》 등에 잘 정리되어 있다.

㉮ 다만, 이와 별개로 시가와 기준시가의 차이가 10억 원(2025년 5억 원) 이상인 비주거용 부동산(나대지와 상업용 건물을 말함)에 대한 상속세 또는 증여세 신고를 기준시가로 하면 과세관청이 감정평가를 받아 이의 금액으로 과세하는 식으로 세무행정이 펼쳐지고 있어 종전보다 세부담이 크게 증가하고 있는 실정에 있다.

2. 취득세

1) 증여취득세율의 인상

2020년 8월 12일 이후에 주택을 증여받으면 취득세율이 3.5%에서 12%로 껑충될 수 있다. 다만, 증여자가 1세대 2주택 이상 보유한 상태에서 조정지역 내의 기준시가 3억 원 이상의 주택에 대해 중과세를 적용한다.

구분	취득세율	비고
2주택 이상 보유자의 조정지역 내 기준시가 3억 원 이상의 주택을 증여받은 경우	12%	법인은 3억 원 이상 시 무조건 12% 적용함.
이 외의 경우	3.5%	

예를 들어 증여받은 자녀가 무주택이더라도 증여한 자(세대)의 주택 수(시가표준액 1억 원 이하 주택 등 모든 주택을 말함에 유의할 것!)에 따라 12%의 세율이 적용될 수 있다. 매매와 비교를 하면 다음과 같다.

구분	중과율	중과 적용요건
증여	12%	증여자(세대)가 2주택 이상, 조정지역, 기준시가 3억 원 등
매매	8~12%	매수자가 2주택 이상 등

취득세 중과세는 '조정지역' 내의 주택(3억 원 이상)에 대해서만 적용된다. 따라서 조정지역에서 해제되면 가격불문하고 중과세가 적용되지 않는다(2024년 12월 중순 현재 서울 강남구 등 4곳만 지정되어 있다).

※ 증여 중과취득세율(법인 포함)

구분	전용면적 85㎡ 이하	전용면적 85㎡ 초과
취득세율	12%	12%
농특세액율	-	1%
지방교육세율	0.4%	0.4%
계	12.4%	13.4%

2) 증여취득세 과세표준 인상

2023년부터 증여취득세에 대한 과세표준이 시가표준액(기준시가)에서 '시가인정액'으로 변경되었다. 이로 인해 2023년 이후부터 주택 등에 대한 증여 시 취득세가 30% 이상 증가할 가능성이 높다. 따라서 증여세를 시가로 신고하면 이에 맞춰 취득세를 내야 할 것으로 보인다.

	종전		개정	
취득원인 구분 없이 규정	· (개인) MAX(신고가액, 시가표준액) · (법인) 사실상의 취득가격	유상 · 원시 취득	(개인 · 법인) 사실상의 취득가격	
	(개인 · 법인) 시가표준액	무상취득	(개인 · 법인) 시가인정액	

3. 보유세

증여로 인해 주택 수가 변동되면 재산세의 크기는 달라지지 않지만, 종부세의 크기는 달라질 수 있다.

1) 주택 수가 변동하는 경우

증여자의 관점에서는 종부세가 줄어들게 되나 수증자는 공제금액을 초과한 부분에 대해서는 종부세가 늘어날 수 있다.

2) 지분이 변동하는 경우

지분이 감소한 경우에는 종부세가 줄어들 수 있으나 수증자의 입장에서는 주택 수가 증가하는 한편, 공제금액을 초과한 부분에 대해서는 종부세가 발생할 수 있다.

4. 양도세

주택을 증여하게 되면 양도세에도 영향을 미칠 수 있다.

1) 배우자에게 증여한 경우

1세대 1주택 상태에서 해당 주택을 배우자에게 증여한 후에 이를 제3자에게 양도하는 경우가 있다. 이때에는 당초 증여자가 취득한 날부터 보유기간 등을 산정해 1세대 1주택 비과세를 적용한다.

한편 다주택 상태에서는 증여받은 후 이를 양도하면 과세가 되는데, 이때 취득가액을 당초 증여자가 취득한 것을 기준으로 할 것인지, 아니면 배우자가 증여받은 가액으로 할 것인지가 관건이 된다. 이에 세법은 증여일로부터 10년[42] 내에 양도하는 경우에만 당초 증여자의 것으로 하고, 10년 후에 양도하면 배우자가 증여한 당시의 가액으로 본다.

2) 자녀에게 증여한 경우

자녀에게 증여한 경우에는 자녀의 소유가 된다. 이 경우 해당 주택을 1세대 1주택으로 2년 등의 요건을 갖추어 양도하면 비과세를 받을 수 있게 된다. 다만, 가족 간의 거래를 통해 세부담을 낮추는 것으로 인정되면 증여자에게 증여세가 나올 수 있음에 유의해야 한다.

---

42) 2023년 이후 증여분부터 5년에서 10년으로 연장되었다. 이 제도가 적용되면 배우자 간 증여를 통한 양도세 절세는 힘들어질 가능성이 높다.

최근 주목해야 할
증여(상속 포함) 관련 개정내용은?

부동산 등의 증여와 관련해 주의해야 할 세제내용을 별도로 정리해 보자. 특히 취득세 과세표준 인상은 이미 확정된 것으로 증여를 생각할 때에는 높은 세율과 함께 이 부분을 동시에 감안해야 할 것으로 보인다. 한편 2024년부터 혼인·출산 증여공제가 1억 원까지 적용된다. 그 결과 일반 증여공제 5,000만 원을 합하면 1억 5,000만 원(양가 기준 3억 원)까지 증여세가 발생하지 않는다.

1. 취득세 과세표준의 인상

지방세법 제10조의 2에서는 무상취득에 대한 과세표준에 대해 다음과 같이 규정하고 있다. 참고로 조정지역 내에서 기준시가가 3억 원을 초과한 주택을 증여한 경우에는 시가인정액이 과세표준이 되고, 이에 취득세 중과세율이 적용되면 취득세 부담이 크게 높아질 가능성이 있다. 주의하기 바란다.

① 부동산 등을 무상취득하는 경우 제10조에 따른 취득 당시의 가액은 취득시기 현재 불특정 다수인 사이에 자유롭게 거래가 이루어지는 경우 통상적으로 성립된다고 인정되는 가액(매매사례가액, 감정가액, 공매가액 등 대통령령으로 정하는 바에 따라 시가로 인정되는 가액을 말하며, 이하 "시가인정액"이라 한다)으로 한다(2021. 12. 28 신설).

② 제1항에도 불구하고 다음 각 호의 경우에는 해당 호에서 정하는 가액을 취득당시 가액으로 한다(2021. 12. 28 신설).
1. 상속에 따른 무상취득의 경우 : 제4조에 따른 시가표준액(2021. 12. 28 신설)
2. 대통령령으로 정하는 가액(시가표준액 1억 원) 이하의 부동산 등을 무상취득(제1호의 경우는 제외한다)하는 경우 : 시가인정액과 제4조에 따른 시가표준액 중에서 납세자가 정하는 가액(2021. 12. 28 신설)
3. 제1호 및 제2호에 해당하지 아니하는 경우 : 시가인정액으로 하되, 시가인정액을 산정하기 어려운 경우에는 제4조에 따른 시가표준액(2021. 12. 28 신설)

이를 좀 더 구체적으로 살펴보면 다음과 같다.

첫째, 2023년 부동산 증여분부터 취득세 과세표준은 시가인정액으로 한다. 여기서 시가인정액은 '매매사례가액, 감정가액 등'을 말한다.

🈁 이는 증여세 신고 시의 증여가액과 일치해야 함을 의미한다. 최근 증여세는 기준시가로 신고하면 과세당국에서 감정평가를 받아 결정하는 경우가 많으므로 증여취득세도 감정평가액으로 내는 경우가 많아질 것으로 보인다(주로 나대지와 상업용 건물에 적용됨).

둘째, 시가표준액이 1억 원 이하의 부동산은 납세자의 선택에 따라 시가인정액 또는 시가표준액으로 신고할 수 있다.

셋째, 상속은 시가표준액으로 신고한다.

2. 취득가액 이월과세의 강화

2023년부터 배우자 등으로부터 증여받은 부동산을 10년 내에 양도하면 취득가액 이월과세가 적용되고 있다. 이 제도는 배우자 또는 직계존비속에게 증여받은 부동산(분양권, 입주권, 회원권 등 포함)을 증여일로부터 10년(2022년 이전 증여분은 5년) 내에 양도하면 취득가액을 증여자의 것으로 이월시켜 과세하는 것을 말한다. 다만, 증여받은 후 2년 이상 보유(거주)한 주택이 1세대 1주택에 해당하면 이 제도를 적용하지 않고 비과세를 적용한다.

3. 혼인·출산 증여공제의 신설

2024년 이후에 직계비속이 혼인이나 출산을 하면 1억 원을 한도로 증여공제가 적용된다. 따라서 기존의 일반 증여공제 5,000만 원 외에 1억 원을 추가하면 1억 5,000만 원까지 세부담 없이 증여를 받을 수 있을 것으로 보인다. 부부 기준으로는 3억 원까지 증여를 받을 수 있다. 구체적인 내용은 저자의 《상속·증여 세무 가이드북》 등에서 알 수 있다(저자의 카페에서도 알 수 있다).

> **Tip** **2025년 상속세 개정내용**
>
> 2025년에 적용되는 상속세 개정내용을 정리하면 다음과 같다.
> 1. **상속세 세율** : 상속세 세율은 현행과 동일한 10~50%가 적용된다.
> 2. **상속공제** : 상속공제도 개정됨이 없이 현행의 제도가 그대로 적용된다.
> 3. **주거용 건물에 대한 감정평가사업 시행** : 주로 비주거용 건물(나대지 포함)에 적용되던 국세청 감정평가사업을 주거용 건물(단독주택, 상가주택 등)로 확대해 시행한다.

가족 간에 재산(특히 부동산)을 이전하는 방법에는 양도 등 다양한 것들이 존재한다. 따라서 이러한 방법 중 하나를 선택할 때에는 세부담 및 쟁점들을 파악한 후 실행에 옮겨야 한다.

1. 양도세, 증여세 등

구분	양도	증여		상속
		순수	부담부	
거래방식	유상이전	무상이전	유상이전+무상이전	무상이전
세목	양도세	증여세	양도세+증여세	상속세
과세표준	양도가액-취득 가액-각종 공제	증여재산가액-증여 재산공제	양도세 과세표준+ 증여세 과세표준	상속재산가액- 상속공제
세무상 유의할 점	· 대가관계가 명백 해야 함. · 저가 또는 고가 양도 시 규제	· 증여재산가액 평가에 유의 · 사전 증여 시 합산과세에 유의	· 부채의 적격성에 유의	· 상속 재산 가액 평가에 유의 · 사전 증여 시 합산과세에 유의
기타	유류분 반환청구의 대상이 아님.	유류분 반환청구의 대상임.	증여분은 유류분 반환청구의 대상임.	–

2. 취득세

구분	양도	증여		상속
		순수	부담부	
거래방식	유상이전	무상이전	유상이전+무상이전	무상이전
취득세율	1~12%	3.5%, 12%	유상취득세율+무상 취득세율	2.8%
과세표준	실제 거래가액	시가인정액	실제 거래가액+ 시가인정액	시가표준액
세무상 유의할 점	·대가 미확인 : 증여로 봄. ·부당행위에 해당하면 시가로 경정함 (지방세법 제10조의 3).	증여세 신고서상의 증여가액과 일치 시켜야 함.	소득능력이 없는 경우 부채는 인정 되지 않고 증여로 봄.	

부동산을 증여하면
관련 세금은?

가족 간에 증여를 하면 증여세와 취득세 등이 부과된다. 그렇다면 증여하기 전에 기본적으로 증여세가 얼마나 나오는지 알아보자. 참고로 부담부 증여에 대한 과세방식은 바로 뒤에서 살펴보자.

1. 증여세

증여세는 시가로 평가한 증여재산가액에서 증여재산공제를 적용한 금액에 10~50%의 세율로 과세된다. 이때 미성년자처럼 증여세와 취득세를 자력으로 납부하기가 힘든 경우 해당 금액을 증여재산가액에 합산해 증여세를 추가로 납부해야 한다. 참고로 앞의 증여재산공제는 배우자 6억 원, 성년자 5,000만 원(미성년자 2,000만 원) 등을 10년간 합해서 공제한다. 이 외에도 혼인·출산 증여공제가 1억 원까지 별도로 적용된다.

1) 증여재산공제

1. 배우자로부터 증여 : 6억 원
2. 직계존속으로부터 증여 : 5,000만 원(미성년자 2,000만 원)
3. 직계비속으로부터 증여 : 5,000만 원
4. 제2호 및 제3호의 경우 외에 6촌 이내의 혈족, 4촌 이내의 인척으로부터 증여 :
   1,000만 원

2) 증여세율

증여세율은 다음과 같이 5단계 누진세율로 되어 있다.

과세표준	세율
1억 원 이하	과세표준의 100분의 10
1~5억 원 이하	1,000만 원 + 1억 원을 초과하는 금액의 100분의 20
5~10억 원 이하	9,000만 원 + 5억 원을 초과하는 금액의 100분의 30
10~30억 원 이하	2억 4,000만 원 + 10억 원을 초과하는 금액의 100분의 40
30억 원 초과	10억 4,000만 원 + 30억 원을 초과하는 금액의 100분의 50

2. 취득세

증여로 인한 취득세에 대한 내용은 앞에서 살펴보았다.

3. 적용 사례

사례를 통해 앞의 내용을 확인해보자.

자료

· 아파트 기준시가 5억 원(시세는 불투명)
· 전세보증금 5억 원
· 조정지역에 소재함.

Q 해당 아파트의 증여재산가액은 얼마인가?

최근 거래가액이 없으면 시세를 알기가 힘들다. 이때에는 다음과 같
이 파악해야 한다.

구분	확인방법	비고
매매사례가액의 확인	국세청 홈택스나 국토교통부 실거래가 조회	증여 전 6개월 ~ 증여 후 3개월 내[43]
기준시가의 확인	국토교통부 공시가격 조회	기준시가로 신고 시 국세청에서 감정 평가를 받아 증여세를 과세할 수 있음 에 유의[44]

Q 만일 매매사례가액이 없으면 기준시가로 신고할 수 있는가?

신고할 수 있다. 다만, 이렇게 기준시가로 신고를 하더라도 증여세 결
정기한(법정신고기한 후 6개월) 내에 매매사례가액 등이 발견되면 이의 금액
으로 증여세를 과세할 수 있다(단, 이때 신고불성실 및 납부지연가산세는 없음).

Q 만일 1개의 감정평가를 받은 금액이 7억 원이라면 이의 금액으로 신
고할 수 있는가?

---

43) 아파트 등 공동주택의 경우 이 기간 내에 매매사례가액이 여러 개 있는 경우 평가일과 가장
   가까운 가액 중 기준시가의 차이가 가장 작은 것을 평가액으로 한다.
44) 단, 사후 감정평가는 비주거용 부동산(나대지와 상업용 건물 중 시가와 기준시가의 차이가 큰 것)
   을 대상으로 한다. 만약 이에 따라 과세가 되면 신고불성실가산세와 납부지연가산세는 부
   과하지 않는다.

기준시가가 10억 원 이하는 1개의 감정평가도 가능하다. 그리고 해당 금액은 다른 가격이 우선 적용되므로 세법에 맞는 가격에 해당한다.

Q **앞의 감정가액 7억 원보다 낮은 6억 원으로 신고할 수 있는가?**

증여는 평가된 금액에 맞추어 신고해야 한다. 따라서 6억 원으로 신고할 수 없다.[45]

Q **증여가액이 7억 원이라면 증여세는 얼마인가? 증여재산공제액은 5,000만 원이라고 하자.**

7억 원에서 5,000만 원을 차감하면 6억 5,000만 원이 과세표준이 된다. 이에 30%의 세율과 6,000만 원의 누진공제를 적용하면 1억 3,500만 원이 증여세가 된다.

Q **만일 전세보증금을 포함해 증여하면 증여세가 얼마가 나오는가?**

이러한 증여방식을 부담부 증여라고 하는데, 전세보증금은 유상양도에 해당하므로 증여금액은 2억 원이 된다. 따라서 증여세는 과세표준 1억 5,000만 원(2억 원-5,000만 원)에 20%의 세율(누진공제 1,000만 원)을 적용하면 산출세액은 2,000만 원이 된다.

↗ 전세보증금 5억 원에 대해서는 양도세가 별도로 나오게 된다.

Q **앞의 주택을 증여받으면 취득세는 어떻게 나오는가?**

증여자가 1세대 2주택 상태에서 증여를 받으면 수증자의 주택 수와 관계없이 취득세가 다음과 같이 나온다.

---

45) 매매는 임의의 가격으로 책정해서 신고하는 것이 가능하다.

구분	과세표준	세율	산출세액
2022년	5억 원	12%	6,000만 원
2023년 이후	7억 원(감정평가액)	12%	8,400만 원

Q 앞의 주택을 부담부 증여로 받으면 취득세는 어떻게 나오는가? 2023년 이후를 기준으로 해보자.

구분	양도	증여	계
과세표준	5억 원	2억 원(7억 원-5억 원)	7억 원
세율	1%	12%	
계	500만 원	2,400만 원	2,900만 원

Q 증여로 주택을 취득하면 몇 년 후에 양도해야 비과세가 적용되는가?

양도일 현재 1세대 1주택을 기준으로 소급해서 2년 이상 보유하면 비과세가 적용된다. 참고로 당초 증여자가 취득한 가액으로 양도세를 계산하는 취득가액 이월과세제도는 수증자에게 양도세가 과세되는 상황에서 수증일로부터 10년(2022년 이전 증여분은 5년) 내에 양도할 때 이 제도가 적용된다.

Tip 자녀에게 주택을 증여 또는 양도한 경우의 비과세와 이월과세 적용 여부

구분	증여		양도	
	10년 내 양도	10년 후 양도	10년 내 양도	10년 내 양도
1세대 1주택 (일시적 2주택)	2년 보유·거주 시 비과세			
1세대 2주택	이월과세 적용	이월과세 미적용		

부담부 증여를 할 때
세금은?

부동산을 증여하는 것보다는 부채를 포함해 증여하는 방식이 많이 동원되고 있다. 이를 부담부 증여라고 하는데 다음에서 이에 관련된 세금에 대해 알아보자.

1. 부담부 증여와 과세방식

1) 증여세와 양도세

항목	증여세	양도세
채무로 인정되면	채무로 공제됨.	채무 공제분은 유상양도로 간주되어 증여자에게 양도세가 과세됨.
채무로 인정되지 않으면	채무로 공제되지 않고 전체에 대해 증여세가 과세됨.	해당 사항 없음.

참고로 위의 채무는 증여재산에 담보된 채무여야 한다. 예를 들어, 해당 재산을 담보로 제공하는 받은 대출이거나 전세보증금에 해당되어야 한다. 이와 관련이 없는 채무는 부담부 증여로 처리할 수 없다.

2) 취득세

구분	유상승계취득	증여취득
과세표준	채무승계액	시가인정액-채무승계액
세율	1~12%	3.5% 또는 12%

예를 들어 주택의 시가가 5억 원이고 이 중 채무가 3억 원이라면 3억 원에 대해서는 유상승계에 따른 취득세율 1~12%, 나머지 2억 원에 대해서는 증여취득에 따른 취득세율 3.5%나 12%가 적용된다는 것이다. 참고로 부담부 증여를 받은 자가 소득 능력이 없는 배우자나 자녀 등에 해당하면 해당 채무는 인정받지 못하고 전체 금액을 증여로 보아 취득세가 과세될 수 있다.

2. 적용 사례

서울에 거주하고 있는 김모 씨가 다음과 같은 부동산을 자녀에게 증여하려고 한다. 관련 세금은 얼마인가?

> **자료**
> · 증여재산(주택) 평가액 5억 원(기준시가는 2억 원)
> · 증여재산의 취득가액은 1억 원(기준시가 1억 원)이며 10년 전에 취득함.
> · 앞의 증여재산에 담보된 채무 2억 원을 수증자가 부담하는 요건임.
> · 수증자는 31세인 세대독립한 자녀임(무주택).
> · 부담부 증여 시 양도세는 일반과세를 적용함.
> · 기타 사항은 무시함.

Q 부채 없이 증여하면 증여세는 얼마가 나오는가?

5억 원에서 5,000만 원을 공제한 4억 5,000만 원에 20%의 세율(누진 공제 1,000만 원)을 적용하면 산출세액은 8,000만 원이 나온다. 참고로 취득세의 경우에는 5억 원의 3.5%인 1,750만 원이 예상된다.

Q 부채를 포함해 증여하면 증여세는 얼마나 나오는가?

증여세는 채무를 차감한 금액에 대해 과세된다.

구분	금액	비고
증여재산가액 +증여재산가산액	5억 원	
=총증여재산가액 -부담부 증여 시 인수채무	5억 원 2억 원	인수채무는 유상양도에 해당
=과세가액 -증여재산공제 -감정평가수수료공제	3억 원 5,000만 원	성년자 공제
=과세표준 ×세율	2억 5,000만 원 20%(1,000만 원)	1,000만 원은 누진공제액
=산출세액	4,000만 원	과세표준×20%-1,000만 원

부담부 증여에 의한 경우의 증여세는 4,000만 원이다. 이는 5억 원에 대한 증여세 8,000만 원의 절반에 해당하는 금액이 된다.

Q 양도세는 얼마나 나오는가?

부담부 증여에서 인수된 부채는 양도세 과세 대상이 된다. 양도세는 양도자의 상황에 따라 비과세부터 중과세에 이르기까지 다양한 제도를 적용받을 수 있다.

사례의 경우에는 일반과세가 적용되므로 다음과 같이 계산한다.

구분	금액	비고
양도가액	2억 원	전세보증금
−취득가액	4,000만 원	1억 원[*]×(채무 2억 원/증여재산가액 5억 원)
=양도차익	1억 6,000만 원	
−장기보유특별공제	3,200만 원	10년×2%=20%
=과세표준	1억 2,800만 원	
×세율	35%	
−누진공제	1,544만 원	
=산출세액	2,936만 원	

* 부담부 증여에 따른 양도세 계산 시 양도가액이 기준시가, 임대료 환산가액(2023년 2월 28일에 포함됨) 등으로 평가된 경우 취득가액은 실제 취득가액이 아닌 취득 당시의 기준시가를 기준으로 계산해야 한다. 실무자의 관점에서는 매우 주의해야 한다. 사례의 경우에는 취득가액과 기준시가가 동일하다고 가정하여 이와 관련된 쟁점이 발생하지 않는다. 이에 대한 자세한 내용은 저자의 《부동산 세무 가이드북 실전 편》을 참조하기 바란다.

Q 증여세와 양도세를 합해서 얼마가 나오는가?

증여세는 4,000만 원, 양도세는 약 3,000만 원을 더해서 7,000만 원이 나온다.

Q 앞의 경우 취득세는 얼마가 나오는가?

구분	유상승계 취득세	무상취득 취득세	계
과세표준	2억 원	3억 원(5억 원-2억 원)	
세율	1%	3.5%	
산출세액	200만 원	1,050만 원	1,250만 원^{**}

** 만일 자녀가 소득 능력이 없다면 전체 금액을 증여로 볼 수 있으므로 이 경우 1,750만 원이 취득세가 될 수 있다.

Q 증여한 경우와 부담부 증여한 경우의 총세금은?

구분	일반 증여	부담부 증여
증여세	8,000만 원	4,000만 원
양도세	–	2,936만 원
취득세	1,750만 원	1,250만 원
계	9,750만 원	8,186만 원

Q 만일 양도세가 비과세가 되거나 중과세되면 앞의 총세금은 어떤 식으로 달라질까?

양도세 비과세가 적용되면 부담부 증여의 효과가 더 크게 나타날 수 있으나, 역으로 중과세가 적용되면 그 반대의 효과가 발생할 가능성이 높다.

> **Tip** **부담부 증여 시 주의해야 할 사항들**
>
> • 증여가액을 보충적 평가방법(기준시가, 임대료 환산가액)으로 평가해 신고한 경우 양도세 취득가액은 기준시가로 산정해야 한다.
> • 2025년부터 주거용 건물(단독주택 등)을 기준시가 등으로 평가해 증여세(상속세 포함)를 신고하면 국세청의 감정평가대상이 된다(단, 추정시가와 기준시가 차이가 5억 원 이상 나는 경우 등에 해당 시만 적용).
> • 부담부 증여에 따른 양도세 신고는 2개월이 아닌 3개월 이내가 된다.

부동산을 자녀에게 양도하면 관련 세금은?

　부모와 자녀 간은 세법상 특수관계인에 해당한다. 만일 이들이 양도 거래를 하면 우선 양도자에게 부당행위계산부인제도가 적용되어 시가 로 과세될 수 있다. 하지만 현실에서 해당 자산에 대해 시가를 파악하기 가 힘든 경우가 많기 때문에 거래가액을 마음대로 정할 수 있다. 그래서 통상 기준시가보다 약간 높은 수준에서 거래금액을 정하는 경우가 많 다.

　하지만 과세관청은 부당행위거래에 대해서는 시가로 과세하는 것이 원칙이므로 시가파악을 위해 매매사례가액(유사한 자산의 매매가액을 말한다) 등을 찾아 시가로 과세하려고 할 것이다. 다음에서 이에 대해 알아보자.

1. 저가 양도자와 저가 양수자의 세금

1) 저가 양도자
　양도세에서 부당행위계산부인제도는 소득세법 제101조에서 규정하 고 있다.

> ① 납세지 관할 세무서장 또는 지방국세청장은 양도소득이 있는 거주자의 행위 또는 계산이 그 거주자의 특수관계인과의 거래로 인하여 그 소득에 대한조세부담을 부당하게 감소시킨 것으로 인정되는 경우에는 그 거주자의 행위 또는 계산과 관계없이 해당 과세기간의 소득금액을 계산할 수 있다(2012. 1. 1 개정).
>
> * 시가와 거래가액의 차액이 3억 원 이상이거나 시가의 100분의 5에 상당하는 금액 이상인 경우로 한정한다.

이 제도는 특수관계인 간의 부당거래를 통해 세금을 감소시키는 경우에 적용된다. 다만, 시가와 거래가액의 차액이 3억 원 또는 거래가액이 시가의 5% 이상 차이가 나는 경우에 적용된다.

2. 저가 양수자의 세금검토

상증법 제35조에서는 저가 양수자에 대해 저가로 이익을 본 금액을 증여로 보아 증여세를 과세한다.

> ① 특수관계인 간에 재산을 시가보다 낮은 가액으로 양수하거나 시가보다 높은 가액으로 양도한 경우로서 그 대가와 시가의 차액이 대통령령으로 정하는 기준금액* 이상인 경우에는 해당 재산의 양수일 또는 양도일을 증여일로 하여 그 대가와 시가의 차액에서 기준금액을 뺀 금액을 그 이익을 얻은 자의 증여재산가액으로 한다.
>
> * 다음 각 호의 금액 중 적은 금액을 말한다.
>   1. 시가의 100분의 30에 상당하는 가액
>   2. 3억 원

다만, 증여받은 금액이 3억 원과 시가의 30% 미만 중 적은 금액에 미달하면 증여세를 면제한다.

3. 적용 사례

아버지와 자녀가 다음과 같은 거래를 한다고 하자. 물음에 답하면?

> **자료**
>
> 주택 : 거래가격 3억 원(시가는 5억 원)
> ※ 앞 주택에 대한 세법상 시가는 있다고 가정함.

Q 이 경우 어떤 문제점이 있는가?

아버지는 소득세법상 부당행위계산부인제도, 상증법상 증여세 과세 문제가 있다.

Q 소득세법상 부당행위계산부인제도가 적용되는가?

거래가액이 다음에 해당하면 이 제도가 적용된다.

> 시가와 대가의 차이가 3억 원을 초과하거나 시가의 5%를 벗어난 경우

사례의 경우 시가가 5억 원이고 이의 5%는 2,500만 원이므로 위 기준을 벗어나므로 이 제도가 적용된다.

Q 아버지의 양도세는 어떻게 과세되는가?

과세당국은 아버지에게 양도세를 다음과 같이 고쳐서 과세한다.

당초 양도세	수정 양도세
양도가액 3억 원 -취득가액 ××× =양도차익 3억 원-×××	양도가액 5억 원 -취득가액 ×××억 원 =양도차익 5억 원-×××

Q 자녀에게는 저가 양수에 따른 증여세가 과세되는가?

사례에서 시가는 5억 원이며 이 금액의 70%는 3억 5,000만 원인데 3억 원에 거래했으므로 저가 양수에 대한 증여규정이 적용된다. 따라서 자녀가 받은 이익에 대해서는 증여세가 과세된다. 다만, 현행법에서는 이때 과세되는 이익을 5억 원에서 3억 원을 차감한 2억 원에 대해 과세하는 것이 아니라 저가 양수로 얻은 이익 2억 원에서 다음 중 적은 금액을 차감한 잔액에 대해 과세한다.

> ① 시가의 30%[사례의 경우 1억 5,000만 원(5억 원×30%)]
> ② 3억 원

따라서 증여세는 다음과 같이 과세된다.

> 증여재산가액 5,000만 원(=2억 원-1억 5,000만 원)
> -증여재산공제 5,000만 원(앞의 자녀가 성년자인 경우)
> =과세표준 0원
> ×세율 10~50%
> =산출세액 0원

이처럼 저가로 양수하더라도 증여세가 과세되는 금액은 그리 많지 않을 수 있다.

Q 저가 양수에 따른 취득세는 어떻게 내야 하는가?

앞의 양도세에서 본 기준(5% 등)을 적용해 이에 해당하면 시가로 취득세를 과세한다.

Q 만일 해당 주택이 1세대 1주택이라면 아버지에게 양도세가 과세되는가?

부당행위계산부인제도는 '세부담을 경감시킨 경우'에 적용된다. 따라서 아버지에 대해서는 이 제도가 적용되지 않는다. 1세대 1주택은 양도가액이 12억 원 이하까지는 과세되지 않기 때문이다. 다만, 이 경우에는 증여세 과세문제가 발생할 수 있지만 그렇게 위력적이지 못함을 앞에서 알 수 있었다.

Q 이러한 모형을 활용하기 위해서는 시가파악이 중요하다. 이때 시가는 어떻게 확인하는 것이 좋을까?

시가는 국세청 홈택스나 국토교통부의 실거래가 조회를 통한 매매사례가액(계약일 전후 3개월)이나 감정평가액 등으로 확인한 후 이를 근거로 매매가액을 책정하는 것이 좋다. 다만, 시가를 둘러싸고 다양한 쟁점들이 발생하므로 이 부분은 세무 전문가의 의견을 참조할 필요가 있다(저자의 카페 문의도 가능).

Tip 개인이 특수관계에 있는 1인 부동산 법인에 양도나 증여할 때 세무상 쟁점

구분	법인의 취득세	법인세	주주에 대한 세금
양도	· 주택 : 12% · 기타 : 4% 이상	–	–
증여	· 주택 : 12% · 기타 : 3.5%	9~24% (자산수증익)	저가양수에 따라 받은 이익이 주주 당 1억 원 초과 시 증여세 과세
비고	거래가액에 대한 평가에 주의해야 함.		

배우자 간에 증여할 때
주의해야 할 것은?

배우자 간에 증여를 하면 10년간 6억 원을 공제받을 수 있다. 따라서 취득가격이 낮은 부동산을 시가로 미리 증여세 신고를 해두고 나중에 양도하면 취득가액을 올릴 수 있다. 다만, 이 제도에 대해서는 취득가액 이월과세제도가 적용되므로 이 부분에 유의해야 한다.

1. 취득세

배우자가 증여받으면 시가인정액에 1~12%의 세율이 적용된다. 여기서 12%는 증여자가 1세대 2주택 이상인 보유한 상태에서 조정지역 내의 기준시가 3억 원 이상인 주택을 증여받을 때 적용된다.

2. 취득가액 이월과세

소득세법 제97조의 2에서는 배우자 등으로부터 증여받은 자산을 증여일로부터 10년(2022년 이전 증여분은 5년) 내에 양도하면, 취득가액은 증여한 배우자 등이 취득한 가액으로 하도록 하고 있다.

> ① 거주자가 양도일부터 소급하여 10년 이내에 그 배우자(양도 당시 혼인관계가 소멸된 경우를 포함하되, 사망으로 혼인관계가 소멸된 경우는 제외한다) 또는 직계존비속으로부터 증여받은 자산의 양도차익을 계산할 때 취득가액은 그 배우자 또는 직계존비속의 취득 당시 제97조 제1항 제1호에 따른 금액으로 한다.

3. 적용 사례

사례를 통해 앞의 내용을 확인해보자.

> **자료**
>
> 경기도 일산에 살고 있는 김모 씨는 2주택을 보유하고 있다.
>
> · A주택 : 취득가액 2억 원, 시가 10억 원(기준시가 6억 원)
> · B주택(서울 서초구 소재) : 취득가액 2억 원, 시가 6억 원(기준시가 4억 원)

Q 만일 B주택을 지금 양도하면 세금은 얼마나 예상되는가? B주택의 보유기간은 10년이라고 하자.

양도세가 일반과세 또는 중과세가 적용되는 경우로 나누어 살펴보자.

구분	일반과세	중과세
양도차익	4억 원	4억 원
−장기보유특별공제(20%)	8,000만 원	0원
=과세표준	3억 2,000만 원	4억 원
×세율	40%	60%
−누진공제	2,594만 원	2,594만 원
=산출세액	1억 206만 원	2억 1,406만 원

Q B주택을 증여하면 증여세는 나오는가?

나오지 않는다. 증여재산공제 6억 원이 적용되기 때문이다.

Q B주택을 증여받으면 취득세는 얼마나 나오는가?

1세대 2주택 상태에서 조정지역의 기준시가 3억 원 이상인 주택을 증여받으면 취득세율이 12%가 적용된다. 사례의 경우가 이에 해당한다. 서울 서초구는 2024년 12월 중순 현재 조정지역으로 지정되어 있다.

구분	2022년	2023년 이후
과세표준	4억 원	6억 원
세율	12%	12%
산출세액	4,800만 원	7,200만 원

Q 배우자가 B주택을 증여받으면 종부세는 과세되는가?

종부세는 개인별로 과세되므로 주택 수가 분산되면 이 세금이 나오지 않을 것으로 보인다.

구분	현행	변경	
		배우자 1	배우자 2
기준시가	10억 원	5억 원	5억 원
공제금액	9억 원	9억 원	9억 원
과세가액	1억 원	0원	0원

Q 앞의 결과에 대한 총평을 한다면?

증여를 하면 단기적으로는 취득세가 크게 발생하나 종부세 일부는 줄어들 수 있다. 하지만 장기적으로는 10년 후에 양도하면 양도세를 줄일 수 있는 효과가 발생한다.

Tip   부동산 증여 시 주의할 점

부동산을 증여할 때 다음과 같은 사항에 특히 주의해야 한다.

- 취득세 과세표준과 세율에 주의해야 한다. 전자는 시가인정액, 후자는 최고 12%까지 적용될 수 있기 때문이다.
- 아파트를 증여할 때에는 증여일 전 6개월~증여일 후 3개월 내에 매매사례가액 등이 있는지를 점검해야 한다. 만일 매매사례가액이 여러 개 존재한다면 감정평가를 2개(기준시가 10억 원 이하는 1개) 받아 이를 기준으로 신고하도록 한다.
- 비주거용 부동산(나대지와 상업용 건물) 중 시가와 기준시가의 차이가 10억 원(2025년 1월 1일 이후는 5억 원) 이상이 나면 미리 감정평가를 받아서 이를 통해 신고할 것인지, 기준시가 등으로 신고할 것인지를 결정해야 한다. 이러한 부동산에 대해서는 기준시가로 증여세(또는 상속세)를 신고하면 과세당국에서 감정받은 가액으로 증여세 등이 과세될 수 있기 때문이다. 참고로 2025년부터는 주거용 건물(단독주택 등)에 대해서 이 제도가 적용될 예정이므로 주의하기 바란다.

심층분석 부동산 구입자금 출처조사와 증여세와의 관계

최근 부동산 거래신고법이 개정되어 자금조달계획서와 거래증빙을 제출하는 의무가 신설되었다. 이에 따라 이를 검증하는 과정에서 탈세 혐의가 적발될 가능성이 높아지고 있다. 이는 곧 국세청에서 실시하는 자금출처조사로 연결될 수 있음을 말한다. 다음에서 이러한 내용에 대해 알아보자.

1. 관할 지자체의 부동산 거래조사

1) 관할 지자체의 거래조사

관할 지자체는 거래금액을 낮추었는지 아니면 담합을 해서 거래금액을 높였는지 등을 중점적으로 조사하게 된다. 참고로 부동산 거래신고법 제4조에서는 부동산 거래와 관련해 다음의 행위들을 금지하고 있다. 이러한 행위를 위반하면 최고 3,000만 원의 과태료를 부과한다.

> 1. 개업공인중개사에게 제3조에 따른 신고를 하지 아니하게 하거나 거짓으로 신고하도록 요구하는 행위
> 2. 제3조 제1항 각 호의 어느 하나에 해당하는 계약을 체결한 후 같은 조에 따른 신고 의무자가 아닌 자가 거짓으로 같은 조에 따른 신고를 하는 행위 등

2) 관할 지자체의 거래조사 효과

위와 같이 부동산 거래단계부터 조사가 강화되면 거래가격을 조작하거나 담합할 가능성이 줄어든다. 그런데 요즘은 여기에서 더 나아가 거래단계에서부터 증여세 등을 탈세하는 것을 잡아내는 식으로 지자체의

행정이 진화되고 있다.

2. 국세청의 부동산 자금출처조사

1) 국세청의 자금출처조사

국세를 책임지고 있는 국세청은 부동산의 취득을 매개로 그동안 사각지대에 있던 편법과 탈법행위를 적발해 법에 따라 처리를 하게 된다. 다만, 그동안은 인력 등의 한계로 인해 자금출처조사가 제대로 시행되지 못했지만, 2020년 3월 이후부터는 관할 지자체에서 넘어온 자금조달계획서 등의 정보를 활용하게 되어 조사의 범위 및 강도가 상당히 세지고 있다.

거래 당사자		관할 지자체		관할 세무서
부동산 거래신고	⇒	접수	⇒	관할 지자체 조사결과 통보받음.
자금조달계획서 및 거래증빙 제출		거래내용 조사		세무조사 착수

2) 국세청의 자금출처조사 효과

국세청은 부동산 등 재산을 취득하거나 부채를 상환할 때 그 자금의 조달원천을 조사한다. 이 과정에서 증여받은 사실이 발각되면 증여세를 부과하는 것이 원칙이다. 참고로 국세청의 자금출처조사는 당사자의 가족 등의 사업체조사까지 광범위하게 진행될 수 있다. 이에 대한 자세한 내용은 저자의 책을 참조하기 바란다.[46]

---

46) 자금조달계획서 및 자금출처조사, 차용증 등에 관한 자세한 내용은 저자의 《부동산 거래 전에 자금출처부터 준비하라!》에 잘 정리되어 있다.

Tip 　　　　　　　　　　　　**차용증을 쓰면 문제가 없는가?**

직계존비속 또는 배우자로부터 자금을 차용하는 경우 이를 증여로 보아 과세할 것인 지에 대해 논란이 많다. 이에 과세관청의 입장은 원칙적으로 직계존비속 간 등의 소 비대차계약에 대해서는 이를 인정하지 않는다. 하지만 추후 변제사실이 여러 증거에 의해 확인된 경우에는 이를 인정한다. 따라서 이런 계약을 하는 경우에는 채무부담계 약서, 채권자 확인서, 이자지급에 관한 증빙 등의 서류를 미리 갖출 필요가 있다.

참고로 이자는 무이자도 가능하나, 대여금액이 2억 원이 넘어가면 무이자금액도 증여금액으로 보게 된다. 따라서 이 경우에 0~4.6% 내에서 적정 이자를 지급하는 안 을 검토하는 것이 좋을 것으로 보인다.

제 9 장

법인의
세제
완전 분석

법인 관련
세제개편의 내용은?

    최근 부동산을 보유한 법인과 관련된 세제개편이 상당히 많이 있었다. 정부에서 세제개편을 대대적으로 단행했기 때문이다. 그렇다면 법인과 관련되어 어떤 것들이 개정되었고, 앞으로의 세제개편 방향은 어떻게 될 것인지 등을 순차적으로 알아보자(법인은 2024년 1·10 대책과 무관함).

1. 취득세 개정

    2020년 8월 12일 이후부터 법인이 취득한 주택에 대해서는 주택 수와 관계없이 12%의 취득세를 적용한다. 다만, 시가표준액이 1억 원 이하인 주택(단, 수도권 과밀억제권 5년 내 설립법인은 제외), 사업에 필수적인 주택 등은 예외적으로 일반세율을 적용한다. 따라서 시가표준액이 1억 원을 넘으면 법인의 주택 수, 조정지역 소재 여부 등과 관계없이 무조건 12%를 적용한다. 개인이 주택 수와 조정지역 소재 여부 등에 따라 세율을 달리 적용하는 것과 큰 차이가 있다. 참고로 법인이 조정지역 내의 시가표준액 3억 원 이상의 주택을 증여받으면 역시 12%의 세율을 적용하고 있다.

종전		현행	
법인	주택 가액에 따라 1~3%	법인	12%
-	-	제외	시가표준액 1억 원 이하 주택, 사원용 주택 등

참고로 여기서 법인에는 비영리법인이나 법인으로 보는 단체(사단, 재단) 등을 포함한다.

2. 종부세 개정

2021년 이후부터 법인에 대한 종부세가 강화되었다. 공제금액 9억 원(2022년 이전은 6억 원)과 세부담 상한율제도가 폐지되고 세율도 2.7%, 5%(2022년 이전은 3%, 6%)의 단일세율이 적용되고 있다.

구분	현행(2022년 기준)
① 과세표준 (제8조)	법인 보유 주택은 주택 공시가격 합산금액에서 공제 배제 - 납세의무자가 법인 또는 법인으로 보는 단체로서 최고세율이 적용되는 경우에는 공제(6억 원) 적용제외
② 세율 및 세액 (제9조)	법인 보유 주택에 대하여 해당 주택 수 과세표준의 최고세율 적용[*] · 2주택 이하(조정지역 내 2주택 소유 제외) : 3% · 3주택 이상(조정지역 내 2주택 소유 포함) : 6%
③ 세부담의 상한 (제10조)	법인은 세부담 상한 적용배제 - 납세자가 법인 또는 법인으로 보는 단체로서 위 최고세율이 적용되는 경우 세부담의 상한 적용배제

[*] 2023년부터는 아래와 같이 종부세율이 적용되고 있다.
· 2주택 이하(전국 기준) : 2.7%
· 3주택 이상(전국 기준) : 5.0%

3. 추가법인세 개정

2021년 1월 1일부터 법인이 주택을 양도하면 일반법인세 외에 추가 법인세가 10%에서 20%(토지는 10%)로 인상되었다. 한편 이러한 추가법 인세 과세 대상에 분양권과 조합원입주권도 포함된다(법인법 §55의 2).

종전	현행
□ 법인의 토지 등 양도시 추가세율 적용 및 적용대상	□ 법인의 토지 등 양도시 추가세율 인상 및 적용대상 확대
• (양도대상) 주택(주거용 오피스텔 포함), 별장 • (적용세율) 법인세율(10~25%)+추가 10%	• (양도대상) 주택을 취득하기 위한 권리 (조합원입주권, 분양권) 추가 • (적용세율) 법인세율(10~25%*)+추가 20%

* 2023년부터 법인세율이 아래와 같이 개정되었다. 참고로 2025년부터 소규모 임대법인 등(주업이 임 대업이고 상시근로자 수가 5인 미만 법인)에 대해서는 19~24%가 적용된다. 2024년 12월 10일 국회를 통과했다. 따라서 이에 해당하는 법인은 세무관리를 좀 더 촘촘히 할 필요가 있을 것으로 보인다.
 −과표 2억 원 : 10%에서 9%
 −과표 2~200억 원 : 20%에서 19%
 −과표 200~3,000억 원 : 22%에서 21%
 −과표 3,000억 원 초과 : 25%에서 24%

4. 주택임대업 세제개정

법인에 대해서도 민간임대주택법이 적용된다. 따라서 앞으로 4년 단 기임대등록은 불가하며, 아파트를 제외한 주택을 10년 장기로만 등록 을 해야 한다(단, 2025년 중 6년 단기임대 도입 예정). 한편 기등록을 한 법인은 4년과 8년이 경과하면 등록이 자동말소된다. 이에 대한 세제의 변화에 대해서는 뒤에서 살펴본다.

현 정부의 법인 관련
세제개편의 방향은?

2022년 5월에 들어선 정부의 법인 관련 세제개편 방향도 상당히 중요할 수 있다. 앞으로 법인을 통해 투자 등을 계획하는 경우 이 부분이 중요하기 때문이다. 다음에서 핵심적인 내용을 정리해보자.

1. 취득세

현행 주택에 대한 취득세는 크게 일반세율과 중과세율(12%)로 구분된다. 이 중 중과세율은 2022년 12월 21일에 정부에서 발표한 부동산 세제완화안에 따르면 50% 인하하는 것으로 되어 있다. 다만, 앞으로 실제 인하가 될 것인지는 불분명하다.

2. 종부세

법인에 대한 종부세는 크게 일반법인과 종중 등 특수법인으로 나누어 살펴보자.

1) 일반법인

일반법인의 경우 종부세율이 최대 6%까지 적용되고 있는데 이 부분이 아래와 같이 일부 인하되었다. 이는 2025년에도 이어질 전망이다.

구분	2022년	2023년 이후	비고
공정시장가액비율	60%	60%	정부 입법사항
기본공제액	0원	좌동	국회 입법사항
중과세율	3%, 6%	2.7%, 5.0%	
세부담 상한율	없음	좌동	

2) 특수법인

다음에 해당하는 법인이 보유하고 있는 주택에 대해서는 기본공제 9억 원을 적용하고, 일반 누진세율(0.5~2.7% 등)을 적용한다. 2022년 2월 15일에 신설된 규정이다(2025년에도 동일하게 적용).

> 6. 다음 각 목의 요건을 모두 갖춘 사회적기업 육성법에 따른 사회적기업 또는 협동조합
> 기본법에 따른 사회적협동조합(이하 이 호에서 "사회적기업 등"이라 한다)(2022. 2. 15 신설)
> 가. 정관 또는 규약상의 설립 목적이 다음의 어느 하나에 해당할 것
> 1) 사회적기업 등 구성원의 주택 공동 사용
> 2) 사회적기업 육성법에 따른 취약계층이나 주거기본법 제3조 제2호에 따른
> 주거지원이 필요한 계층에 대한 주거지원
> 나. 가목에 따른 설립 목적에 사용되는 주택만을 보유하고 있을 것
> 7. 종중(宗中)(2022. 2. 15 신설)

3. 추가법인세

이에 대해서는 개정의향이 없는 것으로 보인다.

2025년부터 소규모 성실신고법인(소규모 임대법인 등)*에 대한 법인세율이 9~19%에서 19~24%로 인상된다. 현행 세율은 2억 원 이하 9%, 200억 원 이하는 19%인데, 2억 원 이하도 19%가 적용된다는 것이다. 이렇게 되면 법인세가 늘어날 수밖에 없다. 예를 들어 당기순이익이 2억 원이면 2024년은 9%가 적용되어 법인세는 1,800만 원이나, 2025년은 19%가 적용되어 3,800만 원이 된다.

* 이는 아래의 요건을 모두 충족하는 법인을 말한다.
  · 지배주주의 보유지분율이 50%를 초과할 것
  · 부동산 임대업이 주업이거나 임대소득, 이자와 배당소득이 매출액의 50% 이상일 것
  · 상시근로자 수가 5명 미만일 것

따라서 이에 해당하는 법인들은 세무관리에 온 힘을 다해야 할 것으로 보인다. 이러한 세율 인상 외에도 중소(중견)기업에서도 제외되어 각종 불이익(기업업무추진비 한도 축소, 조특법상 감면 제한 등)이 예상되기 때문이다. 소규모 성실신고법인에 대한 자세한 세무관리법은 신간《확 바뀐 상가 투자 세무 가이드북》을 참고하기 바란다.

🗝 가족법인에 대한 다양한 세무상 쟁점은 저자의《가족법인 이렇게 운영하라!》, 영리법인을 통한 상속과 증여에 대한 세무상 쟁점 등은《가족 간 상속·증여 영리법인으로 하라!》를 참조하기 바란다.

법인의 취득세는
어떻게 결정될까?

이상의 개정내용 등을 바탕으로 법인에 대한 취득세부터 분석을 해보자. 원래 법인이 주택을 취득하면 일반적으로 1~3%의 취득세율이 적용된다. 하지만 최근 개정세법에 의하면 법인이 주택을 취득하면 원칙적으로 12%를 적용하고 있다.

1. 법인의 주택 취득세

법인이 주택을 취득하면 취득세는 다음과 같이 적용된다.

종전	현행
1~3%	· 12% · 2020년 8월 12일 이후 취득분부터 적용

법인은 주택 수와 관계없이 12%를 적용한다. 다만, 취득세 중과세를 할 이유가 없는 주택들은 일반세율(1~3%)을 적용한다. 다음의 팁을 참조하기 바란다.

2. 적용 사례

사례를 통해 앞의 내용을 확인해보자. 단, 현행의 세율을 적용한다

> **자료**
>
> K법인은 주택(아파트)을 취득하고자 함.
> · 서울에서 설립된 지 5년이 미경과함.
> · 주택 예상가액 : 5억 원

Q 이 법인이 이 주택을 취득하면 얼마의 취득세가 예상되는가?

개정 후의 취득세율은 12%이다. 따라서 6,000만 원이 취득세가 된다.

Q 과밀억제권역 외에서 법인을 설립하면 이 주택에 대한 취득세 중과세를 벗어날 수 있는가?

그렇지 않다. 법인이 주택을 취득하면 법인설립의 장소, 설립기간, 취득지역 등과 무관하게 12%의 세율이 적용되는 것이 원칙이다(지방세법 제13조의 2).

🔰 수도권 과밀억제권역 내에서 설립된 지 5년이 미경과한 법인이 이 지역 내의 상가나 업무용 오피스텔 등을 취득하면 표준세율(4%, 1~3% 등)에 4%(1억 원 이하 주택은 12%)를 더해 취득세 중과세를 적용한다(지방세법 제13조).

Q 이 주택을 임대등록하면 취득세를 저렴하게 낼 수 있는가?

아파트의 경우 2020년 8월 18일 이후부터 등록이 불가능하다. 따라서 이 경우 취득세 감면이 되지 않는다.

Q 이 주택을 임직원의 사택으로 사용할 예정이다. 이 경우에는 고율의 취득세를 내야 하는가?

일반적으로 사원이 직접 사용할 목적으로 취득한 전용면적 60㎡ 이하의 공동주택에 대해서는 취득세를 중과세하지 않는다. 아래 취득세 중과세를 적용하지 않는 주택들도 다시 한번 봐두기 바란다.

	Tip	취득세 중과세를 적용하지 않는 주택들

연번	구분	제외 이유
1	가정어린이집	육아시설 공급 장려
2	노인복지주택	복지시설 운영에 필요
3	재개발사업 부지확보를 위해 멸실목적으로 취득하는 주택	주택 공급사업에 필요
4	주택시공자가 공사대금으로 받은 미분양 주택	주택 공급사업 과정에서 발생
5	저당권 실행으로 취득한 주택	정상적 금융업 활동으로 취득
6	국가등록문화재주택	개발이 제한되어 투기 대상으로 보기 어려움.
7	농어촌주택	투기 대상으로 보기 어려움.
8	공시가격 1억 원 이하 주택 (재개발 구역 등 제외)	투기대상으로 보기 어려움, 주택 시장 침체지역 등 배려 필요
9	공공주택사업자(지방공사, LH 등)의 공공임대주택	공공임대주택 공급 지원
10	주택도시기금 리츠가 환매 조건부로 취득하는 주택(Sale & Lease Back)	정상적 금융업 활동으로 취득
11	사원용 주택(60㎡ 이하)	기업활동에 필요
12	주택건설사업자가 신축한 미분양된 주택	주택 공급사업 과정에서 발생 ※ 신축은 2.8% 적용(중과대상 아님)
13	상속주택(상속개시일로부터 5년 이내)	투기 목적과 무관하게 보유 ※ 상속은 2.8% 적용(중과대상 아님)
14	공시가격 1억 원 이하인 부속 토지 등	투기 대상으로 보기 어려움.

※ 저자 주

이에 대한 내용은 제3장에서 본 것과 같다. 참고로 2024년 1·10 대책에 따른 주택 수 제외는 법인은 해당 사항이 없다.

법인이 주택을 신탁하면
종부세를 피할 수 있는가?

최근 법인에 대한 세제개편 중 가장 문제가 되는 세목 중 하나가 바로 종부세가 아닌가 싶다. 보유세 부담을 늘리기 위해 다양한 요소에서 세법개정이 이루어졌기 때문이다. 그런데 앞에서 보았듯이 개인들의 경우 다양한 조치로 인해 종부세 부담이 2020년 이전 수준으로 떨어졌다. 그런데 법인들에 대해서는 왜 이러한 조치를 취하지 않을까? 이에 대해 정부나 국회 등에서는 법인에 대한 투자 행위를 억제하고자 이에 대한 감세 조치를 취하지 않은 것으로 알려지고 있다. 따라서 법인에 대한 종부세 완화 조치는 상당히 더딜 수밖에 없는 실정이다. 이에 따라 법인들이 종부세를 피하기 위해 주택을 신탁하는 일들이 종종 있었다. 납세의무자를 법인에서 개인 등으로 돌리기 위해서다. 그렇다면 이렇게 하면 문제는 없을까? 다음에서 알아보자.

1. 주택 신탁과 종부세 과세 여부

종부세법 제7조에서는 다음과 같이 종부세 납세의무자를 정하고 있다.

① 과세기준일 현재 주택분 재산세의 납세의무자는 종합부동산세를 납부할 의무가 있다.

② 신탁[47]법 제2조에 따른 수탁자의 명의로 등기 또는 등록된 신탁재산으로서 주택의 경우에는 제1항에도 불구하고 같은 조에 따른 위탁자가 종합부동산세를 납부할 의무가 있다. 이 경우 위탁자가 신탁주택을 소유한 것으로 본다(2020. 12. 29 신설).

위의 내용을 조금 더 알아보자.

첫째, 주택에 대한 종부세 납세의무자는 주택분 재산세의 납세의무자에 해당되어야 한다.

↗ 오피스텔의 경우 주택분으로 재산세를 내는 경우에 한해 주택에 대한 종부세가 발생한다.

둘째, 주택 등을 신탁한 경우 위탁자 소유로 보아 종부세를 과세한다. 참고로 이와 관련해 지방세법에서도 다음과 같은 규정을 두고 있다. 이에 대한 의미는 다음 페이지의 적용 사례를 통해 알아보자.

---

47) 제2조(신탁의 정의)
이 법에서 "신탁"이란 신탁을 설정하는 자(이하 "위탁자"라 한다)와 신탁을 인수하는 자(이하 "수탁자"라 한다) 간의 신임관계에 기하여 위탁자가 수탁자에게 특정의 재산(영업이나 저작재산권의 일부를 포함한다)을 이전하거나 담보권의 설정 또는 그 밖의 처분을 하고 수탁자로 하여금 일정한 자(이하 "수익자"라 한다)의 이익 또는 특정의 목적을 위하여 그 재산의 관리, 처분, 운용, 개발, 그 밖에 신탁 목적의 달성을 위하여 필요한 행위를 하게 하는 법률관계를 말한다.

> **지방세법 제107조 재산세 납세의무자**
>
> ② 제1항에도 불구하고 재산세 과세기준일 현재 다음 각 호의 어느 하나에 해당하는 자는 재산세를 납부할 의무가 있다(2010. 3. 31 개정).
>
> 5. 신탁법 제2조에 따른 수탁자의 명의로 등기 또는 등록된 신탁재산의 경우에는 제1항에도 불구하고 같은 조에 따른 위탁자. 이 경우 위탁자가 신탁재산을 소유한 것으로 본다(2020. 12. 29 신설).

2. 적용 사례

K법인은 경기도에 설립된 법인으로 다음과 같은 주택을 보유하고 있다. 물음에 답하면?

> **자료**
>
> · A주택 : 기준시가 3억 원(조정지역)
> · B주택 : 기준시가 2억 원(비조정지역)

Q 이 경우 적용되는 종부세율은?

이 법인은 2주택을 보유 중에 있으므로 2.7%의 세율이 적용된다 (2023년부터 지역과 관계없이 2주택 보유 시 2.7%가 적용된다).

Q 이 법인이 내야 할 종부세액은 얼마로 예상되는가?

기준시가 5억 원의 2.7%인 1,350만 원이 된다. 이 외 농특세 20%가 추가된다.

Q 종부세로 낸 금액은 법인의 비용으로 인정되는가?

그렇다. 재산세와 종부세는 법인의 비용으로 인정된다.

Q 만일 추가로 비조정지역에서 1주택을 신규로 취득하면 이때 종부세율은?

3주택 이상이 되면 지역과 무관하게 5%가 적용된다.

Q 만일 법인을 세워 1채를 추가로 취득하면 이에 대한 종부세율은?

새로운 법인은 별개에 해당하고 주택 수가 1개에 불과하므로 2.7%의 세율이 적용된다.

Q 법인이 소유한 주택을 대표이사 명의로 신탁하면 종부세를 대표이사가 내는가?

이 경우 법인이 위탁자, 대표이사가 수탁자가 된다. 이에 대해 재산세와 종부세 모두 위탁자가 납세의무자가 된다.

Q 법인이 소유한 주택을 대표이사의 명의로 신탁하고 그 대표이사가 다시 제3자에게 위탁하면 이에 대한 재산세와 종부세의 납세의무자는 누구인가?

당연히 실제 소유자인 법인(원위탁자)이 된다.

⚡ 이러함에 불구하고 재위탁자인 대표이사가 재산세와 종부세에 대한 납세의무자가 된다고 하는 주장이 있다. 하지만 지방세법과 국세기본법 등에서는 실질과세원칙을 두고 있으므로 위와 같은 행위는 인정되지 않는다고 보인다(최근 서울고법 행정 3부에서도 같은 취지의 판결을 내렸다). 주의하기 바란다.

Tip 신탁재산에 대한 종합부동산세 납세의무자 변경(종부세법 §7 등)

종전	현행
□ 종합부동산세 납세의무자 • 일반적인 경우 : 재산세 납세의무자 • 신탁재산 : 수탁자	□ 신탁재산 납세의무자 변경 • 좌동 • 신탁재산 : 수탁자 → 위탁자

〈개정 이유〉 신탁을 활용한 종합부동산세 회피 방지

〈적용 시기〉 2021년 종합부동산세를 과세하는 분부터 적용

법인세 추가세율 인상으로
세금은 얼마나 늘어날까?

법인이 양도하는 주택 등에서 발생한 양도차익은 일반법인세 외에 추가법인세를 내야 한다. 이때 후자의 법인세율은 원래 10%이나 2021년 1월 1일 이후 양도분은 20%(토지는 10%)로 인상되었다. 다음에서 이에 대한 내용을 정리해보자.

1. 주택에 대한 추가법인세제도

법인세법 제55조의 2에서는 법인이 주택 등을 양도할 때 추가법인세에 대한 내용을 정하고 있다.

> ① 내국법인이 다음 각 호의 어느 하나에 해당하는 토지, 건물(건물에 부속된 시설물과 구축물을 포함한다), 주택을 취득하기 위한 권리로서 소득세법 제88조 제9호에 따른 조합원입주권 및 같은 조 제10호에 따른 분양권을 양도한 경우에는 해당 각 호에 따라 계산한 세액을 토지 등 양도소득에 대한 법인세로 하여 제13조에 따른 과세표준

에 제55조에 따른 세율을 적용하여 계산한 법인세액에 추가하여 납부하여야 한다. 이 경우 하나의 자산이 다음 각 호의 규정 중 둘 이상에 해당할 때에는 그중 가장 높은 세액을 적용한다(2020. 8. 18 개정).

2. 대통령령으로 정하는 주택 및 주거용 건축물로서 상시 주거용으로 사용하지 아니하고 휴양·피서·위락 등의 용도로 사용하는 건축물(이하 이 조에서 "별장"이라 한다)을 양도한 경우에는 토지 등의 양도소득에 100분의 20(미등기 토지 등의 양도소득에 대하여는 100분의 40)을 곱하여 산출한 세액. 다만, 지방자치법 제3조 제3항 및 제4항에 따른 읍 또는 면에 있으면서 대통령령으로 정하는 범위 및 기준에 해당하는 농어촌주택(그 부속 토지를 포함한다)은 제외한다(2020. 8. 18 개정).

3. 비사업용 토지를 양도한 경우에는 토지 등의 양도소득에 100분의 10(미등기 토지 등의 양도소득에 대하여는 100분의 40)을 곱하여 산출한 세액(2014. 1. 1 개정)

4. 주택을 취득하기 위한 권리로서 소득세법 제88조 제9호에 따른 조합원입주권 및 같은 조 제10호에 따른 분양권을 양도한 경우에는 토지 등의 양도소득에 100분의 20을 곱하여 산출한 세액(2020. 8. 18 신설)

⑥ 토지 등 양도소득은 토지 등의 양도금액에서 양도 당시의 장부가액을 뺀 금액으로 한다.

위의 내용을 요약하면 다음과 같다.

첫째, 추가과세 대상과 추가법인세율은 다음과 같다.

추가과세 대상	세율	비고
주택(주거용 오피스텔 포함), 별장, 입주권, 분양권	20%(미등기 40%)	사업용 주택, 농어촌주택 제외
비사업용 토지	10%(미등기 40%)	

둘째, 토지 등의 양도차익은 양도가액에서 세무상 장부가액을 차감해서 계산한다.

세무상 장부상의 가액은 '취득가액(부대비용 포함)+자본적 지출-감가상

각액'으로 계산한다. 따라서 양도 시 발생한 중개수수료, 세무신고수수료 등은 포함하지 않는다.

2. 적용 사례

사례를 통해 앞의 내용을 확인해보자.

> **자료**
>
> K법인의 올해 당기순이익은 20억 원임(이 중 주택매각차익은 10억 원임).

Q 일반법인세는 얼마인가?

일반법인세는 과세소득에 9~24%의 세율로 과세하는 법인세를 말한다. 앞에서 당기순이익이 과세소득이라고 한다면 10억 원 중 2억 원까지는 9%, 나머지 18억 원은 19%의 세율이 적용된다. 따라서 3억 6,000만 원의 법인세가 예상된다(2025년 소규모 임대법인은 19~24%).

Q 추가법인세는 얼마인가?

추가법인세는 주택과 비사업용 토지에 대해 추가로 과세되는 법인세를 말한다. 주택의 경우 20%가 추가로 적용된다. 따라서 2억 원(10억 원× 20%)의 추가법인세가 발생한다(지방소득세 2,000만 원 별도).

Q 추가법인세는 줄일 수 없는가?

그렇다. 양도차익은 양도가액에서 세무상 장부가액을 차감하기 때문이다.

법인 주택임대업에 대한 세제는 어떻게 바뀌었는가?

법인도 개인처럼 주택임대업을 영위할 수 있다. 하지만 정부는 최근 이 제도가 부동산 시장을 끌어올렸다는 판단 아래 이 제도의 상당부분을 손질했다(2020년 7·10대책). 다음에서 이에 대해 정리해보자.

1. 신규로 등록하고자 하는 경우

2020년 8월 18일 이후부터는 법인이라고 하더라도 다음과 같이 임대등록을 할 수 있다.

1) 4년 단기임대

이 제도는 폐지되었다. 따라서 법인도 이 제도를 적용받을 수 없다. 단, 2025년 중에 6년 단기임대제도가 도입될 예정이다.

2) 10년 장기임대

아파트를 제외한 단독주택이나 연립주택 등은 10년 이상 임대등록이 가능하다. 다만, 2020년 6월 18일 이후에 조정지역 내의 주택을 등록하면 종부세 합산배제를 받을 수 없고 법인세 추가과세를 적용한다. 이는 2020년 6·17대책과 관련이 있다. 그런데 최근 조정지역이 서울 강남·서초·송파·용산구 등 4곳을 제외하고 모두 해제되었다. 그렇다면 이 외의 지역에 소재한 주택을 법인으로 등록하면 앞의 혜택을 받을 수 있을까?

일단 2020년 8월 18일 이후부터는 아파트를 제외하고는 등록이 가능하므로 종부세 합산배제, 법인세 추가과세 면제를 받을 수 있다. 다만, 10년 이상 장기로 임대해야 하므로 이에 대한 실익 판단은 별도로 할 필요가 있을 것으로 보인다.

※ 법인의 조정지역 내 신규 임대주택에 대해 종부세 과세 및 법인이 보유한 주택 양도 시 추가세율 인상(비조정지역은 관계없음)

종전	현행
법인이 보유한 8년 장기 임대등록 주택(수도권 6억 원, 비수도권 3억 원 이하)은 종부세 비과세 및 법인세 추가과세 제외 * 1세대가 1주택 이상을 보유한 개인의 경우 2018년 9월 14일 이후 조정지역 내에 신규로 취득한 주택은 임대 등록하더라도 종부세 과세 및 양도세 중과세 적용	· 법인이 2020년 6월 18일 이후 조정지역 내에서 8~10년 이상 장기 임대등록하는 주택은 종부세 과세 · 법인이 주택 양도 시 추가세율을 20%로 인상하고, 법인이 2020년 6월 18일 이후 조정지역 내에서 8~10년 이상 장기 임대등록하는 주택도 추가세율 적용

🅚 이처럼 2020년 6월 18일 이후에 조정지역에 있는 주택들 중 임대등록한 주택들은 종부세 등을 내야 하므로 등록의 실익이 없다. 여기서 주의할 것은 해당 주택을 언제 취득했는지가 중요하지 않다는 것이다. 법인은 '등록' 기준을 사용하기 때문이다. 이 점이 개인과 차이가 있다.

구분	개인	법인
2018년 8월 13일 이전 조정지역 내 주택 취득	다세대주택 등을 10년 이상 등록 시 종부세 합산배제 등 가능	2020년 6월 18일 이후 등록 시 종부세 합산배제 불가
2018년 8월 14일 이후 조정지역 내 주택 취득	등록해도 종부세 합산배제를 받을 수 없음(9·13대책).	상동

2. 기등록한 경우

1) 자동말소가 되는 경우

기등록한 법인 임대사업자들은 최소 의무임대기간 4년이나 8년이 경과하면 등록이 자동으로 말소된다. 이때 주택임대업을 영위하는 법인이 받은 세제혜택에는 아무런 영향이 없다.

2) 말소를 희망하는 경우

의무임대기간이 경과하기 전이라도 등록말소를 요청할 수 있다. 공적의무를 이행한 경우에는 과태료 3,000만 원을 면제받을 수 있으며, 이미 받은 종부세 합산과세도 추징이 되지 않는다. 다만, 법인세 추가과세의 경우 의무임대기간의 1/2 이상 임대한 상태에서 말소한 후에 1년 내에 양도하면 추가과세를 적용하지 않는다.

개인이 가지고 있는 사업용 고정자산을 법인에게 현물출자하는 경우가 있다. 이 경우 개인은 양도세, 법인은 취득세를 부담해야 한다. 하지만 세법은 법인전환을 유도하기 위해 세법에서 정한 요건을 갖춘 경우 양도세는 이월과세, 취득세는 감면하는 혜택을 부여하고 있다. 하지만 최근 개정세법에서는 주택과 관련된 현물출자에 대해서는 세제혜택을 배제하기에 이르렀다.

1. 현물출자

현물, 즉 부동산 같은 자산을 자본으로 출자하는 것을 말한다. 현금출자의 상대적인 개념에 해당한다. 이때 현물출자에 의해 이월과세나 취득세 감면을 적용받기 위해서는 개인사업자의 재무상태표상 순자산 이상으로 자본금이 출자되어야 한다. 그리고 법인은 신설법인이 되어야 한다. 기존법인에게 양도하는 것은 단순 양도에 해당하므로 앞에서 본 혜택이 없다.

2. 양도세 이월과세

1) 양도세 이월과세

현물출자도 엄연한 양도에 해당한다. 따라서 현물출자를 통해 부동산을 법인에 양도한 개인에게는 양도세가 발생한다. 하지만 세법은 이러한 양도세를 향후 법인이 해당 부동산을 양도할 때 내도록 하는 이월과세제도를 운영하고 있다. 이때 양도세는 당연히 법인이 아닌 개인이 부담해야 한다. 양도세는 개인 앞으로 발생했기 때문이다.

2) 양도세 이월과세에서 주택은 제외

2021년 1월 1일 이후 법인으로 전환하는 분부터는 주택을 법인전환하더라도 이에 대해서는 이월과세를 적용하지 않는다.

종전	현행
□ 법인전환에 대한 양도세 이월과세 적용	□ 이월과세 적용대상 축소
• (요건) 사업용 고정자산을 ① 현물출자하거나, ② 사업 양도·양수하여 법인 전환	• 주택을 해당 사업용 고정자산에서 제외

3. 취득세 75%(2025년 50%) 감면

1) 취득세 감면

지방세특례제한법 제57조의 2 제4항에서는 법인전환 시의 취득세 감면에 대해 다음과 같이 정하고 있다.

④ 조특법 제32조에 따른 현물출자 또는 사업 양도·양수에 따라 2027년 12월 31일까지 취득하는 사업용 고정자산에 대해서는 취득세의 100분의 75(2025년 50)를 경감한다. 다만, 취득일부터 5년 이내에 대통령령으로 정하는 정당한 사유 없이 해당 사업을 폐업하거나 해당 재산을 처분(임대를 포함한다) 또는 주식을 처분하는 경우에는 경감받은 취득세를 추징한다.

2) 취득세 감면 배제

개인에서 법인으로의 전환을 통한 세부담 회피를 방지하기 위해 부동산 매매·임대업 법인은 현물출자에 따른 취득세 감면혜택(50%) 배제한다. 2020년 8월 12일 이후 법인으로 전환한 것부터 적용되고 있다.[48]

---

48) 부동산 임대업(상가, 주택 등)을 영위하는 경우 법인전환을 통한 관리가 힘들어질 가능성이 높다. 취득세 감면을 받을 수 없기 때문이다. 주의하기 바란다.

다음은 2022년 12월 21일 정부에서 발표한 <2023년 경제정책 방향> 자료집 등을 참고로 작성한 것이다. 해당 내용 중 취득세와 양도세, 매입임대주택에 대한 세제 적용은 향후 별도의 대책 또는 세제개편안을 통해 국회에서 논의와 확정을 통해 시행된다는 사실에 유의하기 바란다.

1. 취득세

1) 취득세 2주택 중과폐지 및 3주택·법인 중과세율 50% 인하
① 유상승계취득

지역	1주택	2주택 (현행 → 추진안)	3주택 (현행 → 추진안)	법인·4주택↑ (현행 → 추진안)
조정지역	1~3%	8% → 1~3%	12% → 6%	12% → 6%
非조정지역		1~3%	8% → 4%	12% → 6%

- 시행시기 : 2024년 이후에 국회통과 시 2022년 12월 21일 이후 취득(잔금)한 것부터 소급 적용(단, 소급 적용은 안 될 수도 있다. 이러한 대책안을 무시하고 세제개편을 할 수 있기 때문이다).

㉠ 취득세 중과세제도가 추진안대로 확정될 경우 일시적 2주택자는 굳이 3년 내에 처분하지 않더라도 중과배제가 가능할 것으로 보인다(단, 위 시행시기에 주의할 것). 한편 3주택 이상에 대한 취득세 중과세율이 4~6%로 완화되면 취득 횟수가 많아질 것으로 보인다. 이에 따라 다주택자는 물론이고 법인도 혜택을 누릴 수 있을 전망이다(부동산 매매사업자등록이 많아지고 1인 부동산 법인이 활성화될 것으로 보임).

② 증여취득 : 12%→6%

🗝 향후 증여 취득세율이 완화되더라도 과세표준이 시가표준액에서 시가 상당액(매매사례가액 등)으로 상승함에 따라 증여의 횟수가 감소할 것으로 보인다.

2) 신축 아파트 임대등록 시 취득세 감면 시행(아파트 임대등록에 따라 허용)

신규 아파트를 매입임대하는 사업자*에게 주택규모에 따라 60㎡ 이하는 85~100%, 60~85㎡는 50% 취득세 감면을 실시한다.

* 공동주택·오피스텔 최초 분양 시(60~85㎡ 사업자는 20호 이상 임대하는 경우)
* 취득당시 가액 : (수도권) 6억 원 이하, (비수도권) 3억 원 이하

🗝 85㎡ 이하 아파트도 임대등록이 가능하게 되면 이에 대한 취득세 감면도 종전과 같이 실시될 것으로 보인다. 단, 일반 개인들의 경우 신축된 공동주택으로서 전용면적 60㎡ 이하 및 취득가액이 6억 원(비수도권은 3억 원) 이하에 해당되어야 감면이 적용된다.

2. 종합부동산세

구분	현행	개정	비고
기본공제액	6억 원	9억 원	
1주택 추가공제액	5억 원	3억 원	2023년부터 적용되고 있음.
일반종부세율	0.6~3.0%	0.5~2.7%	
중과종부세율	1.2~6.0%	2.0~5.0%	
세부담 상한율	150~300%	150%	

🗝 종부세의 경우 전국적으로 1개인이 3주택 이상 보유하되 과세표준이 12억 원** 초과 시 중과세율이 적용되므로 다주택자라도 주택 수 및 기준시가 관리

를 제대로 하면 문제 소지가 덜할 것으로 보인다(법인은 다음 5를 참조).

** 기준시가로 환산하면 대략 29억 원[=(기준시가-9억 원)/60%(공정시장가액비율)=12억 원]선임.

3. 양도소득세

1) 단기양도세율(2020년 수준으로 환원)

구분	현행	추진안	시행시기
분양권	· 1년 미만 : 70% · 1년 이상 : 60%	· 45% · 6~45%	향후 국회 통과를 전제로 시행될 예정임.
주택·입주권	· 1년 미만 : 70% · 1~2년 미만 : 60% · 2년 이상 : 6~45%	· 45% · 6~45% · 좌동	
토지	· 1년 미만 : 50% · 1~2년 미만 : 40% · 2년 이상 : 6~45%	(좌동)	

단기양도세율이 2020년 체계로 환원되는 경우 분양권은 1년 미만(보유)은 45%, 1년 이상은 6~45%, 주택과 입주권은 1년 미만은 45%, 1년 이상은 6~45%, 기타 토지 등은 현행의 세율이 적용될 것으로 예상된다.

㉠ 단기양도세율이 완화되면 단기양도의 횟수가 증가할 가능성이 높다. 다만, 다주택자가 조정지역 내의 주택을 단기양도하면 45%의 양도세율과 중과세율(6~45%+20~30%p) 중 높은 세율이 적용됨에 유의해야 한다(비교과세). 참고로 단기양도 시 "개인 대 부동산 매매사업 대 법인" 별로 세율차이가 있으므로 이 세 가지 안을 비교·분석할 수 있어야 한다.

2) 주택 중과세율 적용배제 기한 연장

구분	현행	개정
2년 이상 보유한 주택	2022. 5. 10 ~ 2023. 5. 9	2025년 5월 9일까지 연장되어 시행 중임 (2025년 중에 추가 연장 예정. 시행령 개정사항임).

📈 향후 전체적인 세제개편을 시도할 가능성이 높은데, 이때 양도세 중과세 영구적 폐지안을 추진할 가능성이 높아 보인다.

4. 매입임대주택 활성화

1) 아파트 임대등록 허용
① 신규등록(2호 이상 등록)

구분	현행	추진안
단기(4년)	-	-
장기(10년)	· 매입 : 10년(비아파트만 허용) · 건설 : 10년	· 매입 : 좌동(85㎡ 아파트 포함) · 건설 : 좌동
장기(15년)	-	매입 : 15년

📈 민간임대주택법의 개정을 통해 85㎡ 이하의 아파트도 등록(2호 이상)을 허용할 예정이며, 15년 이상 장기 매입임대등록 시에는 종부세 합산·양도세 중과·법인세 추가과세 배제 적용 시 주택가액을 완화할 예정이다(현행 수도권 6억 원, 비수도권 3억 원을 9억 원, 6억 원으로 각각 변경).

② 기존등록

구분	자동말소		자진말소	
	현행	추진안	현행	추진안
단기(4년)	모든 주택 적용	좌동	가능	좌동
장기 (8년, 10년)	· 아파트 : 적용 · 위 외 주택 : 　적용하지 않음.	· 적용하지 않음. · 좌동	· 아파트 : 가능 · 위 외 주택 : 　불가	· 아파트 : 불가 · 위 외 주택 : 　좌동

🗝 기존등록자의 경우 의무임대기간(4년, 8년, 10년 등)이 경과하면 자동으로 등록이 말소되는데, 이때 4년 단기는 무조건 등록이 말소되며, 8년 등 장기임대의 경우 아파트에 대해서만 자동말소되고 있다. 한편 자진말소의 경우 단기임대와 장기임대 중 아파트에 한해 자진말소가 가능하나, 이번 추진안에서는 장기임대 아파트에 대해서도 자동말소 규정을 적용하지 않고, 자진말소 대상에서도 제외할 예정이다. 이는 전용면적 85㎡ 이하의 아파트에 대해서도 임대업을 지속적으로 할 수 있도록 하는 취지가 있다.

2) 임대주택 세제지원

구분	현행	추진안
1. 취득세	① 공동주택 신축 등의 경우, 　취득세 50~100% 감면 　* 수도권 6억 원/비수도권 3억 원 이하 ② 다주택자·법인 취득세 중과(8~12%)	① 공동주택 신축 등의 경우, 　취득세 50~100% 감면(아파트 포함) 　* 수도권 6억 원/비수도권 3억 원↓ ② 다주택자·법인 취득 중과완화(4~6%)
2. 종부세	주택 수 합산배제 (조정지역 내 합산배제 불가) * (매입) 수도권 6억 원/ 　비수도권 3억 원↓ (아파트 불가) 　(건설) 9억 원↓, 2호 이상	주택 수 합산배제 (조정지역 내 합산배제 가능) * (매입) 수도권 6억 원/ 　비수도권 3억 원↓ (아파트 포함) 　(건설) 9억 원↓, 2호 이상

구분	현행	추진안
3. 양도세	① 양도세 중과배제 (조정지역 내 중과배제 불가) * (매입) 수도권 6억 원/ 비수도권 3억 원↓(아파트 불가) (건설) 6억 원↓, 2호 이상 ② 장특공제 70%(건설형) * 수도권 6억 원/비수도권 3억 원↓	① 양도세율 중과배제 (조정지역 중과배제 가능) * (매입) 수도권 6억 원/ 비수도권 3억 원↓(아파트 포함) (건설) 6억 원↓, 2호 이상 ② 장특공제 70%(건설형) * 수도권 6억 원/비수도권 3억 원↓
4. 법인세	추가과세(양도차익+20%) 배제(9억 원↓, 건설형 2호 이상)	추가과세(양도차익+20%) 배제 * (매입) 수도권 6억 원/ 비수도권 3억 원↓(아파트 포함) (건설) 9억 원↓, 2호 이상
5. 15년 이상 장기 임대 시 특례	–	15년 이상 장기 매입임대 종부세 합산·양도세 중과·법인세 추가과세 배제 주택가액 완화(수도권 9억 원/비수도권 6억 원)
6. 공적 의무	공적의무 추가 부여(2020년 7월) * ① 장기의무임대기간 연장(8→10년) ② 임차보증금 반환 보증가입 의무확대 ③ 소유권등기 부기등기 의무화(2020년 12월)	▶ 매입임대 혜택 복원에 상응하는 공적의무 추가 부여 * 최소 호수 제한(2호 이상)

📌 85㎡ 이하 아파트 중 기준시가가 6억 원(3억 원) 이하인 아파트를 2호 이상 신규로 임대등록한 경우 종부세 합산배제 및 양도세 중과세 또는 법인세 추가과세 배제를 받을 수 있을 전망이나, 거주주택 양도세 비과세 횟수(1회) 변경과 조세특례제한법상의 장기보유특별공제특례(50~70%) 등이 도입되지 않으면 등록의 실익이 크지 않을 가능성이 높아 보인다. 참고로 이 제도를 시행하기 위해서는 민간임대주택법과 세법이 광범위하게 개정되어야 한다.

5. 1인 부동산 법인의 세제완화

구분	현행	추진안
취득세	12%	6%
종부세	· 기본공제 : 없음. · 세율 : 3~6% · 세부담 상한율 : 없음.	· 좌동 · 2.7~5.0% · 좌동
추가 법인세	20%(토지 10%)	좌동
아파트 임대등록 제도	불허	허용(앞 4번 참조)

📈 법인의 경우 취득세 중과세 50% 인하, 아파트 임대등록 허용에 따른 세제혜택 부여 등이 추진될 예정이나, 정작 종합부동산세에 대해서는 개인만큼 완화되지는 않을 것으로 보인다. 개인들은 3주택 이상 중 과세표준 12억 원까지는 일반세율이 적용되나, 법인은 이와 무관하게 3주택 이상을 보유하면 5%가 적용되기 때문이다(2주택 이하는 지역과 관계없이 2.7%). 그 결과 향후 법인으로의 투자는 한계가 있을 것으로 보인다.

6. 기타

규제지역 다주택자에 대한 주택담보대출 금지규제를 해제하고, LTV 상한을 30%로 적용할 예정이다.

- (현행) 규제지역 다주택자 LTV 주담대 금지 → (개선) 주담대 허용

신방수 세무사의
2025
확 바뀐
부동산 세금 완전 분석

제1판 1쇄 2025년 1월 3일

지은이 신방수
펴낸이 허연　　　　　　　**펴낸곳** 매경출판㈜
기획제작 ㈜두드림미디어
책임편집 배성분　　　　　　**디자인** 김진나(nah1052@naver.com)
마케팅 한동우, 박소라, 구민지

매경출판㈜
등록 2003년 4월 24일(No. 2-3759)
주소 (04557) 서울시 중구 충무로 2(필동 1가) 매일경제 별관 2층 매경출판㈜
홈페이지 www.mkbook.co.kr
전화 02)333-3577
이메일 dodreamedia@naver.com(원고 투고 및 출판 관련 문의)
인쇄·제본 ㈜M-print 031)8071-0961

ISBN 979-11-6484-745-7 (03320)